Bestsellers saggi

MARIA JOSÉ DI SAVOIA

# GIOVINEZZA DI UNA REGINA

Traduzione di Sergio Atzeni

ARNOLDO MONDADORI EDITORE

Titolo originale dell'opera: Albert et Elisabeth de Belgique: mes parents


I edizione Le Scie ottobre 1991
I edizione Oscar bestsellers saggi luglio 1993

ISBN 88-04-37393-8

Questo volume è stato stampato
presso Arnoldo Mondadori Editore S.p.A.
Stabilimento Nuova Stampa - Cles (TN)
Stampato in Italia - Printed in Italy

## SOMMARIO


5 *Prefazione*

Prima parte
I FACILI ANNI D'ANTEGUERRA

9 I Un grande amore
22 II I costruttori di uno Stato
31 III Difficile adattamento
40 IV L'educazione dei piccoli principi
49 V Nonnina di Fiandra e i suoi
59 VI Vita di un principe ereditario
76 VII Assunzione al trono
82 VIII Le nostre dimore
91 IX I nonni Wittelsbach
102 X Un re alpinista, una regina musicista
108 XI Prima della bufera

Seconda parte
I TRAGICI ANNI DELLA GUERRA

117 I L'invasione del Belgio
125 II L'assedio di Anversa
136 III La ritirata dell'esercito belga
143 IV Battaglie di Fiandra
159 V La nostra vita in Inghilterra
170 VI «Brandello di patria»: la Panne

186 VII «Brandello di patria»: l'ospedale Océan
204 VIII Sole toscano e nebbia fiamminga
217 IX I tentativi segreti per limitare lo spargimento di sangue
229 X Ultimi sforzi nemici e grande offensiva degli alleati
246 XI Riconquista e felice ritorno

Terza parte
GLI ANNI DIFFICILI DEL DOPOGUERRA

259 I Vita famigliare a Laeken
270 II Il trattato di Versailles e il Belgio
279 III Alberto I e il Nuovo Mondo
286 IV Vita di corte
293 V Realizzazioni
303 VI La felicità di Leopoldo
311 VII L'Italia
322 VIII Amicizie e carteggi
333 IX La crudele separazione

337 *Alberi genealogici*
345 *Note bibliografiche*
347 *Ringraziamenti*

GIOVINEZZA DI UNA REGINA

Ho sempre provato un grande interesse, e un grande rispetto, verso il padre e la madre della regina Maria José. Sono due figure rappresentative e, ciascuna a suo modo, uniche, del principio di questo secolo.

*Marguerite Yourcenar*

...Nel profondo del cuore il ricordo è più vicino e più vero di quanto non sia la realtà.

*Maeterlinck*

# AVVERTENZA

Propongo al lettore non una biografia ma piuttosto un assieme di ricordi personali, sostenuti da una ricca corrispondenza del tutto inedita, dalle note d'agenda che io sola possiedo e anche dalla testimonianza di alcune opere contemporanee che mi hanno permesso di meglio ricostruire alcuni fatti storici.

I miei ricordi d'infanzia sono invero soltanto una successione di quadri, spesso slegati fra loro. La loro naturalezza compenserà, forse, il rilievo dato a piccoli fatti che nell'insieme del racconto potrebbero apparire secondari.

Desidero ringraziare Antonio Spinosa, che ha avuto l'idea di proporre questo libro al pubblico italiano.

# PREFAZIONE

Emile Verhaeren ha scritto:

«La leggenda trasfigura. È più umana della storia. Questa si irrigidisce in un testo, quella si propaga tramite la parola, si moltiplica, si arricchisce indefinitamente. Continua a vivere...

«È raro diventare leggendari. Perché accada, un'atmosfera speciale deve circondare gli eroi, la poesia deve impadronirsi di loro. Non basta l'esaltazione, ci vuole la tenerezza. Ci dev'essere, per dirla con una parola, l'amore.

«E le coppie popolano le favole immortali».[1]

Con queste parole Verhaeren evoca una *leggenda* che per noi figli di Alberto e Elisabetta fu *realtà*. Ci piacerebbe che tale realtà fosse meglio conosciuta.

Molti scrittori hanno dedicato pagine mirabili alla vita e all'opera dei miei genitori. Ma la testimonianza di una figlia può fornire un nuovo punto di vista.

L'atmosfera famigliare della nostra infanzia, il clima epico dei quattro anni di guerra e quello più «formale» del dopoguerra: tutto ciò nella mia memoria è illuminato dall'aura emanata da quella coppia eccezionale.

Prima parte

# I FACILI ANNI D'ANTEGUERRA

# I
# UN GRANDE AMORE

> «...Amatissima, sempre ti chiamerò amatissima, perché tu sola hai un posto nel mio cuore, e il posto che occupi è tanto grande che per altre non c'è spazio.»
>
> (*Da una lettera di Alberto a Elisabetta*)

Gli storici hanno disegnato un ritratto di mio padre: un giovane timido, un po' goffo, cosciente di non essere abbastanza preparato ad assolvere al ruolo inatteso di re.* Non tenterò di contraddirli, ma nelle pagine che seguono spero di mettere in luce la fibra romantica di quel Coburgo dall'intelligenza anzitutto realista e positiva.

Il prezioso fascio di lettere che mia madre mi consegnò poco prima di morire (1965) rivelerà quel che opere pur eccellenti non hanno potuto narrare.

Fra Alberto del Belgio e Elisabetta di Baviera un amore profondo instaurò legami di qualità straordinaria, legami che non fecero che rafforzarsi sia negli anni felici e tranquilli come in quelli tragici e dolorosi.

Non credo di commettere un'indiscrezione pubblicando stralci della loro corrispondenza. Al contrario, penso contribuiranno a illustrare la profondità e la purezza dell'amore che li unì.

I miei genitori si incontrarono per la prima volta nella primavera del 1897. Accadde a Parigi, alle esequie della duchessa Sofia Carlotta di Alençon,** nobile e coraggiosa figura che morì tragicamente, vittima del senso del dovere, nell'in-

* Alberto del Belgio era il secondo figlio del conte di Fiandra, fratello minore di Leopoldo II, re dei belgi. Il principe ereditario, figlio di Leopoldo II, era morto prematuramente, come pure il fratello maggiore di mio padre.

** Sofia Carlotta, sposata al duca di Alençon, principe della Casa di Orléans, era una Wittelsbach, sorella di Carlo Teodoro, duca in Baviera. Ella era la madre di Emanuele, duca di Vendôme, che nel 1896 aveva sposato Enrichetta del Belgio, sorella maggiore di re Alberto.

cendio del Bazar de la Charité, nel quale perirono carbonizzate più di centoventicinque persone.

Mio padre, allora principe Alberto, erede al trono del Belgio, era là come rappresentante della famiglia. Aveva ventidue anni.

Mia madre, Elisabetta, figlia del duca Carlo Teodoro in Baviera, era d'un anno più giovane. Assisteva ai funerali in quanto nipote della defunta.

Fu certamente in quell'occasione che la duchessa ventunenne notò quel giovane alto e bello. Dichiarò ai propri intimi: «Non sposerò altri che lui».

Il principe Alberto, colui che più tardi sarebbe stato chiamato il «Re Cavaliere», provò turbamento al vedere colei che sarebbe diventata la sua compagna per trentaquattro anni, «nei giorni felici e in quelli infausti».

I miei nonni paterni, conte e contessa di Fiandra, come pure il re del Belgio, Leopoldo II, zio di mio padre nonché autorità incontestabile e incontestata, accettarono l'idea di un matrimonio.

Fu Maria Sofia dei Borboni di Sicilia, ultima regina di Napoli e zia di Elisabetta, che favorì i primi incontri fra i due giovani, a Saint-Germain-en-Laye, dove viveva da quando era rimasta vedova.

I fidanzati si rividero spesso dai duchi di Vendôme, nel palazzo di Rue Borghèse, a Neuilly. La duchessa era la sorella maggiore di Alberto.

Arrivò il tempo delle lunghe passeggiate nel bosco di Fontainebleau, dove gli innamorati lontani da ogni etichetta potevano liberamente parlare. Passeggiavano sotto gli alti alberi, oppure nei bei viali ombrosi galoppavano all'impazzata? Tornavano alla memoria di mia madre, ottima cavallerizza fin dall'infanzia, le interminabili cavalcate nella fantastica Baviera?

Durante una di quelle passeggiate sentimentali alle quali secondo le convenzioni dell'epoca avrebbe dovuto partecipare uno chaperon, Alberto con la gola serrata dall'emozione osò chiedere alla giovane duchessa «se pensava di poter sopportare il clima del Belgio».

Non lontano dall'Obelisco che segna un importante crocevia, Alberto propose a Elisabetta di unire i loro destini. Lo confessò egli stesso alla sorella Enrichetta, che si prendeva a cuore i sentimenti di quel fratello giovane e timido, sperava di vederlo felice.

Che rispose mia madre? Come fu rotto il ghiaccio? Chi fece la richiesta ufficiale? I giornalisti e gli storici hanno fornito le risposte più varie e fantasiose.

Noi figli abbiamo sempre rispettato il segreto dei nostri genitori.

Il fidanzamento fu celebrato nel palazzo di Neuilly il 30 maggio 1900. Nel giardino si schiudevano i fiori. Il sole splendeva. I cappelli ornati di tulle o di piume ombreggiavano i volti delle invitate. Gli uomini erano in tenuta da città, perché l'avvenimento fu intimo e semplice.

Tutto ciò oggi sfuma in un passato tremendamente conchiuso. Ma ci permettono di rintracciarne il ricordo le immagini impallidite degli album di famiglia di cuoio spesso e dalle complicate guarnizioni in ferro. Grazie a essi e grazie ai racconti inesauribili di Marguerite Strale, fedele dama di compagnia, so che mia madre quel giorno indossava un abito color avorio chiaro, vaporoso, appena scollato, e aveva un semplice filo di perle e un tocco dai bordi sottilissimi, d'un blu dolcissimo, fatto di nastri e tulle.

L'autenticità dei sentimenti espressi nella corrispondenza che mia madre mi ha affidato mi autorizza, credo, a pubblicare alcuni stralci, in un'epoca nella quale l'amore ha cambiato volto e ha perduto ogni romanticismo e molto del suo effettivo valore.

Alla lettura delle lettere, dietro le tenere attenzioni e i solleciti consigli di mio padre percepiamo una sorprendente comprensione psicologica. Egli aveva colto la forma mentis complessa di Elisabetta, e nella maggior parte delle circostanze sapeva prevederne le reazioni vivaci.

La prima lettera è datata 1 giugno 1900. Il giorno dopo il fidanzamento. Fu spedita da Bruxelles, dove mio padre era dovuto immediatamente rientrare, e indirizzata a Neuilly:

«...Che tu sia felice come mi auguro. Sempre potrai contare sul mio amore illimitato e sulla mia lealtà assoluta. Dopo averti lasciata, tutto mi pareva vuoto, anche le vie affollate di Parigi mi parevano un deserto...».

Quello stesso primo giugno mia madre scriveva queste righe:

«...Sono passate le undici e tre quarti della sera, mi sento tanto sola e tanto triste senza te. In questi pochi giorni che abbiamo trascorso assieme ho imparato ad amarti con tutto il cuore! Ti amo veramente tanto! Come mai avrei creduto di poter amare. Sei tanto buono e gentile con me, che mi commuovi e mi rendi felice. Sai che non riesco a esprimere bene quel che sento per te, ma credo che tu mi capisca. Mi rallegro moltissimo al pensiero della tua lettera di domani. Ti abbraccio con tutto il cuore, mio caro Alberto...».

È l'inizio di uno scambio epistolare quotidiano, che da quel giorno proseguirà fino al matrimonio, il 2 ottobre 1900.

A ventiquattro anni mio padre aveva già la grafia fine e regolare che manterrà per tutta la vita e che stranamente ricorda quella del suo antenato Leopoldo I. Essa denota un carattere sensibile, semplice, riservato, saldo, e un'intelligenza estremamente lucida. Lo stile è diretto, la forma delle frasi priva del manierismo abituale all'epoca. La capacità di osservazione e le riflessioni sono quelle di un adulto.

La grafia di mia madre, leggermente piegata all'indietro, indica qualche ritegno, una timidezza giovanile che col tempo si attenuerà, man mano che lei riuscirà ad affermare il proprio carattere e si sentirà più libera di esprimersi. Come tutti i Baviera, Elisabetta doveva tenere sotto controllo vigorosamente la propria vivacità naturale, la propria spontaneità. L'eleganza delle maiuscole e della firma denotano uno sviluppato senso artistico.

Il 2 giugno Alberto scrive:

«...Spero ci sarà meno ghiaccio fra noi a Monaco [luogo del loro incontro successivo] che a Neuilly...».

Ma molto rapidamente, il 7 giugno, si corregge:

«...Mi dici che a Monaco non ci sarà più ghiaccio, ma già a Parigi, soprattutto l'ultimo pomeriggio, non ce n'era molto...».

Affettuosissimo, insiste:

«...Non sempre so esprimere quel che vorrei. Non sono un poeta. Ma posso dire che ti amo ogni giorno di più, e che il mio cuore e i miei pensieri ti appartengono...».

Mia madre risponde:

«...Non c'è una sola ora del giorno durante la quale io non pensi a te. Il mio solo desiderio è rivederti presto. Sapere che tu mi ami mi rende felice, e puoi star certo che il mio cuore è tutto tuo. La fidanzata che ti ama più di qualunque altra cosa».

Il 3 giugno mio padre si preoccupa per la malattia della nonna materna, principessa Giuseppina di Hohenzollern-Sigmaringen, nata Bade. Non ne verrà un ritardo al matrimonio, fissato per settembre?

La principessa morì il 19 giugno nel castello di Sigmaringen, dove nel 1945 saranno internati il maresciallo Pétain e Pierre Laval. La tenuta immensa e i grandi boschi si estendono fino al lago di Costanza.

Il 24 giugno mio padre scrive:

«...Amo molto la tua famiglia, e puoi star certa che andrò sempre d'accordo con loro. Spero che a tua volta tu amerai sempre le mie sorelle, le persone alle quali sono più affezionato al di fuori di te... Gioisco fin d'ora all'idea del mio prossimo soggiorno a Possenhofen... È un luogo graziosissimo, ed è tanto *gemütlich*...».

Possenhofen, sulle rive del lago di Starnberg, era la romantica dimora dei duchi di Baviera.

La lettera che precede era in risposta a questa di mia madre:

«...Ti prego di rinnovare a tuo padre e alla tua cara madre i miei sincerissimi omaggi. Non so dirti quanta gioia io provi al pensiero che un giorno potrò dire: mio padre, mia madre...».

Il 30 giugno egli rievoca i giorni trascorsi assieme:

«...Durante il gradevolissimo, ma troppo breve, soggiorno a Possenhofen, ho imparato a conoscerti ancor meglio, e soprattutto, se posso confessartelo, ho potuto apprezzare tutte le qualità di cuore, di intelligenza e di grazia delle quali la mia cara Lisa è ricca, e il cui aspetto mi aveva conquistato fin dal primo giorno in cui l'avevo vista. Tu sai che non ho molte qualità, ma posso prometterti in tutta sincerità di averne una: cercare di esserti gradito sempre, e di meritare d'avere una moglie come te...».

Mia madre, euforica e felice, risponde:

«...Quando verrà il momento in cui più non ci saranno di queste tremende separazioni? Ero tanto felice di essere con te. Ogni ora che trascorriamo insieme è per me il massimo piacere che ci sia. Darei tutti i piaceri del mondo pur di abbracciarti. Tutto quel che è gradevole passa in fretta. Ogni volta che ti rivedo ti amo di più. Come sarò felice il giorno in cui non dovrò più lasciarti...».

Mio padre:

«...Deve fare bel tempo, da voi, lungo il lago. Ricordi le nostre passeggiate e la sera in cui sedemmo assieme? Quanto vorrei rivivere quei momenti...».

E mia madre:

«...Da quando sei partito il giardino è deserto. Tutto è freddo. Se sedessi sulla nostra panca, in riva al lago, avrei freddo, e avrei paura di vedere spettri...».

Secondo una leggenda a Possenhofen c'erano dei fantasmi...

Pur desiderando ritrovare la fidanzata, mio padre lavorava con impegno a Bruxelles. Da un lato proseguiva gli studi, come farà per tutta la vita, poiché non si reputava mai abbastanza pronto alle sue funzioni di re, dall'altro organizzava la propria esistenza futura, e in quel campo aveva molti ostacoli da superare...

«...Qui ho molti fastidi con i preparativi. È stupefacente come in famiglia si sia raramente della stessa opinione. Mi rallegro che tu non debba occuparti di tutto ciò, perché è noiosissimo...»

Il 27 giugno, non senza una punta di impazienza:

«...Vorrei tanto sapere quel che i miei genitori intendono fare quest'estate, siamo quasi al 14 luglio, ma non lo si saprà, perché non lo sanno neppure loro. Sono tanto indecisi anche i tuoi? È una grande calamità, per i mortali che dipendono da loro...».

E il giorno dopo aggiunge:

«...Finalmente hanno deciso di andare agli Amerois [tenuta del conte di Fiandra, nelle Ardenne]. Ci vanno controvoglia, per quella fatalità che trascina tutte le persone indecise a fare quel che non vogliono...».

Il 10 luglio fu celebrato il matrimonio di Gabriella, sorella ultimogenita di mia madre. Sposava il figlio di Luigi III, Rupprecht di Baviera [al quale Hitler proporrà di regnare, e che rifiuterà, facendo incollerire il Führer]:

«...Saranno momenti un po' tristi, quelli del matrimonio di tua sorella, e la sua partenza creerà un gran vuoto, per te. Anch'io ho visto partire due sorelle che amavo molto. Nella vita gli affetti sono l'unica cosa buona. Tutto il resto è abbastanza deludente. Sono molto triste di non poter essere con te ora, di non poterti dire quanto ti amo, quanto vorrei renderti felice. Da quando tu mi testimoni tanto affetto, e credo che qualcuno mi ami davvero, vedo tutto rosa...».

Mia madre risponde:

«...Caro Alberto, la tua gentilezza verso mia sorella mi commuove; tu sai che lo stesso affetto che ti unisce alle tue sorelle regna anche fra noi, fratelli e sorelle...».

Nel deplorare la distanza che li separa, mia madre si esprime con toni più accesi:

«...Vorrei tantissimo venire da te e abbracciarti, tirandoti un po' per i capelli. Ti amo tanto. Per te salterei nell'acqua e nel fuoco...».

«...Se soltanto potessi entrare in questa lettera e, quando la aprirai, saltarti al collo e abbracciarti, *wild*, appassionatamente, mio carissimo Alberto... Ti mostrerei che ti adoro e ti amo con tutta me stessa, e farei quanto mi è possibile per essert gradevole... Sono impazientissima di rivederti, e abbracciandoti quasi ti ucciderò...»

Ancora più impaziente:

«...Gioisco tantissimo all'idea di rivederti... Non riesco più a stare senza te, mi sento troppo sola e triste. Tutto mi annoia. Voglio soltanto te, e di tutto il resto nulla...».

Quanto siamo lontani dal ghiaccio di Neuilly!

Perché il tempo appaia meno lungo, ognuno dei due racconta all'altro quel che fa.

Alberto si appassiona alle novità della meccanica. Visita l'Esposizione universale di Parigi (1900), ch'era il simbolo del formidabile sviluppo industriale della fine del secolo XIX. Scrive:

«...Ben presto andrò a un esperimento di velocità che si farà da Parigi a Amiens. Sono stato invitato dal creatore del motore. Pare si andrà a velocità finora mai raggiunte...».

Per tutta la vita mio padre si interessò appassionatamente ai progressi tecnici e alla velocità; in lui corrispondeva quasi a un bisogno fisico.

«...Oggi abbiamo corso velocissimi [fra Karlsruhe e Rastatt]. Ho cronometrato 70 km all'ora. Per 5 chilometri di seguito abbiamo tenuto i 60 all'ora. Stamattina, mentre attraversavamo veloci un villaggio, una gallina è volata sulla testa di Jungbluth [aiutante di campo]. Per fortuna gli occhiali l'hanno protetto. Gliene son venuti un momento d'emozione e un bello shock...»

Elisabetta gli risponde:

«...Sono molto contenta che tu abbia trascorso un soggiorno gradevole a Parigi e abbia sperimentato senza incidenti quel nuovo motore. Dopo la tua descrizione ero un po' preoccupata...».

E compete in audacia con lui, descrivendo le belle cavalcate nell'aspra Baviera:

«...Ieri abbiamo fatto una gran cavalcata, lunghe galoppate... Siamo tornati soltanto alle otto. Era talmente buio che quasi non trovavamo più la strada...»

«...Oggi abbiamo galoppato come matti... Era peggio dell'ultima volta nei campi...»

«...Abbiamo fatto molte galoppate nella grande pianura, e abbiamo saltato almeno dieci ostacoli. Subito dopo pranzo, col solleone...»

Alberto scrive da Parigi, dove aveva accompagnato il padre, conte di Fiandra:

«...Ieri ho passeggiato tutto il giorno all'Esposizione. Sono salito sulla torre Eiffel... Oggi andrò in pallone. È tutto molto interessante, ma devo farlo da solo, e invece che piacere sarebbe in compagnia di una moglie gentile e graziosa come te!» (*15 settembre*)

«Sono stato a Vincennes, sono salito col pallone fino a quattrocento metri, ma c'era troppo vento, abbiamo dondolato tanto...»

«...L'Expo è tanto grande che non si riesce mai a vederne che una parte. Tutto è difficilissimo da trovare. Le cose tedesche sono le più belle e le meglio presentate, si vede che non è stata risparmiata alcuna spesa per garantire alla Germania il primo rango...» (*17 settembre*)

«...Qui il caldo è terribile e la polvere rende sgradevolissime le passeggiate all'Esposizione. Perciò questo pomeriggio andrò nei sobborghi, a fare una corsa su un triciclo preso a nolo.» (*18 settembre*)

«...Ho fatto un gran giro in triciclo, da Versailles a Saint-Germain. Abbiamo poi trascorso la serata fino a molto tardi nei caffè concerto di Montmartre, ad ascoltare canzoni politiche e altre...» (*19 settembre*)

All'avvicinarsi del gran giorno mio padre non parla d'altro che dell'unione imminente:

«...Marito e moglie debbono trovare la massima felicità nello stare assieme. Ognuno dei due deve essere per l'altro la compagnia migliore e più ricercata...

«...Nella vita ci sono molte difficoltà, sempre, dappertutto e per tutti, ma se la famiglia è unita da un solido amore reciproco non c'è ragione di temere la vita, e si è certi di trovare in casa propria la vera felicità di questa terra...».

Per tutta la vita i miei genitori seppero mantenere tale disposizione del cuore.

Mio padre non era privo di senso dell'umorismo. Ogni tanto scherzava:

«...Finalmente, a poco a poco, ci avviciniamo perlomeno al matrimonio. Dopo di che non ci separeremo più tanto, a meno che non si divorzi!».

E persino consiglia:

«...Ti esorto ad approfittare in fretta del tuo celibato. Il giorno sarà fra due settimane. Dopo non potremo più cambiare decisione. Fra quattordici giorni saremo sposati. È un passo importante, nella vita. Speriamo si riveli positivo per tutti e due...».

«...Rivederti fra cinque giorni, e allora non più separazioni, potremo finalmente abbracciarci, e stavolta senza sorveglianti! Fra una settimana saremo noi due soli. Spero non ti annoierai con me, e in ogni caso farò tutto il possibile per esserti gradito...»

«...Domani ti scriverò l'ultima lettera... Almeno per qualche tempo, spero. Le cerimonie di Monaco saranno brevi ma qui [Bruxelles] tutto sarà lungo e noioso. Ma non possiamo fare alcuna modifica. Dopodomani correremo verso di te, tutto il serraglio [chiama così la famiglia di Fiandra] e tutti coloro che gli stanno attorno, una vera migrazione! E pensa: staremo nove ore a Würzburg per paura di perdere una messa solenne...»

Lo stesso giorno scrive ancora:

«Ti mando il programma delle feste [quante!] che si faranno qui a Bruxelles. Così saprai come regolarti per i tuoi abiti, questione importante... dovranno essere belli ed eleganti...».

Torniamo in Baviera, dove ebbe luogo il matrimonio. La vigilia del gran giorno una cena solenne riunì, nella sala rococò del palazzo ducale di Monaco, tutta una folla di dignitari e principi. I giovani fidanzati, il cui amore stava per essere esaudito, parevano isolatissimi fra tanti invitati, per i quali erano naturalmente l'oggetto d'attenzione.

Il giorno successivo si poté leggere sui giornali: «Venti giovani duchesse; venti chiome indiademate, graziose, scintillanti, dondolano su questa messe reale, come spighe di diamanti. Un sangue intrepido, raffinato da secoli d'orgoglio e di delicatezza, azzurra queste carnagioni dolcemente sortite dallo scrigno; e i pizzi si gonfiano sui seni dove dorme il latte dei re».[2]

È difficile immaginare che qualcuno abbia potuto non sorridere alla lettura di tale capolavoro di preziosismo giornalistico. Lo riporta Carlo Bronne nel suo libro *Le Roi sans terre*.

Il matrimonio religioso fu celebrato a Monaco il 2 ottobre 1900. Per quanto principesca la cerimonia fu nondimeno segnata da un carattere popolare. La famiglia di Baviera viveva infatti in modo molto patriarcale, e furono molti i comuni e le parrocchie che vollero essere presenti attraverso le loro corali che, riunite, accolsero con un inno di Beethoven il corteo nuziale che arrivava alla Chiesa di Tutti i Santi. Il canto esplose fra evviva e acclamazioni.

La bianca figura della principessa, tanto esile, tanto minuta, che avanzava verso l'altare, con emozione che la padronanza di sé non riusciva a nascondere, lasciò nell'assemblea un'impressione profonda. Lo strascico, lungo quattro metri, era sorretto da un paggio in costume blu e bianco, i colori del casato di Baviera.

A destra e a sinistra Leopoldo II e il principe reggente Luitpoldo tenevano Elisabetta per mano, secondo un'antica tradizione. Alberto del Belgio, in uniforme da maggiore dei granatieri, bordi rossi e alto colbacco, aveva a destra la madre, contessa di Fiandra, e a sinistra lo zio, re Carol di Romania.

Prima di impartire la benedizione nuziale monsignor von Klein, arcivescovo di Monaco, si rivolse alla giovane coppia con parole quasi profetiche: «...Principe,» disse al fidanzato «voi cingerete un giorno la corona, e possa allora risonare da lungi la vostra fama, per il vostro amore devoto e clemente, per la vostra paterna bontà verso i sudditi».

«E voi, fidanzata principesca, possiate essere celebrata come benefattrice dei poveri, rifugio degli afflitti e immagine raggiante della carità cristiana.»

Soltanto tre giorni dopo, il 5 ottobre, i giovani sposi passarono la frontiera tedesco-belga. Mia madre stava per conoscere il «paese bello e amatissimo» [come lo chiamava Leopoldo I] sul quale avrebbe un giorno regnato.

A Verviers ella ricevette dalla moglie del borgomastro Mullendorf il primo dei mazzi di fiori belgi, e non volle più separarsene finché durò il viaggio. A Verviers furono presentate alla futura regina le dame d'onore belghe: la contessa d'Oultremont e la baronessa di Blommaert, che la serviranno con fedeltà per molti anni.

A Liegi la lunga fermata del treno fu per la popolazione l'occasione di manifestare calorosamente sul marciapiede della stazione la propria simpatia ai giovani sposi. Le autorità municipali della grande città vallone non mancarono, nel loro discorso di benvenuto, di ricordare il ruolo giocato, ai tempi dell'Impero Sacro e Romano, dai principi-vescovi della famiglia di Baviera.

Alle diciassette il treno dei principi entrò nella Gare du Nord di Bruxelles, copiosamente imbandierata.

Alberto e Elisabetta furono accolti dal re Leopoldo, dalla figlia principessa Clementina, dal conte e contessa di Fiandra. Migliaia di belgi erano convenuti ad acclamare la nuova principessa, il cui sorriso e la cui grazia subito conquistarono i cuori.

La coppia prese posto su una vettura «alla daumont», trainata da quattro cavalli e preceduta dall'equipaggio del re Una ovazione interminabile li accompagnò per tutto il percorso attraverso la capitale. Leopoldo II era raggiante: da troppo tempo era privo delle acclamazioni del suo popolo.

Al palazzo reale la regina Maria Enrichetta in cima al grande scalone d'onore aspettava la nuova nipote. La abbracciò con affetto.

Infine i giovani sposi, sempre acclamati dal pubblico, poterono raggiungere il palazzo di Fiandra, dimora che accoglierà i primi anni del loro matrimonio. Là giunti, per l'insistenza delle ovazioni di una folla in delirio, dovettero mostrarsi più volte al balcone. Elisabetta ebbe la felice spontaneità di inviare baci ai futuri sudditi: era un gesto imprevisto, inabituale alla corte del Belgio.

Il giorno successivo ebbe luogo la cerimonia civile al municipio. L'entusiasmo popolare cresceva, si tramutava in esultanza. Prendiamo in prestito da Maria Biermé, la Cristina de' Pisani della corte del Belgio, testimone oculare dell'avvenimento queste poche righe:

«...La giovane principessa pareva abbagliata dallo spettacolo offerto dalla Grand-Place di Bruxelles, la più bella del mondo... Duemila bambini diretti dal maestro Hoyois intonarono la cantata di van Artevelde, rievocazione delle gesta eroiche del tribuno fiammingo e dei gloriosi antenati. Anche San Michele, sulla torre del municipio, pareva li esaltasse, nell'intrepido slancio della sua spada sfavillante».[3]

Dopo aver firmato il libro d'oro, la cui prima pagina era

siglata da Leopoldo I, fondatore della dinastia, i giovani principi lasciarono il municipio, dove erano stati accolti dal borgomastro Demot, che aveva dato a Elisabetta l'augurale benvenuto nella capitale.

Un grande palco era stato innalzato dinanzi alla Borsa. La coppia principesca vi prese posto in prima fila, assieme ai maggiorenti. Attirava lo sguardo il mantello viola di monsignor Granito di Belmonte, nunzio apostolico.

Davanti al palco sfilava un corteo che pareva non finire mai ed era specchio dello spirito associativo belga: quattrocentoquaranta società con le loro bandiere, che venivano reclinate al passaggio dinanzi ai principi: società di mestieri, artistiche, filantropiche, sportive, associazioni di archibugieri, di gastronomi... I mazzi di fiori, a migliaia, si accumulavano ai piedi dei futuri sovrani...

Molte altre manifestazioni costellarono quelle giornate memorabili: una quadriglia alla Philarmonie, il tradizionale brindisi con la «gueuze lambic»,* una rappresentazione di *Lakmé* al teatro de La Monnaie, infine un omaggio musicale offerto agli sposi principeschi dai tre maggiori musicisti belgi dell'epoca: Eugène Ysaye, Arthur De Greef e van Dyck, il celebre tenore di Anversa. Non dobbiamo in ciò leggere i felici presagi di una vita nella quale la musica giocherà un ruolo importantissimo sia per la felicità di Elisabetta come per quella di tanti musicisti?

È certo che i giovani sposi desideravano ardentemente restare «finalmente soli». Ma dovettero pazientare ancora. Il giorno successivo, 12 ottobre, era l'anniversario della morte di Maria Luisa d'Orléans, prima regina dei belgi. Una messa da requiem riunì a Laeken tutta la famiglia reale.

Conclusa la cerimonia Alberto e Elisabetta poterono partire per il viaggio di nozze. Avevano scelto la Svizzera e l'Italia.

* Birra di Bruxelles, forte e pungente, fatta con malto e frumento non germinato, per fermentazione spontanea. [*N.d.T.*]

## II

## I COSTRUTTORI DI UNO TATO

Diamo un rapido sguardo alla storia. Non a quella del popolo belga, che risale all'antichità, ma a quella del regno attuale, del quale mia madre stava per condividere i destini affianco a mio padre. Quel regno era stato istituito settant'anni prima, al fine di salvaguardare la pace europea.

Nel 1830, nel momento in cui l'Europa era scossa dal vento del liberalismo nazionale e trasformava con violenza le sue vetuste istituzioni, il Belgio aveva appena fatto la sua rivoluzione. Si era separato dall'Olanda alla quale nel 1814, dopo la caduta di Napoleone, era stato unito dal congresso di Vienna, che voleva sottrarlo all'influenza della Francia.

Riconosciuta dalle potenze europee la separazione dall'Olanda, i belgi, in maggioranza cattolici, poterono adottare grazie a un voto dell'Assemblea nazionale un regime di monarchia costituzionale. Ironia del destino: con un principe protestante, proveniente dal casato tedesco di Sassonia-Coburgo-Gotha-Saalfeld.*

Quel principe salì al trono del Belgio il 21 luglio 1831, col nome di Leopoldo I, e regnò per trentaquattro anni.

La scelta aveva una spiegazione: l'eletto, vedovo della principessa Carlotta, figlia di Giorgio IV d'Inghilterra, era lo zio della futura regina Vittoria.** Gli inglesi, principali

* Leopoldo I, primo re dei belgi, nato a Coburgo il 16 dicembre 1790, era l'ottavo figlio del duca Francesco di Sassonia-Coburgo-Gotha-Saalfeld e di Carlotta, nata principessa di Reuss-Ebersdorf. Quella famiglia principesca tedesca diede all'Europa in meno di un secolo tre re e un principe consorte: in Belgio, in Portogallo, in Bulgaria e in Inghilterra.

** La sorella di Leopoldo I aveva sposato il duca di Kent, padre della regina Vittoria.

garanti della neutralità belga, volevano tenere ad ogni costo sotto controllo le bocche della Schelda, così da allontanare l'influenza francese da quella zona strategica. Ecco perché il trattato concedeva l'estuario di quel fiume alle province batave, geograficamente più lontane dalla Francia.

Leopoldo I, appena insediato nel nuovo regno, corse il rischio di esserne scacciato, a causa di una repentina invasione dell'esercito olandese. Guglielmo d'Orange, approfittando della totale disorganizzazione militare della giovane nazione vicina, il 4 agosto passò la frontiera con un esercito fresco e bene addestrato, che in pochi giorni inflisse una crudele sconfitta alle truppe belghe. Gli olandesi marciarono su Bruxelles. Ma la conferenza di Londra condannò l'azione olandese e prescrisse all'esercito francese di intervenire in Belgio, e alla flotta inglese di bloccare le coste d'Olanda. Così il pericolo fu scongiurato.

Nel corso della breve campagna gli ordini del re dei belgi erano stati saggi. Malauguratamente i suoi soldati, senza ufficiali e indisciplinatissimi, non gli fecero onore. Più tardi raccontò: «Una parte dell'esercito mi tradì, l'altra fuggì».

Poi, a proposito dell'autorità responsabile della difesa nazionale, scrisse: «Questo governo di avvocati, che non fa che strillare, avrebbe dovuto mettere il Paese in stato di allerta, ma non ha fatto altro che cicalare e vantarsi».

Paradossalmente, e per fortuna, la popolarità di Leopoldo I si consolidò nel corso di quella deplorabile campagna. L'espressione di «triste tranquillità» del re colpì il popolo, che in lui vide un vero capo capace di condividere le pene della gente. Lo si vedeva sempre a cavallo fra i suoi soldati.

Fu l'unica guerra del suo regno.

Un episodio buffo: la madre di Leopoldo I, l'anziana duchessa di Coburgo, appena seppe di quegli avvenimenti si precipitò a Bruxelles per dissuadere il figlio dal restare sul trono del Belgio. Agli occhi di lei i belgi erano soltanto un pugno di insubordinati!

L'opinione della duchessa coincideva con quella del conte di Dietrischein, ultralegittimista addetto d'ambasciata austriaco a Bruxelles, che scrisse a Metternich: «Il sovrano di questo Paese non è altro che il portabandiera dell'anarchia... Il suo regno è un nido di intrighi e di cospirazioni contro la pace d'Europa».[4]

Dopo il disastro della campagna dei dieci giorni dell'agosto 1831, la conferenza di Londra, preoccupata della debolezza dei belgi, amputò il Paese di una parte del Lussemburgo e del Limburgo, a vantaggio di un'Olanda forte, che perciò sarebbe dovuta essere una seconda linea di difesa contro la Francia.

Quando salì al trono Leopoldo aveva una quarantina d'anni. Si rivelò un grande re e un diplomatico accorto, più moralista che non discepolo di Machiavelli. In tali caratteristiche era la sua forza. Seppe mantenere il Paese al riparo dalle ambizioni dei potenti vicini. Durante il suo regno le frontiere furono sempre minacciate, ora dal lato francese ora dal lato tedesco.

Con grande abilità si servì del proprio prestigio per governare in prima persona, pur rispettando la Costituzione, che tuttavia gli procurava qualche difficoltà nella politica estera, come lui stesso scrisse nel 1837: «Sono le nostre istituzioni quasi repubblicane che ci mettono contro tutti i governi».

Comunque sia Leopoldo I fu considerato il primo principe che fosse riuscito a conciliare le più avanzate istituzioni liberali con il principio monarchico, conservatore dell'ordine. Godeva di molta considerazione oltre il Reno, a tal punto che si narra che i tedeschi l'avrebbero volentieri proclamato imperatore!

Ecco come riassunse la propria politica estera: «Sono e devo restare un legame fra le quattro grandi potenze. Ecco l'unica posizione che convenga al Belgio». Allusione probante al ruolo di arbitro che egli esercitava fra i Paesi garanti della neutralità del suo regno. Tanta saggezza procurò a Leopoldo I l'epiteto di «Nestore d'Europa». I sovrani regnanti, alla maggior parte dei quali era imparentato, lo cercavano per chiedere i suoi saggi e utili consigli politici.

In seconde nozze sposò Maria Luisa d'Orléans, figlia del re Luigi Filippo che nel 1831 aveva affermato: «Nessun Belgio è possibile». Quel matrimonio aveva lo scopo di mantenere la buona intesa fra Francia e Inghilterra – una delle fasi fondamentali della politica della dinastia.

Di quell'unione sopravvissero tre figli: Leopoldo, erede al trono, Filippo, conte di Fiandra, futuro padre di Alberto I, e Carlotta, che diverrà imperatrice del Messico, moglie dello sventurato Massimiliano.

Ma il grande amore di Leopoldo I era stata la prima moglie, la capricciosa Carlotta d'Inghilterra, ch'egli aveva conquistato a forza di dolcezza e persuasione. Figlia del pomposo e scostumato principe reggente, futuro Giorgio IV, ella morì di parto nel 1817.

Le curiose vie del destino: se l'affascinante principessa Carlotta non fosse morta Leopoldo sarebbe diventato principe consorte d'Inghilterra, e mai re dei belgi.

Qual era l'aspetto di quel sovrano, che durante il suo regno ebbe tanto potere sui cuori femminili?

I ritratti a figura intera di Winterhalter, e lo schizzo di Sir Thomas Lawrence, ci mostrano un bell'uomo dai capelli scuri, pettinato alla moda romantica, la chioma sulla grande fronte (che si ritroverà tale e quale nel nipote Alberto I). I tratti regolari hanno un'espressione pensosa e volitiva. Più tardi il pittore Liévin De Winne sottolineò ancora, nella fisionomia, la grande determinazione; ma lo sguardo non esprime già qualche amarezza? Con l'età il re era diventato taciturno. Si narra che un giorno chiedesse a uno dei suoi ciambellani di aprire una finestra; fu la prima e l'ultima volta che gli rivolse la parola.

La penna di Emily Brontë, di passaggio a Bruxelles, ci ha lasciato questa breve descrizione, relativa a una serata di gala al teatro de La Monnaie: «Il re aveva questa sera un'espressione di profonda nevrastenia, mentre la buona regina Maria Luisa ostentava un contegno fra i più stereotipati».

Per tema d'apparir vecchio Leopoldo portava una parrucca corvina. Mal sistemata, volò via più di una volta...

Nel 1850 il re divenne nuovamente vedovo. La baronessa Meyer tentò di allietarne la vecchiaia. Un grazioso padiglione, nel parco di Laeken, perpetuò per molto tempo il ricordo di quell'idillio tardivo.

Il regno di Leopoldo I aveva fissato le frontiere definitive e la neutralità del Belgio, lasciando così ai successori una base stabile per l'ulteriore sviluppo della nazione.

Non mi dilungherò affatto, qui, sulle eccellenti gesta e opere del figlio, Leopoldo II, anch'egli grande monarca. Insisterò soltanto sull'ampiezza delle sue vedute, che superavano di molto i limiti del suo piccolo Paese.

Giovanissimo comprese che il Belgio, a causa della sua neutralità, non avrebbe mai potuto ingrandirsi in Europa. Ma scrisse (secondo quanto riferisce lo storico de Lichtervelde): «...Il mare bagna le nostre coste, l'universo è dinanzi a noi... Tutte le terre senza padroni sulla superficie del globo possono diventare terreno per le nostre operazioni e i nostri successi».

Alcuni sostengono che la riuscita di una vita è la realizzazione di un sogno dell'adolescenza: tale fu il caso di Leopoldo II che al crepuscolo del suo regno dotò il Belgio di un immenso impero coloniale.

Il suo genio consisté nell'aver messo gli occhi prima degli altri sul Congo, la regione più ricca dell'Africa, e soprattutto nell'averlo acquisito senza spedizioni militari, ma soltanto con l'abile diplomazia e la personale fortuna. Si narra fosse giunto al punto di ridurre il tenore di vita, a corte: «Sopprimo delle portate», amava dire.

Diede impulso a un impareggiabile sviluppo economico che fece di Anversa uno dei primi porti del mondo.

L'opera di Leopoldo II fu favorita dal lungo periodo di pace, circa settant'anni, del quale il Belgio godette.

Egli perpetuò il ricordo di sé con sontuose costruzioni che fecero di Bruxelles una vera capitale. Creò grandi arterie, circondò la città di parchi magnifici. Nella prospettiva della Rue de Loi il sovrano fece innalzare l'arco di trionfo del Cinquantenario, per celebrare il giubileo nazionale del 1905.

Un fatto, fra tanti altri, illustra bene il carattere di Leopoldo II. Al tempo delle cerimonie per il Cinquantenario belga, nel 1880, come monumento c'era soltanto un arco provvisorio, di legno. Il re s'impazientì; reputava che quella provvisorietà durasse troppo a lungo. Decise di pagare l'edificio col proprio denaro. Tuttavia temeva l'incredulità di taluni parlamentari in merito alla autenticità del suo gesto. Così fece ricorso a uomini di paglia, che si presentarono come generosi donatori. Il 25 settembre 1905 re Leopoldo II inaugurò il suo arco del Cinquantenario, che oggi sovrasta la sorprendente quadriga dello scultore Vinçotte. Il sovrano, con un sorriso nascosto dalla barba bianca, ringraziò i donatori per il loro gesto patriottico. Il monumento è uno dei pochissimi archi di trionfo che hanno tre archi d'uguale altezza.

Il palazzo reale, esso pure ingrandito sotto Leopoldo II, assunse un aspetto imponente. Ma i belgi, che hanno sempre preferito la comodità borghese al fasto classico alla Luigi XIV, deploravano quella «smania della pietra» del loro sovrano, anche se oggi ne sono molto fieri.

Quando i miei genitori, giovani sposi, si insediarono in Belgio, il sovrano era appena entrato nel suo sessantacinquesimo anno. Tutti conoscevano la fisionomia di quel vecchio dal profilo leonino e dalla barba bianca lunga e quadrata. La statua equestre di Vinçotte, in Place du Trône a Bruxelles, ce ne dà l'immagine forse più somigliante.

Quel lavoratore accanito, invecchiato prima del tempo, in piedi dall'alba, rispondeva personalmente alla copiosissima corrispondenza che si accumulava sulla sua scrivania. Preparava minuziose annotazioni per i suoi segretari, i quali per altro dovevano penare assai a decifrarle, dato che la grafia era pressoché illeggibile. Studiava grandi piani di trasformazioni urbane. L'amore per gli alberi era in lui una vera passione: nel bosco di Soignes creò una riserva straordinaria, «l'arboretum», dove furono riunite le più varie e rare essenze provenienti da paesi lontani; e a lui si devono le celebri serre di Laeken.

Come poteva unirsi, tanta passione per la bellezza della natura, a un cuore tanto arido come quello che gli è stato ascritto? Il giardiniere di Laeken, il fedele Parat, mi ha spesso raccontato che Leopoldo II gli ordinava con insistenza di piantare certi bellissimi fiori, nel parco, soltanto per il piacere delle figlie

L'orribile dramma della morte prematura del decenne figlio unico, conte di Hainaut, nel 1869, aveva straziato il cuore del re, tanto più perché si sentiva isolato e incompreso in seno alla sua stessa famiglia.

La regina Maria Enrichetta, che fu prima di tutto arciduchessa d'Austria, non abbandonò mai le idee grette e convenzionali che le erano state inculcate alla corte di Vienna. Condivideva molto poco preoccupazioni e interessi dello sposo reale. A proposito del Congo non esitò a dichiarare: «Con questa storia Nasone [il marito] di certo cadrà male».

Ella ebbe tuttavia commoventi attenzioni per la cognata, l'imperatrice Carlotta, tornata in Belgio dopo l'avventura messicana. La circondò di cure, la confortò, testimoniandole grande affetto, prima che quella sprofondasse del tutto nella follia.

Il re Leopoldo II era unito da profonda amicizia all'unica sorella, e fu molto addolorato per la sventura della coppia imperiale. Per Carlotta comprò la tenuta di Bonchot, dove lei visse per sessant'anni, dimenticato definitivamente il mondo.

I miei genitori visitavano la sfortunata imperatrice il giorno del suo compleanno. Talvolta li accompagnavo. Ricordo una piccola donna molto vecchia che faceva discorsi incoerenti. Portava un mantello, e un berretto a punta allacciato sotto il mento, come quelli in uso fra le signore anziane dell'epoca. Morì il 19 gennaio 1927. Sul letto di morte i suoi tratti ritrovarono serenità e maestà.

Le figlie di Leopoldo II diedero al padre più preoccupazioni che gioie. La maggiore, Luisa, sposata al cugino Coburgo, fece parlare di sé la stampa europea per gli scandali che suscitò e per i processi che intentò, persino a suo padre. La seconda, Stefania, sposò Rodolfo, erede all'impero d'Austria, del quale è noto il tragico destino. Ella convolò a seconde nozze con il conte Elemer de Lonyay, che Leopoldo II rifiutò per molto tempo di riconoscere come genero. Infine Clementina, la preferita del re, viveva con lui. Ella languiva d'amore per il principe Vittorio Napoleone. Lo sposò dopo la morte del re, che per ragioni politiche si era fermamente opposto a quel matrimonio.

La vita privata di Leopoldo II non era quella di un chierichetto, lo si sa. Chi non ha sentito parlare delle raffinate cenette parigine durante le quali il re dei belgi e Edoardo VII si spartivano i favori delle etere in voga? Ecco una divertente riflessione trovata in una delle lettere di mio padre:

«...Il König Leopoldo II fa la spola fra Bruxelles e le ginocchia della sua bella; negli ultimi quindici giorni ha fatto il tragitto cinque volte; il che prova che non sempre col passare degli anni si invecchia». (*22 novembre 1907*)

Un tratto del carattere di Leopoldo II, che mio padre amava sottolineare, era la grande sincerità dei proponimenti. Ci si poteva sempre fidare della sua parola, quando si degnava di promettere qualcosa. La sua intelligenza rifiutava di usare stratagemmi meschini. Il suo carattere di autocrate bastava a imporre la sua volontà. Quando un interlocutore non era d'accordo con lui, si sollevava in tutta la sua statura e replicava con voce secca e solenne: «La Maestà vuole che sia così, e non ne parliamo più».

Non era soltanto sussiego di monarca ma anche acuta coscienza della propria responsabilità di sovrano.

Per far meglio comprendere il ruolo politico di mio padre e il suo carattere non ho potuto passare sotto silenzio l'opera tanto importante realizzata dai fondatori della dinastia. Alla fine del suo regno Leopoldo I confessò: «È stato un compito singolare, conservare il regno e marciare verso il progresso vero con istituzioni democratiche che da un lato intralciavano dall'altro minacciavano. Infine è stato fatto, e questo è l'essenziale».

Anche Leopoldo II e Alberto I avrebbero potuto ripetere la stessa frase, alla fine del loro regno. I tre monarchi, ciascuno a suo modo e nel proprio stile: Leopoldo I appartenendo all'«Internazionale dei re d'Europa», regalità modellata sui modi dell'ancien régime, Leopoldo II da finanziere realista, sovrano dell'epoca della prosperità borghese, Alberto I da re attento al sociale, anzitutto difensore del proprio popolo, e che sempre anteponeva i doveri ai diritti.

I tre sovrani seppero rispettare la Costituzione, non senza innumerevoli difficoltà, e adattarla con felici iniziative alle necessità del loro tempo.

Si può dire che si succedettero proseguendo l'opera comune in magnifico spirito di continuità. Se li si osserva da tale prospettiva non si saprebbe dissociare l'uno dagli altri.

È evidente che l'opera di tali sovrani non avrebbe avuto successo se essi non avessero trovato in patria un popolo laborioso, ingegnoso, coraggioso dinanzi al futuro, leale, pieno di buonsenso, fiero del proprio grande passato comunale, delle proprie città e province, ma anzitutto ferocemente indipendente.

Gabriele D'Annunzio diceva il vero quando, in una dedica su una fotografia, nel 1932, scrisse: «Un ammiratore devoto del grande popolo belga, costruttore in tempo di pace e indomabile in tempo di guerra».

Dopo i monarchi dei quali ho qui parlato, questo popolo sarà guidato da Alberto I, mio padre, affianco al quale Elisabetta del Belgio, mia madre, assolverà al ruolo di sposa devota e di collaboratrice illuminata.

## III

## DIFFICILE ADATTAMENTO

Il clima famigliare e dinastico nel quale i miei genitori dovevano cominciare la loro vita di giovani sposi poneva alcuni problemi delicati.

I belgi vedevano poco la regina Maria Enrichetta, moglie di Leopoldo II. Ella viveva quasi tutto l'anno a Spa e sue sole passioni erano i cavalli e la musica popolare ungherese. Nel corso dei quarantanove anni vissuti in Belgio non cercò di comprendere il popolo belga né di farsi amare da esso. È anche vero che le forze morali e la resistenza fisica di lei furono infrante dal dolore crudele per la morte dell'unico figlio.

Nelle cerimonie ufficiali il conte e la contessa di Fiandra (fratello e cognata del re) ricoprivano il ruolo lasciato vacante dai troppo invisibili sovrani. Il che non mancava di creare una certa rivalità fra le due corti. La tensione era tanto più sentita poiché Leopoldo II, per il suo dispotismo e per la discussa vita privata, aveva contro l'opinione pubblica, mentre i miei nonni godevano di una certa popolarità: la loro vita famigliare era apprezzata; avevano due figli, e poiché il maggiore era morto, il cadetto, un solido giovanottone, assicurava il futuro della dinastia.

Per quanto riguarda la vita mondana e artistica il salotto della contessa di Fiandra riceveva l'élite della società: artisti e letterati frequentavano la piccola corte, che ricordava un po' quelle dei principi tedeschi del secolo XVIII.

Tale la situazione famigliare trovata da mia madre al momento dell'arrivo in Belgio.

A Bruxelles era necessaria una casa dove i miei genitori

potessero vivere indipendenti, ma proprio questa necessità avrebbe suscitato molte difficoltà. La giovane coppia provvisoriamente dovette abitare dai conti di Fiandra, nel loro palazzo in Rue de la Régence.

La corrispondenza di mio padre, prima del matrimonio, mostra fino a qual punto egli si preoccupasse della questione, pensando alla buona intesa della futura vita famigliare.

Il 30 giugno 1900, ovvero quattro mesi prima del gran giorno, egli scrive: «...Preferisco quando mia madre [contessa di Fiandra] è presente, soprattutto se si discutono tutti gli accomodamenti per il futuro: discussione importante che non si svolge senza burrasche...».

Leopoldo II desiderava vedere il principe Alberto insediarsi in un nuovo palazzo, costruito, nel luogo dell'antico Osservatorio, in Rue de l'Astronomie, su progetto dell'architetto Maquet, in stile sfarzoso – Luigi XIV!

La lettera di Leopoldo al nipote, che conferma quanto ho appena detto, è datata Bad Gadstein 28 giugno 1900:

«...Mio caro Alberto, io tengo *essenzialmente* a che l'antico Osservatorio sia messo a tua disposizione fino alla mia morte... Il Belgio è retto da una monarchia che gli procura grandi vantaggi ma gli impone alcuni obblighi verso la dinastia. Sarebbe una mancanza grave, e il governo rifiuta decisamente di commetterla, esonerare troppo il Paese dall'adempimento di tali obblighi [il terreno dell'Osservatorio apparteneva allo Stato]. Voglio ricostruire a mie spese l'antico Osservatorio e aggiungervi delle scuderie. Poiché i lavori dureranno due anni, e sono auspicabilissimi perché tu abbia in seguito una tua sistemazione, metto annualmente quindicimila franchi a tua disposizione, fino al completamento dell'Osservatorio, per aiutarti a prendere in affitto il palazzo d'Assche o un altro... Ti prego di convincere tuo padre ad approvare quanto precede. Se necessario gli dirai che reputo che egli non possa rifiutarmelo. La legge riguardante l'Osservatorio sarà presentata durante la prossima sessione di luglio. Ti abbraccio, nipote mio, e rinnovo i miei voti per la tua felicità. Il tuo devoto zio Leopoldo».

Queste righe non rivelano meglio di qualunque commento il carattere del re?

Quel progetto d'insediamento lussuosissimo dispiaceva a mio padre. Ma come sottrarsi all'ordine a malapena mascherato?

Per fortuna la contessa di Fiandra intervenne presso il vecchio re, che ne teneva in gran conto il buonsenso. Ella l'ebbe vinta e il progetto fu abbandonato.

Si fecero allora piani per sistemare il palazzo d'Assche, in Rue de la Science. Mio padre scrisse a mia madre:

«...Ti accludo il progetto di legge riguardante l'abitazione che avremo in futuro, una volta che sia finita, cioè non prima di due anni. Nell'attesa dovremo alloggiare qui [palazzo di Fiandra], ma ciò nonostante avremo un'autonomia molto ampia...».

Mio padre indora gentilmente la pillola: «Fai progressi in francese, le tue lettere sono spesso quasi prive di errori, i miei complimenti».

Nel frattempo Josephine, sorella minore di Alberto, sposata a Karl di Hohenzollern, mette in guardia il fratello sui pericoli della coabitazione:

«...Per una famiglia giovane il problema essenziale è la libertà di fare quel che si vuole, e finché sarai nella stessa casa dei tuoi genitori non sarai mai il padrone. Ti assicuro ch'è questione della massima importanza. Più tardi potresti pentirti».

Alberto segue con assiduità i lavori di ammodernamento del palazzo d'Assche, graziosa costruzione del XIX secolo, in un quartiere tranquillo. La facciata era stata abbellita dall'architetto Balat. Oggi è sede del Consiglio di Stato.

«...La casa è pulita e luminosa, spero ti piacerà. In ogni caso sarà meglio che in Rue de la Régence. Ho già assaggiato la cucina della nostra cuoca, mi è parsa ottima...» (*21 settembre 1901*)

Più di una volta mia madre mi ha confessato quanto, durante i primi anni di matrimonio, avesse patito l'atmosfera un po' gretta e quasi burocratica che le regnava attorno. Quale contrasto con la sua vita di fanciulla abituata ai grandi spazi e agli orizzonti boscosi della Baviera! Il giardino di Rue de la Science non bastava affatto alla sua avidità di aria aperta e di libertà. Nei suoi appartamenti era spesso infastidita dalla vicinanza degli uffici del segretario o dell'intendente della lista civile, molestata dalla puzza dei loro sigari, dal suono delle loro voci ingentilito da accessi di tosse, il tutto imitato all'infinito, con insolenza, da un insopportabile pappagallo. Per un'indole sensibile come la sua dovette essere una piccola pena quotidiana. Ma ella la subì in silenzio. Ne testimonia questa lettera del maggio 1909, indirizzata a mio padre che allora era in Congo:

«...Mi fa un gran bene vedere tutte le persone che ti amano e che tu ami. Mi avvicina a te. Sono più belga che mai, e ora non vorrei lasciare il Belgio. Mi pare che un alito tuo sia rimasto qui, e che se lasciassi Bruxelles mi allontanerei da te...».

Lei stessa mi ha raccontato questo piccolo aneddoto: appena insediatasi in Rue de la Science aveva rimbrottato con vivacità una delle sue dame d'onore perché troppo zelante. Pretendeva di doverle sempre stare affianco, anche in giardino. Quella protestò: «Le mie funzioni lo esigono. Un'Altezza non può passeggiare tutta sola». Mia madre rispose che aveva intenzione di fare quel che le piacesse... «Altezza o non Altezza!»

Aveva un carattere molto indipendente e voleva a qualunque costo preservare la propria libertà, perlomeno al di fuori dell'ufficialità. Poco a poco riuscì ad affermare tale esigenza grazie alla sua personalità.

Il 3 novembre 1901, nel palazzo d'Assche, nacque il primogenito dei miei genitori, mio fratello Leopoldo, futuro re dei belgi. Eugène Ysaye interruppe l'inizio di un concerto e, sollevando con gesto largo l'archetto, annunciò al pubblico: «Ci è nato un principe». Agli applausi frenetici dell'adunanza seguì una vibrante *Brabançonne* [inno nazionale belga].

Due anni dopo, il 10 ottobre 1903, mia madre mise al mondo un secondo figlio, Carlo Teodoro, futuro reggente del regno. Gli fu dato il nome del nonno materno, il celebre oculista.

Quanto a me, vidi la luce il 4 agosto 1906 a Ostenda, nella villa Osterrieth. Fui battezzata col nome Maria José in ricordo della nonna materna, l'infanta del Portogallo, duchessa in Baviera.

Dopo due maschi mio padre fu felice di avere una bambina, mentre mia madre proclamava che avrebbe preferito un terzo maschio.

Mio padre si divertiva a raccontare che la mia balia fu trattenuta a Ostenda soltanto a gran fatica. Quella brava contadina, venuta dall'interno delle Fiandre, non aveva mai visto il mare, e credette fosse una muraglia pronta ad abbattersi su di lei!

Dopo la nascita di ciascuno dei figli mia madre patì un periodo di indebolimento fisico. Si era sperato che l'aria del mare del Nord le restituisse le forze, ma lei affermava che soltanto la sua Baviera poteva «rimetterla in forma». Dopo i parti andava dunque a passarvi alcune settimane. Ma là ogni volta faceva gesti imprudenti, pericolosi per la salute: lunghi bagni nel lago, folli cavalcate. Il che irritava mio padre:

«...Bisogna perseverare nella cura, è una necessità per te e per noi, perché la buona salute è garanzia di buona intesa. Avrei molto voluto venire a trovarti, ma ho troppo da fare a Bruxelles, e cose urgenti, per potermi assentare sempre. Alla lunga mi renderei ridicolo...».

Un'altra volta scrive:

«...Devo confessarti che sono sempre più preoccupato di non avere notizie precise sulla tua salute. L'invio di un semplice bollettino avrebbe esaudito tutti i miei voti. Spero di avere notizia di aumenti di peso, che mi appariranno in forma di cifre d'oro circondate d'azzurro, come le parabole celesti. La casa è vuota senza te, cara Lisa, e standoti lontano sento quanto peso tu abbia nella mia esistenza».

La tratta come se lei fosse un bambino, la chiama Kind. Vuole proteggerla, aiutarla a superare le fatiche e le costrizioni inerenti alla nuova situazione.

Mia madre, piccola, esile, si sentiva talvolta paralizzata in presenza del vecchio re Leopoldo II e della figlia di lui, Clementina, tutti e due di statura opprimente e di intelligenza fra le più critiche, persino sarcastica, tanto lontana dalla benevola tolleranza della famiglia di Baviera.

Il severo monarca aveva un carattere altezzoso, imperioso, che accentuava ulteriormente la distanza che lo separava dagli altri mortali; e per di più amava fare scherzi talvolta crudeli. Così quando la nuova nipote assistette al suo primo *Te Deum* in occasione della festa nazionale, le diede all'ultimo momento un discorso da pronunciare dinanzi all'imponente folla che riempiva la collegiata di Santa Gudule. «È la tradizione, qui», le disse, con simulata severità. In fondo voleva soprattutto vedere come se la sarebbe cavata la piccola bavarese dall'aspetto timido e fragile... Se la cavò benissimo, ma se ne ricordò per il resto dei suoi giorni!

Il 19 settembre 1902 mia madre era di nuovo in Baviera e doveva partire per Bruxelles, dove avrebbe dovuto assistere alle esequie della regina Maria Enrichetta, morta a Spa.

Mio padre le scrisse:

«...Poiché non potrò venire domani a riceverti, ti scrivo... La sepoltura avverrà alle tre e quaranta a Laeken. Si declina la presenza di stranieri alla cerimonia...».

«...Ora debbo occuparmi del piccolo Kind. È il professore che parla. Si deve assolutamente curare il Kind, perché si tiene a lui più che a tutto quel che esiste al mondo. Quando arriva, domani, dovrà certamente fare colazione: due uova, un po' di prosciutto, non troppo pane. Non deve affaticarsi a provare e riprovare i suoi vestiti, e deve anche riposare. Ho detto alla Kammerfrau di preparare il lutto. Il Kind deve certamente mangiare verso mezzogiorno, perché alle tre e mezza deve essere a Laeken, nella chiesa dove sarà impartita l'assoluzione, seguita dall'inumazione della Königin, che arriverà [da Spa] con un treno speciale alle tre e quaranta. Il piccolo Kind deve coprirsi bene, e specialmente non mettere calze troppo sottili, dovrà avere stivaletti che gli tengano i piedi al caldo, perché le pietre della chiesa saranno fredde.»

Così mio padre pensava ai minimi dettagli per evitare coscienziosamente alla sua cara Lisa ogni imprevisto sgradevole.

Subito dopo le esequie mia madre tornò in Baviera.

E mio padre continuò a insistere:

«...Sii prudentissima a cavallo. Non saltare ostacoli troppo alti. Se tu lo facessi mi daresti un dispiacere. Tu sai che mi preoccupo perché ti amo quanto tu non saprai mai abbastanza, e sto facilmente in pensiero per quanto ti riguarda. Voglio conservarti per tutto il tempo della mia vita... Oggi il tempo è molto bello, ma ciò mi è indifferente perché non ho Lisa con me. Quando lei tornerà farò tutto quel che chiederà; questa separazione mi ha provato quale potere hai su di me, non c'è un attimo, in tutta la giornata, durante il quale non pensi a te... Spero che tu non trovi le mie lettere ridicole o esagerate... Se ti scrivo tutte queste cose è perché ti amo tanto...».*

Così, a furia di ferma dolcezza, di perseveranza, di franchezza totale, e di una stretta vigilanza per evitare qualunque malinteso, mio padre riuscì a ottenere che mia madre facesse lo sforzo di adattarsi definitivamente alla sua nuova vita. Seppe convincerla dell'importanza del suo ruolo, e di quanto fosse utile. Le fece capire, in modo toccante, come mostrano le lettere, ch'ella gli era divenuta indispensabile, e che l'amore che provava per lei era incommensurabile.

In un messaggio dell'8 novembre 1906 egli espone ancora le proprie difficoltà, i propri obiettivi e ideali:

«...Mi pare indispensabile che tu sia qua per il mio ingresso nella vita politica, che non ha nulla di molto seducente; da qualche tempo sono veramente oppresso per l'avvenire particolarmente difficile che ho di fronte; difficile in sé, a causa della disunità del Paese, ma difficile soprattutto per la mia carenza di preparazione, della quale valuto in anticipo tutte le conseguenze. Non posso dissimularlo: è giunto il momento di lavorare fino a scoppiare, per acquisire non una ca-

* Mia madre risponde: «È seccante essere di nuovo separati. Tu mi manchi sempre più di quanto tu non creda. Sono talmente abituata ad avere il mio *Männele* che mi comanda e si prende cura di me che sono come un Hund che non trova più il suo *Herrle*».

pacità, il che è impossibile, ma una sapienza sufficiente a escludere perlomeno il ridicolo della funzione che il destino mi infliggerà. Credo e spero che saprò mettermi al lavoro, allo scopo di non avere più altro obiettivo oltre il perfezionamento di me stesso. Se tuttavia riuscissi malgrado tutto a rendermi utile al mio Paese, sarebbe la realizzazione di una ben alta ambizione, e la ricompensa di molte pene. Ma sento che difficilmente ne avrò la forza.

«Sono più isolato di chiunque altro, non ho fiducia in nessuno. Ci sono uomini che pur fra mille ostacoli sono giunti a grandi realizzazioni. E, come hanno poi dichiarato, ciò è stato possibile grazie alla tenera sollecitudine di cui li circondavano le persone care; il caldo affetto, l'acutezza e dedizione loro, erano i migliori incoraggiamenti, e una costante consolazione. Ecco quel che vorrei per me...».

Mia madre scrive:

«Farò tutto quel che mi è possibile per renderti la vita gradevole... Tu meriti di avere una moglie che viva per te, e cercherò di farlo per tutta la mia vita...».

E mio padre:

«Tu hai tutto per ricoprire questo ruolo: cuore, intelligenza, tatto e grazia. Fallo! È veramente un appello dal profondo del cuore questo che ti rivolgo in nome dell'amore sincero che ci unisce e che potrebbe trovare nuove vie tanto feconde. Credo che la vita divenga migliore se abbellita dal lavoro e dall'impegno. È la battaglia di ogni giorno: si persegue un ideale, si va verso uno scopo, si finisce, credo, per sapere quel che si vuole e immagino che a un certo punto si chiudano gli occhi avendo meritato la tranquillità e il riposo della coscienza».

«...Martedì la cerimonia al Senato avrà luogo alle quattro. Il piccolo Leopoldo dovrà venirvi con te, bisogna già prepararlo. Cerca di non arrivare stanca, perché la sera alle sei a palazzo c'è una cena in onore del Senato...»

Per le solite ragioni di salute mia madre era costretta a terapie di riposo. I medici le avevano prescritto di andare nel Mezzogiorno, a Valescure, o in Svizzera, a Valmont. Le frequenti separazioni che ne derivarono diedero ai miei genitori l'occasione per una corrispondenza che ci permette di seguire l'evoluzione di un grande amore, con le sue ombre, le sue luci e i suoi dubbi, che finì per consolidarsi definitivamente su un piano superiore di perfetta comprensione reciproca e di fattiva collaborazione.

In occasione dell'ottavo anniversario di matrimonio mio padre scrive:

«...Io non smetto, per quel che mi riguarda, di apprezzare la fortuna di averti. Forse ci sono nubi, ma il bel tempo trionfa sempre. Che vuoi, si è quel che si è, e le dottrine che affermano che la nostra indole è una pasta malleabile sotto l'azione della volontà di un libero arbitrio o di una coscienza illuminata sono grandi fandonie. Ma credo che senza mutare la nostra indole noi due siamo fatti per intenderci. Anzi di più: per completarci». (*novembre 1908*)

E l'anno seguente:

«...Ti scrivo non per farti le congratulazioni per essere caduta su un orso come me, ma per i mille sforzi che hai fatto e i bei figli che mi hai dato! Sono già nove anni da che abbiamo unito i nostri destini, e non voglio lasciar passare questo giorno senza dirti quanto io sia felice con te e quanto apprezzi la felicità famigliare che mi hai dato, che nella vita è più preziosa di qualunque altra cosa. Dobbiamo senza tregua ravvicinare i nostri pensieri e le nostre aspirazioni: questo è il segreto delle unioni durature. Lo sforzo comune, soprattutto in un compito difficile come il nostro, è veramente cosa bella e feconda; senza di esso cosa è mai la convivenza di due esseri pensanti?».

## IV
## L'EDUCAZIONE DEI PICCOLI PRINCIPI

Alberto era un padre attento e affettuoso. Lo fu per tutta la vita, nonostante le pesanti responsabilità. Quando per ragioni di salute mia madre è assente, la informa dei minimi dettagli della nostra vita:

«...Per darti qualche notizia di qui [Bruxelles] ti dirò che i bambini stanno molto bene: la piccola è aumentata di trecento grammi, le lezioni di Leopoldo vanno meglio [aveva sei anni] e Carlo è molto disubbidiente, ieri gli ho dato una battuta».

Un altro giorno:

«...I ragazzi sono assennati e cortesi. La piccola comincia a essere disubbidiente: ieri sera dopo neppure cinque minuti l'ho punita! Leopoldo ha migliorato nell'equitazione, è più vivace, più attento, e per fortuna non aveva il suo aspetto formaggioso».

È commovente vedere quanto mio padre sia contento quando i suoi piccoli sono in forma e gioiosi:

«...I bambini sono magnifici, in ottima salute, allegri, contenti della vita, la piccola ha un aspetto splendido, è bellissima, e cammina già come una bimba di due anni [non è la tenerezza di un papà verso l'unica figlia?], il secondo è un vero diavolo che dinanzi a me s'inorgoglisce per le sue prodezze».

«È una gran gioia ritrovare la propria banda di marmocchi fresca e formicolante di vita. Più tardi non darà altrettanti motivi di riso.»

Mio padre sceglieva personalmente precettori e istitutori per i figli, e s'interessava attentamente all'insegnamento:

«...Ho detto, con precisione, al comandante Maton [precettore] e a Plas [professore], quali siano le mie opinioni in materia di educazione e istruzione. Credo che ora tutto andrà bene. Leopoldo è molto portato per l'impegno, ma Carlo legge già meglio di lui».

Qualche tempo dopo:

«Il maggiore cresce molto, mi pare si irrobustisca, gli studi vanno bene. Il secondo invece si rivela indisciplinato e straordinariamente pigro. Si dirige contro di lui la collera di Plas, che i bambini chiamano Baloo [nome dell'orso nel libro di Kipling]».

«La piccola ha un amico corvo, trovato dal fratello Carlo. È proprio *kubelein*, l'ho fotografato con lei, per mandarti la foto.»

Ricordo perfettamente quel grande uccello nero che veniva a beccare i grani di mais dalle mie mani. Gli erano state tagliate le penne remiganti, e ciò mi addolorava.

Rievoco la mia camera di Ostenda: vedo ancora il piccolo letto a sbarre, le tende rosa che incorniciavano la finestra, i risvegli felici, i giochi con Nana, la Fräulein che instancabilmente raccoglieva i giocattoli che le mie mani maldestre di bambina lasciavano cadere.

I miei primi ricordi della mamma sono più evanescenti, come sfumati in un sogno. Gli immensi cappelli con le piume, i corpetti a stecche di balena che bisognava stare attentissimi a non strappare quando lei ci prendeva sulle ginocchia. Talvolta con mia grande gioia sfogliava con me il libro a colori per bambini *Strubbel-Peter*, scritto in tedesco, mia prima lingua. Mi turbavano molto il monello selvaggio dai capelli ispidi e dalle unghie mai tagliate, e la zuppiera sulla tomba del povero ragazzo morto di fame perché rifiutava di mangiare la minestra.

Mio padre mi pareva grandissimo, bellissimo, un po' distante; ma, quando mi prendeva sulle ginocchia, il viso gli si illuminava in un sorriso, e una fossetta gli si formava sulla guancia. Lo preferivo quand'era in uniforme: mi piaceva giocare con le trecce dorate delle spalline.

Ricordo i miei fratelli nella nursery. Venivano preparati e

vestiti con cura minuziosa. Avevano lunghi boccoli e i colletti alla marinara, che invidiavo! All'aria aperta correvano più veloci di me e mi canzonavano chiamandomi «la piccola». Spesso ero esclusa dai loro giochi, e questo mi mortificava.

Tempo dopo, e secondo me troppo raramente, grazie al sostegno dei cugini più grandi potei finalmente partecipare ai loro divertimenti. Invidiavo e ammiravo i capelli lisci e lunghi delle cugine, i miei erano corti e crespi. Negli chalet di Raversyde [rasi al suolo durante la guerra del 1940] le nostre partite a nascondino degeneravano talvolta in battibecchi e qualcuno doveva venire a separarci. Nostri compagni di gioco erano, fra gli altri, i figli dell'arciduca Francesco Ferdinando che fu poi vittima dell'attentato di Serajevo.

«La piccola avrà ben presto bisogno di un'autorità più competente,» scriveva mio padre «non si ha più potere su di lei.» Ahimè! La buona Nana fu sostituita da un'energica pedagoga. A spaventarmi bastava la sua voce. La sua mano, ossuta e pronta a colpire, mi schiaffeggiava per la minima sciocchezza. I miei genitori se ne rendevano conto? Ne dubito.

Per il mio quarto compleanno ricevetti dalla nonna i finimenti per il mio cavallo di legno. E un frustino. La nuova governante se ne impadronì subito, per farmene sentire il bruciore sulle dita e sui polpacci.

I pasti erano veri supplizi: lei mi costringeva a mandar giù tutto. Masticavo per ore. L'orologio di Saint Jacques, che vedevo dalla finestra, spesso suonava le tre e non avevo ancora terminato quell'orribile pranzo cominciato a mezzogiorno. Il menu variava poco, e non c'era mai il dolce. Quando la tiravo troppo per le lunghe Mademoiselle mi legava i piedi alla sedia e se ne andava per i fatti suoi, lasciandomi sola col cameriere. E quello, in spregio a qualunque etichetta, si permetteva di parlarmi e persino di scherzare, il che confortava il mio cuore pesante di bambina. Lui si chiamava Van Varenberg.

Ogni giorno seduta affianco alla governante facevo una passeggiata in landò in Avenue Louise e al bosco della Cambre. Ne conoscevo tutti i castagni e i lampioni. La più grande distrazione era veder accendere i lampioni da un uomo che aveva una pertica con una fiammella in cima. Mademoiselle non parlava e io mi annoiavo. Il trotto dei cavalli mi pareva monotono. Alcuni passanti mi salutavano. Dovevo rispondere soltanto con un cenno della testa.

Talvolta, ma di rado, venivano anche i miei fratelli. Era più divertente, benché ci fosse proibito parlare e, soprattutto, ridere.

Quando rientravo nella mia camera la governante troppo spesso disdegnava di giocare con me, dovevo divertirmi da sola e le ore si trascinavano interminabili... Quante energie infantili soffocate! Vivevo in una sorta di torpore spaurito, che la mia immaginazione popolava di sogni. Ero felicissima quando potevo sfuggire alla mano rapida dell'inflessibile educatrice!

Emile Verhaeren veniva spesso da noi. Amavo molto i suoi grossi baffi spioventi, la cravatta alla Lavallière, e la voce di basso con le erre leggermente grasse. In occasione del compleanno di mamma, il 25 luglio 1911, scrisse un omaggio che dovetti recitare. Allora avevo cinque anni. Dotato di grande pazienza mi fece ripetere la poesiola parola per parola.

Un giorno mi indicò un'incisione appesa alla parete: ritraeva Leopoldo I. Mi spiegò ch'era il mio bisnonno. Non mi interessava affatto, tutta la mia attenzione era attirata dal rumore provocato dall'unghia lunghissima del piccolo dito di Verhaeren che tamburellava sul vetro.

E giunto il giorno recitai con enfasi, con la mano sul cuore, com'era d'uopo:

> «Maman, pour ton jour de fête
> Je cherche dans ma pauvre tête
> Un joli compliment
> Mais il faudrait être savante
> Et ta petite fille, Marie-José, aimante
> Te dit tout simplement:
> Je t'aime tendrement...»*

Mamma, per il tuo giorno di festa / frugo nella mia povera testa / cercando graziosi complimenti / ma per trovarli si dovrebbe esser sapienti / e la tua piccola Maria José / che t'ama tanto così / ti dice semplicemente: / t'amo, teneramente.

Un'altra volta, per il giorno di santa Elisabetta, mi fece mandare a memoria:

«Voici le jour du compliment
Que tous les ans novembre amène.
Ailleurs, on célèbre la Reine
Ici, l'on fête sa maman.
Les plus fervents qui vous adorent
Entre eux rivalisent d'ardeur
Mais je vous aime mieux encore
Etant plus près de votre coeur.
Je vous offre ma petite âme
Qui tremble entre mes doigts jolis
Avec ces roses de flamme
Qui toutes vous aiment aussi.»*

Quando Verhaeren mi insegnava questi piccoli omaggi, la governante non perdeva occasione per attirare su di sé l'attenzione del poeta. Ed egli un giorno, sensibile al fascino di lei, le offrì il manoscritto delle poesiole in una busta, all'esterno della quale aveva vergato una dedica. Ma la mamma, che teneva d'occhio tutto, se la fece immediatamente consegnare e conservò quei preziosi autografi.

Nella nostra solitudine dorata avevamo il privilegio di potere incontrare, pur essendo ancora bambini, grandi personalità, artisti e letterati dei quali i miei genitori amavano circondarsi.

Ricordo bene il primo incontro con Ysaye. Vedendo la mia chioma arruffata il maestro esclamò: «Oh, il leoncino!». Furiosa mi precipitai su di lui gridando: «Attento, i leoni amano la carne!». Quell'uomo alto e corpulento, di prestanza imponente, quell'uomo che tutti i melomani del mondo veneravano, non intimidiva affatto la bambina ch'ero io.

Molto presto mia madre ci fece assistere alle riunioni musicali che organizzava. Lo scopo era insegnarci ad ascoltare.

* Ecco dell'omaggio la giornata / che ogni anno a Novembre è tornata. / Altrove è la regina celebrata, / qui è la mamma festeggiata. / I vostri adoratori più ferventi / son fra loro d'ardore combattenti. / Ma io vi amo col più grande amore / perché vivo affianco al vostro cuore. / Vi offro la mia anima, mamma, / che trema fra le mie graziose dita, / con queste rose colore della fiamma, / perché da tutti siate riverita.

Durante quegli incontri dovevamo stare silenziosi e soprattutto non muoverci. L'immobilità era difficile da sopportare, tanto più a causa del velluto delle poltrone, che ci grattava le gambe.

I miei fratelli prendevano lezioni di piano da un professore del Conservatorio di Bruxelles. Leopoldo non senza fatica riuscì a eseguire una sonatina di Diabelli; durante l'esecuzione sollevava i gomiti a tal punto che l'avresti detto un maggiolino sul punto d'involarsi. Carlo abbandonò il pianoforte per il violino; lo studiò con Dern. Tuttavia entrambi, troppo presi dai loro studi, abbandonarono molto presto la musica.

Io ero impaziente di prendere lezioni di pianoforte. Cominciai i primi esercizi a sei anni, sotto la ferula del professore dei miei fratelli. Mi appassionai alle scale cromatiche, mi portavano in un mondo fiabesco, mi facevano pensare a una strega che cavalcasse la scopa in cielo. Un anno dopo potei eseguire un piccolo brano di Schumann. Ne ero fierissima. Talvolta il maestro, per ricompensarmi degli sforzi che facevo, interpretava una ballata o una rapsodia di Brahms. Ascoltavo rapita.

Mademoiselle assisteva alle lezioni, china su qualche lavoro di cucito. Le prime volte sedeva in fondo alla stanza. Poi la vedemmo avvicinarsi al pianoforte, ogni giorno un po' di più. In seguito i pochi minuti di pausa che il professore mi concedeva presero a dilatarsi progressivamente. Per malignità finii col rifiutare quei momenti di ricreazione. Il professore si mostrò molto contrariato. Anche Mademoiselle. Mi costrinse ad andare in giro nel parco «per sgranchirmi». Un giorno tornai all'improvviso e sorpresi gli innamorati che si tenevano teneramente per mano. Le lezioni ne risentivano. I piccioncini non tardarono ad annunciare il loro fidanzamento. Ne fui felice, per me significava separarmi dalla governante cerbero.

Se la incontrassi oggi, la troverei gradevolissima. Debbo riconoscere che aveva un compito non facile.

All'educatrice temutissima succedette una brava inglese sentimentale e ignorante. Non mi pareva vero di non essere più costantemente sgridata. Miss Hammersley mi insegnò l'inglese raccontandomi le storie di Golliwog. Mi leggeva in francese, con forte accento inglese, la Bibliothèque Rose.

Mi parlò della bontà del Cristo. Mi insegnò una preghiera e mi donò un crocefisso. I miei genitori avevano una assoluta discrezione in merito a tutto quel che riguardava la religione. Non amavano rispondere alle mie domande. Sbagliavano? O non sapevano come affrontare l'argomento? Un giorno interrogai mio padre a proposito di un'immagine che rappresentava la Crocefissione. Le piaghe aperte e sanguinanti del Cristo mi avevano impressionato oltre ogni dire. Una spiegazione sulle scene della Passione si imponeva. Mio padre disse: «Chiedilo alle tate».

Sarà tuttavia lui che più tardi, con alcuni riguardi, mi preparerà per la Prima Comunione.

Miss Hammersley creava un clima disteso. Per sfortuna entrò presto in conflitto con Hélène Cosyns, la mia cameriera belga, persona ordinata, estremamente coscienziosa ma suscettibile, che replicava alle osservazioni della Miss con quella mancanza di peli sulla lingua che è abbastanza frequente fra la gente di Bruxelles.

Vedevo sempre meno i miei fratelli, presissimi dai loro studi. Ivanoe Plas, il loro professore, era un ometto grassottello dagli occhi a palla. Insegnava la storia secondo il metodo numerico che i discepoli del maggiore del genio Bruck, morto nel 1870, usavano con successo all'Accademia militare. Plas mise la teoria alla portata dei bambini perché imparassero a calcolare, e quindi a prevedere, il ritmo delle epoche di apogeo e di decadenza dell'umanità. Come tutte le ipotesi vale quel che vale.

Non fui mai iniziata a quei «misteri». Tuttavia ho sempre amato la storia, e forse più dei miei fratelli.

Ci trovavamo tutti e tre assieme soltanto all'ora dei pasti, attorno al desco famigliare. Spesso l'uno o l'altro era punito e mangiava da solo a un tavolino tondo dando le spalle agli altri. Una volta Carlo restò così relegato per quindici pasti. Aveva ripetuto al professore di violino una frase imprudente del precettore musicofobo: «Qualunque spazzino vale più di un musicista». Il fatto aveva provocato un vero dramma fra quelle mura dove la musica era sacrosanta.

Alla «piccola» fu concesso un privilegio: non mi fu mai inflitta la punizione della mensa. Se però non finivo quel che avevo nel piatto, lo vedevo riapparire, freddissimo, a cena. Mio padre non ammetteva alcuno spreco. E quando si adirava ci pareva Giove che lancia le folgori.

Un austero rigore regolava il nostro comportamento a tavola. Tale rigidità tuttavia non ci impediva di ascoltare la conversazione degli adulti. Ricordo ancora oggi una discussione che verteva attorno al furto, allora recentissimo, de *La Gioconda*. Era stato appena scoperto il ladro, un italiano, certo Peruggia. Per occultare il furtarello aveva deposto la cornice del prezioso quadro sotto una scala del Louvre e dissimulato la tela in una scatola di solini. Poi ebbe l'ingenuità di tentare di vendere il famoso capolavoro al Museo degli Uffizi. Il tutto accadde nel 1911.

Sempre a tavola mio padre talvolta poneva domande difficili a bruciapelo, per il terrore dei miei fratelli. Un giorno: «Qual è il fiume più lungo del Belgio?». E Carlo: «Il Nilo».

A sette anni cominciai a studiare. Fino a quel momento mia madre si era opposta. «Distorce l'istinto», diceva. Una istitutrice belga, Mademoiselle Jolly, mi diede le prime lezioni di grammatica e di aritmetica. Mi colmava di buoni voti, rappresentati da gettoni rossi, quando davo le risposte giuste. I gettoni bianchi, segno d'ignoranza, non mi venivano mai attribuiti... «a causa del mio rango»! Così, vittima del rango, non imparai un bel nulla.

Presi a farfugliare un po' con Miss Hammersley. Il poco tedesco che Nana mi aveva insegnato si era cancellato dalla memoria.

Dalla Baviera natìa mia madre aveva portato con sé la tradizione di un Natale impregnato di meraviglioso, che ci riempiva di gioia. L'albero, che lei decorava con cura incredibile, e i doni che trovavamo sotto quei rami, davano alla festa un carattere di calore famigliare, di *Gemütlichkeit*.

Una volta mio padre staccò una tromba dall'albero e dopo averne tratto qualche suono me la diede. Io l'asciugai sul tappeto prima di portarmela alle labbra. Egli, sorpreso, chiese il perché. «La mia tata» risposi «mi ha detto che i grandi sono pieni di microbi cattivi.»

Un'altra volta mi proibì di saltare per spegnere le candele. Non obbedii. Mi tirò per il braccio e mi chiese: «Chi è il capo, qui?».

«Il cuoco» risposi con aria sicura. Non avevo sempre sentito parlare dello chef di cucina?

In quei giorni di festa i genitori ci appartenevano. Ma fin dall'indomani avevano doveri verso gli altri.

Molto presto vollero iniziarci alla vita «ufficiale» alla quale, per il loro lavoro, erano obbligati. Spesso dovevamo accompagnarli, e allora non era più permessa la minima monelleria o licenza: si esigeva che avessimo un contegno rigorosissimo. Le consegne erano severe.

Le prime virtù che cercarono di inculcarci furono l'obbedienza, la rettitudine, la modestia. Evitare qualunque ciancia, spreco, perdita di tempo. Rispettare la massima puntualità. Anche questo faceva parte delle consegne.

Ci era proibita la menoma velleità d'iniziativa personale. La nostra spontaneità ne soffrì.

Ma grazie a quella educazione rigorosa, persino rigida (e attualmente, diciamolo pure, del tutto screditata) quali piccole gioie, quali umili piaceri possiamo ancor oggi apprezzare!

Credo di aver detto quanto basta a evocare l'alternarsi di luci e ombre che riassume per me i ricordi della nostra prima infanzia.

# V

# NONNINA DI FIANDRA E I SUOI

La nonna di Fiandra abitava in Rue de la Régence, vicino al palazzo reale, in una sontuosa residenza dalla scala che mi pareva monumentale. Oggi in quel palazzo ha sede la Corte dei Conti.

Vedo ancora nonnina scendermi incontro, quando venivo portata da lei. Opulenta, in rigoroso abito nero, si appoggiava al bastone da passeggio. Mi colmava di regalini. Amava dire: «La severità è dei genitori, l'indulgenza dei nonni».

Ero felice quando mi faceva sedere accanto a lei sul canapè. Mi permetteva di giocare con la grande catena d'orologio che portava come fosse una collana. Ma io temevo i tre volpini di Pomerania che non la lasciavano mai e cercavano di mordermi i polpacci. La mia gioia segreta, al palazzo di Fiandra, stava nell'affrontare un lungo e scuro corridoio per raggiungere il territorio riservato della cameriera, la vecchia Pope, che attingeva zollette di zucchero da una ciotola di cristallo e le distribuiva generosamente fra noi mentre borbottava con la sua voce di contrabbasso.

Dalla nonna c'era un'atmosfera allegra, si poteva ridere e scherzare in piena libertà. Lei, miope e timida, era la bontà personificata; ci lasciava saltellare, correre e fare sciocchezze senza mai rimproverarci, neppure quando i miei fratelli ebbero l'idea strampalata di spalmare di burro uno dei tre volpini, che macchiò d'unto dappertutto, persino il bordo delle vesti delle dame d'onore.

La contessa di Fiandra era figlia del principe Carlo Antonio di Hohenzollern-Sigmaringen, ramo cattolico, e della principessa Giuseppina, nata Bade. La nonna aveva trascorso tutta la propria infanzia nell'austero castello di Sigmaringen. L'educazione ricevuta aveva sviluppato in lei un grande senso del dovere, che fu la bussola di tutta la sua vita.

La regina Vittoria d'Inghilterra, «paraninfa delle corti europee», fu la promotrice degli sponsali con Filippo, conte di Fiandra, mio nonno. Da quell'unione nacquero quattro figli: Baldovino, Enrichetta, Giuseppina e, l'otto aprile 1875, Alberto, mio padre.

La contessa di Fiandra seppe sempre conciliare la vita famigliare con gli impegni ufficiali imposti dal suo rango. La sua dedizione al soccorso dei bisognosi era proverbiale.

La ricordo mentre cenava, al palazzo di Bruxelles, silenziosa fra i miei genitori, scambiando soltanto rare e laconiche parole con mio padre sui fatti politici del giorno, mentre mia madre visibilmente pensava ad altro. In onore della nonna venivano preparate ogni tipo di salsine piccanti alla francese delle quali era ghiotta. Tale predilezione le veniva forse dalle sue ascendenze della Franca Contea: fra gli antenati Bade c'erano stati infatti matrimoni con i Lezay-Marnesia, piccola nobiltà del Giura, e con i Beauharnais della Martinica.

Mio padre amava evocare il parentado francese quando contemplava il ritratto della sua bisnonna Stefania di Beauharnais,* graziosa dama dalla chioma fiammeggiante e dall'atteggiamento un tantino manierato. Parente stretta di Giuseppina e di Ortensia, era stata educata a Parigi da Madame Campan, che nei propri *Mémoires* non mancò di ricordarne l'indisciplina.

Risaliamo un po' nell'ascendenza di nonnina di Fiandra. Il matrimonio di Stefania con il granduca di Bade fu imposto da Napoleone, che elevò il margraviato a granducato. L'imperatore voleva conquistare la devozione dei principati a est del Reno mettendovi, secondo il suo solito, componenti della famiglia.

La giovane donna, abituata alla vita brillante di Parigi, in

* Il padre di Stefania, Claudio di Beauharnais, aveva sposato una Lezay-Marnesia.

quella piccola corte tedesca si annoiò in fretta, e precipitosamente riguadagnò la capitale francese. Il che a Napoleone non piacque. Le intimò di tornare senza indugi dallo sposo. Lei obbedì. Dopo di che nacquero cinque figli. Due morirono in tenera età.* Ma si narra che il maggiore sia stato rapito dagli sbirri di Luisa di Geysberg, sposa morganatica del vecchio duca di Bade, suocero di Stefania. Luisa voleva dare la precedenza ai propri figli, e avrebbe fatto allevare l'erede con una falsa identità e nell'ignoranza della propria vera origine. Il leggendario Kaspar Hauser, soprannominato «l'Orfano d'Europa», fece scorrere molto inchiostro, e io udii spesso il racconto di quella storia rocambolesca. Non vi allude persino Verlaine nelle *Memorie di un vedovo*?

«Bambino abbandonato, non sa nulla di nulla, neppure sa parlare, abbiate compassione del povero Gaspard».** Hauser sarebbe dunque stato lo zio presunto della nostra nonna paterna.

Il nonno di Fiandra non l'ho conosciuto, è morto nel 1905. Fratello cadetto di re Leopoldo II, non dovette assumersi grandi responsabilità né prendere iniziative importanti. Da un punto di vista costituzionale avrebbe potuto essere chiamato al trono del Belgio, ma la sua sordità rendeva ipotetica tale successione. Tuttavia gli furono offerti i troni di Grecia e di Romania, e li rifiutò. Quella vita senza scopo nuoceva al suo carattere. La cugina, la regina Vittoria, lo chiamava con indulgenza «il buon Filippo»: ella teneva vivo in sé il ricordo dell'amabile e brillante ufficiale di cavalleria ch'egli era stato un tempo.

A sentire mia madre, che lo conobbe quand'era ormai anziano, egli dava libero sfogo a umori cupi e impazienze, e sprezzava i propri famigliari. Dopo pranzo sbadigliava vigorosamente, mentre sfogliava qualche opera della sua biblioteca. Con l'avanzare dell'età i suoi difetti, abbastanza penosi per chi gli viveva affianco, si aggravarono, di pari passo con

* Le figlie di Stefania erano Luisa, Maria e Giuseppina. La maggiore sposò Gustavo di Svezia, la seconda Lord Hamilton e la terza Carlo di Hohenzollern. Quest'ultima sarà la madre della mia nonna paterna.
** Informazione fornita da Jean Hugo, ultimo pronipote di Victor.

la sordità. Il che non gli impedì di godere di una certa popo larità, dovuta soprattutto alle sue battute.

Ostentava, almeno a parole, di contraddire la politica del re suo fratello. Faceva passeggiate quotidiane, lungo l'Avenue Louise, che piacevano agli abitanti di Bruxelles. Con gesto cortese, col cappello a cilindro salutava la folla dei perdigiorno, e volentieri lanciava qualche motto di spirito.

Eppure era un fine letterato e un bibliofilo. In gioventù era stato amico del celebre archeologo Heinrich Schliemann, e possedeva anche una bellissima collezione di prime edizioni dedicate ai tesori dell'arte dell'Asia minore e greca, pubblicate dal grande erudito tedesco.

Della nonna di Fiandra mia madre ammirava la forza d'animo, l'equilibrio e anche il talento come pittrice. Le sue acqueforti e puntesecche testimoniano una vera attitudine per il disegno. Da giovane aveva studiato con Jacobsen, allievo di Mücke, professore all'Accademia di Düsseldorf. In Belgio lavorò con i pittori Portaels e Van der Hecht, e fu presidentessa onoraria degli incisori e degli acquafortisti belgi. In tal modo incoraggiò una tecnica che dopo lunga eclissi riprendeva vita in Europa.

La contessa di Fiandra era priva di civetteria, e ciò sorprendeva mia madre che vestiva, con eleganza innata, le creazioni dei grandi sarti parigini e di Madame Borgeaud di Bruxelles, e riteneva l'eleganza un dovere. E inoltre deplorava nella nonna anche una carenza di fantasia nella vita quotidiana... «Mia suocera» diceva «non sapeva divertirsi.»

La vita della contessa di Fiandra era simile a quella di tutte le gran dame della sua epoca. Al di fuori delle cure annuali a Vichy, al Mont-Doré o a Bad-Ragaz, divideva il proprio tempo fra il palazzo di Rue de la Régence e la tenuta degli Amerois, nelle Ardenne, a pochi chilometri da Bouillon. Ogni estate vi trascorreva due mesi. Anticipando le prescrizioni di Kneipp amava fin dall'alba andare a piedi nudi sui prati coperti di rugiada. Agli Amerois trascorreva ore in campagna, e riusciva col pennello o col bulino ad esprimere il carattere.

Mio padre provava piacere nell'evocare quell'agreste e romantica tenuta, le fughe in triciclo lungo i viali ombrosi di abeti dove nelle calde serate di luglio scintillavano le lucciole.

Mi pare evidente che l'amore per la natura, che lo accompagnò per tutta la vita, gli veniva dalla nonna. Le lunghe escursioni, che gli erano tanto care, erano anche un'evasione dall'ambiente famigliare. Durante quei vagabondaggi imparava a conoscere la vita degli uomini della terra. Si fermava volentieri nelle masserie e condivideva il pasto dei contadini. I loro problemi lo toccavano da vicino e facevano crescere in lui il rifiuto degli abusi di una certa società e l'apertura ai grandi temi sociali.

Mio padre, già di per sé incline a vedere la realtà da un punto di vista diverso da quello dei genitori, durante l'adolescenza era stato influenzato in particolare dai rapporti col maestro Emile Sigogne, nativo dell'Angiò, professore all'università di Liegi. Assieme avevano studiato trattati di sociologia ed economia, Rousseau, Spencer e Marx fra gli altri, nonché poesia e letteratura. Il maestro aveva trovato nell'allievo un'intelligenza ricettiva a quell'insegnamento, che il giovane principe seppe anche adattare alle esigenze del futuro ruolo di sovrano.

Emile Sigogne gli dedicò il proprio libro *Socialismo e Monarchia*, saggio di sintesi nel quale si dimostra che la monarchia non è incompatibile col progresso sociale.

Non si può passare sotto silenzio il ruolo avuto nell'adolescenza di mio padre dal generale Jungbluth, brillante ufficiale uscito dalla Scuola di applicazione dell'artiglieria e del genio, quindi dalla Scuola di guerra. Jungbluth rimase per quarant'anni al servizio di re Alberto, dapprima come precettore, poi come aiutante generale e infine come capo della Casa militare del re. Di idee liberali, facilitò i contatti fra il suo allievo e personalità quali padre Rutten (domenicano), grande promotore del sindacalismo cristiano, ed Emile Tandel, fondatore dell'Istituto archeologico del Lussemburgo, liberale di sinistra, che fece conoscere a Alberto i libri dell'economista Banning e del sociologo Jacques Picard.

Molto tempo dopo diventerà amico e consigliere devoto di

re Alberto lo studioso Waxweiller, direttore dell'Istituto di sociologia Solvay.

Mio padre aveva idee avanzate che lo ponevano in contrasto con i genitori e con il proprio ambiente. Ai nostri giorni passerebbe per un contestatore costruttivo!

Presentiva le esigenze dell'avvenire e perciò rifiutava di vivere in una campana di vetro e non amava gli ambienti eccessivamente «benpensanti» che non accettavano alcuna idea innovatrice. Quanto desiderò scuotere il conformismo immobile del proprio ambiente famigliare!...

Anche se parlò sempre con venerazione della madre, tuttavia soffrì di non poter discutere con lei di tutte le questioni che lo tormentavano. Di lei deplorava la difficoltà a comunicare con i figli.

Dalla madre però prese le virtù dominanti: senso del dovere, rettitudine, modestia, il grande pudore dei sentimenti, l'assenza totale di cure per l'aspetto, lo sprezzo di qualunque civetteria - a tal punto che una persona della corte un giorno dichiarò che mio padre avrebbe dovuto prendere lezioni di vanità!

Dai Coburgo ereditò la memoria stupefacente, l'eloquio pensoso e lento, una perseveranza e una costanza a tutta prova, e la chiaroveggenza politica che a lungo caratterizzò quella famiglia.

Aggiungiamo l'alta statura degli Orléans. I capelli biondissimi e gli occhi della trasparenza d'un'acquamarina di suo padre, conte di Fiandra. Dalla madre una certa tendenza alla pinguedine, e qualcosa di diretto e dolce nello sguardo; entrambi erano miopi.

La nonna morì nel 1912. Io avevo sei anni. Dalla finestra vidi passare l'immenso carro funebre interamente ricoperto di drappi neri e argentei, tirato da sei cavalli ingualdrappati. Capivo a stento lo spettacolo che si offriva ai miei occhi, dovettero spiegarmelo. Fui tanto impressionata e turbata che le zie si preoccuparono delle mie lacrime e ne parlarono ai miei genitori. Diventò una questione importante, il che mi mise in soggezione. Non osai dire nulla.

Il mio dispiacere era reale. La sera a cena il babbo aveva un bracciale nero, nessuno parlava.

Alberto era profondamente affezionato alle due sorelle, ma si sentiva più vicino a Giuseppina, la minore.

Enrichetta aveva molte affinità col fratello Baldovino. Per disgrazia quel giovane bel principe fu portato via ventunenne da una polmonite, il 23 gennaio 1891.

La celebre letterata rumena Elena Vacaresco era stata tanto vivamente colpita dalla purezza dell'espressione del giovane che l'aveva paragonato a Lohengrin.

Mia zia Enrichetta, dal canto suo, ne fece l'encomio nel proprio diario di fanciulla:

«...Baldovino era nato capo. Fin dall'infanzia ci teneva tutti e tre in pugno. Come si sarebbe completato col fratello Alberto, se fossero stati in due a servire la patria! Il cadetto, Alberto, ha sempre preferito essere il secondo, e servire un capo, piuttosto che comandare egli stesso».

In fin dei conti l'essere cadetto permise a mio padre di stabilire un contatto più vero con la vita del popolo, il che lo preparò tanto meglio al ruolo di futuro sovrano.

Zia Enrichetta scrisse anche:

«...Alberto ha un cuore d'oro, ma fin dalla più tenera infanzia è stato irascibile, e d'una estrema suscettibilità. Mentre in Baldovino non abbiamo mai potuto scoprire un solo difetto, a parte la modestia troppo grande».

Zia Enrichetta notò certi tratti comuni fra i due fratelli:

«...Alberto ha, come Baldovino, l'istinto della ricerca: vedere da sé, per non lasciarsi abbindolare ed essere armato per governare...».

«Entrambi parlavano il fiammingo e il vallone, che né il conte di Fiandra né il re Leopoldo II conoscevano. E si divertivano a esprimersi in marollien* e altre parlate locali.»

Durante la guerra del 1914 zia Enrichetta vedeva spesso mio padre. Un giorno ch'erano assieme sulle dune, il re evocò il ricordo del fratello:

«...Ah! Se Baldovino fosse vissuto... Come sarebbe stata

* Dialetto della periferia di Bruxelles.

diversa e più felice la nostra vita! Quale forza essere due invece che uno! Avrebbe fatto tutto meglio di me...».

Mi è facile capire le affinità che univano zia Enrichetta al fratello maggiore: senso della famiglia, amore della religione, del dovere e della patria, rispetto della tradizione:

«...A ventun anni Baldovino aveva dichiarato che sarebbe stato sempre un tradizionalista, che soltanto nella tradizione risiede la forza. Si dichiarava né rivoluzionario, né liberale, né moderno... Ci voleva del coraggio per quella confessione, nel nostro democratico Belgio!».

Enrichetta e Baldovino davano prova di una educazione perfetta: colti, si esprimevano con disinvoltura; sportivi, praticavano l'equitazione e la caccia. Erano armati per affrontare la società e gli obblighi che essa impone. Baldovino amava i rapporti con i propri simili e si legava più facilmente di Alberto.

Mio padre, abbastanza chiuso, mal si adattava alle mondanità e a quel mondo convenzionale tanto simile in tutti i paesi. Detestava la caccia e non aveva alcuna predilezione per l'equitazione e la danza. Giuseppina ne condivideva i gusti.

Per Enrichetta la morte del fratello fu una prova durissima. La sparizione fu repentina, e suscitò una campagna di stampa fra le più malevole. Si raccontava che Baldovino fosse stato ucciso in duello dal conte X... o fosse stato abbattuto dal conte Y... e via cianciando.

«...Come hanno potuto mettere in circolazione tali tragiche e dolorose menzogne?» scrive Enrichetta. «È incomprensibile. È vero che non si riesce ad ammettere la virtù dei principi, e tanto facilmente si crede vero il male! Era il più forte di noi, ma è stato atterrato in due giorni! L'errore è stato il non avere annunciato che era costretto a letto da una forte febbre. Hanno inventato storie di risse, persino d'assassinio... per una donna. Si fanno raffronti col dramma di Mayerling, e pensare che Baldovino diventava aggressivo e violento quando parlava di Rodolfo. Aveva provato un'impressione di disgusto per quel che aveva visto a Vienna, durante la sepoltura dell'arciduca...»

Re Leopoldo pianse sinceramente il nipote, al quale aveva sperato di dare in sposa la figlia Clementina.

«...Baldovino come re avrebbe superato Leopoldo I, ne aveva il carattere», diceva.

Mio padre e la sorella Giuseppina ricoprirono a lungo i ruoli di beniamino e beniamina della famiglia.

«...Alberto era il piccolo gentile e leale, il birichino col quale non si faceva altro che giocare...», scrive zia Enrichetta.

Adolescenti, scoprirono l'automobile. Era appena apparso il modello Panhard dal telaio di legno. Quante ramanzine, quante cadute nei fossi, quanti guasti nei luoghi più inconsueti! Mio padre amava raccontare le sue prime imprese con quella novità meccanica. Fratello e sorella scavezzacollo, mattacchioni e privi di pregiudizi erano l'elemento «moderno» della famiglia.

Si burlavano di certi monarchi. Al tempo di una visita ufficiale a Bruxelles di Ferdinando di Bulgaria ebbero l'audacia di scrivergli in segreto delle lettere minatorie. Il sovrano, spaventato, si affrettò a lasciare la capitale!

E mio padre scrisse, a proposito di un cugino troppo infatuato del proprio titolo:

«...G.B..., pieno di senso di superiorità, che limita la coscienza della sua alta nascita..., ancora un malato di presunzione acuta, incurabile, che resta sempre solo, avvolto nel suo orgoglio ancestrale».

L'affetto di Alberto per Giuseppina non si attenuò con gli anni. Ma i due furono crudelmente separati, durante la guerra del 1914, dalla nazionalità del marito di lei, il principe Carlo di Hohenzollern, che morì nella sua tenuta di Namedi, sul Reno, nel 1918, circondato da ufficiali americani che, mentre agonizzava, festeggiavano fragorosamente il cenone di Natale.

Fratello e sorella si ritrovarono soltanto dopo la cessazione delle ostilità. Alla morte di mio padre Giuseppina si ritirò nel convento delle Oblate di Namur. Alla fine della guerra del 1940, poiché il suo convento era stato completamente distrutto dalle bombe, si rifugiò a Friburgo, in Svizzera, dove le drammatiche circostanze delle nostre vite ci permisero di reincontrarci. Un giorno la portai al ristorante. Il suo abito da monaca di clausura attirò l'attenzione di un cliente. Ci dissero ch'era comunista. Quegli si informò dell'identità di mia zia, e rimase stupito nel vedere la semplicità di quell'Altezza. Giuseppina morì molto anziana, a Namur, nel convento ricostruito al quale aveva fatto ritorno.

Il destino segnò in modo imprevisto, e molto diverso, i due cadetti della famiglia, i piccoli beniamini che amavano soltanto giocare e ridere.

# VI

## VITA DI UN PRINCIPE EREDITARIO

Quando parevano ancora lontane le schiaccianti responsabilità di sovrano, Alberto del Belgio avrebbe potuto accontentarsi di giocare un ruolo di rappresentanza, come principe ereditario incaricato di partecipare a matrimoni, incoronazioni, funerali ecc, ai quali lo delegava lo zio, il re Leopoldo II.

Ma l'indole del principe rifiutava di assumere soltanto quel ruolo da comparsa. La curiosità innata per le persone e le cose lo spinse a intraprendere numerosi viaggi di studio.

Durante i primi anni di matrimonio si sottomise a ripetere gli studi umanistici, che pensava di avere trascurato a vantaggio degli studi tecnici. Fu a quell'epoca che si appassionò all'alpinismo, disciplina che forma sia lo spirito che il corpo.

Il suo carattere e la sua intelligenza maturavano. Si preparava con lucidità ai compiti futuri.

Dalle lettere che in quel periodo scriveva alla moglie emana un acuto spirito di osservazione temperato da un leggero senso dell'umorismo.

Andò in Spagna in occasione del matrimonio di Alfonso XIII con la principessa Vittoria Eugenia di Battenberg, che doveva essere celebrato il 31 maggio 1906. Mia madre, incinta, non poté accompagnarlo, ed egli le scrisse:

«...A Alsasua il governatore di Navarra viene a salutarci. Conversazioni limitate a sorrisi e cerimoniose scappellate. Il paese è di una aridità estrema. Paesaggio triste e monotono nonostante un cielo e un sole splendidi. Scendiamo verso l'altopiano della Nuova Castiglia. A sinistra intravvediamo l'Escurial, il monumento innalzato da un monarca fanatico dell'ideale monacale che dominava tutta la Spagna di quegli anni. Filippo II consacrò la forza del suo Stato al servizio della Chiesa e alla lotta contro l'eresia. Perciò la Spagna restò ferma mentre il resto del mondo si evolveva.

«Arrivando nella capitale il primo monumento che si vede è il palazzo reale. Domina tutta la contrada con le sue dimensioni gigantesche. Il clima privo di caligine, e anche l'assenza di fabbriche, hanno conservato alle pietre dell'edificio un biancore che gli dà un aspetto nuovissimo, mentre già nel 1818 era stato compiuto, grazie a Carlo IV. È costato 74 milioni di franchi.

«Per recarci al palazzo Fernan Núñez, dove alloggiamo, dobbiamo attraversare la città. Ma sono le sette del mattino, e l'animazione qui non comincia così presto neppure nei giorni di festa. Attorno alle undici andiamo a trovare le infanti Maria Teresa e Eulalia.* Alle quattordici veniamo ricevuti in pompa magna dal re e dalla regina madre** attorniati dalla corte.

«I principi vengono ammessi a presentare il loro omaggio al re. Poi saliamo negli splendidi saloni del primo piano, dove ben presto si trova rappresentata tutta l'Europa. Il cerimoniale, antico e conservato intatto, ha qualcosa di molto imponente, soprattutto nella cornice di questo colossale palazzo reale.

«Faccio a piedi il giro della città, è straordinariamente animata. Nella celebre piazza Del Sol la folla è tanta che è difficile avanzare. Si vendono molti ritratti del re e della futura regina. La gente pare acquistarne parecchi. La massa è composta in genere da persone malvestite e sporche. Pochi campagnoli: il contadino spagnolo non si disturba per così poco!

«La sera il re riunisce i suoi invitati al piccolo palazzo del

* L'infanta Maria Teresa, sorella del re Alfonso XIII e moglie di Ferdinando di Baviera. L'infanta Eulalia, sorella del re Alfonso XIII, sposata con Antonio d'Orléans.

** La regina Maria Cristina, figlia di Carlo Ferdinando d'Austria e seconda moglie di Anfolso XII. Alla morte del marito, nel 1885, assunse la reggenza fino alla maggiore età del proprio figlio Alfonso XIII (1902).

Prado, a dodici chilometri da Madrid. Là abita la fidanzata da quando è giunta nel suo nuovo Paese. Assistiamo a due brevi rappresentazioni messe in scena nel piccolo teatro. Sono farse molto rozze, suscita meraviglia che facciano parte del repertorio di un teatro reale.

«Oggi [31 maggio 1906] è il gran giorno. Credo che mai Madrid, città che dorme fino a tardi, abbia dovuto alzarsi tanto di buonora. I grandi di Spagna, funzionari e dignitari, sono convocati già alle otto e mezzo. Bellissimo spettacolo offerto da tutte queste antiche carrozze tirate fuori per la circostanza: molte risalgono ai tempi di Filippo II. Ci siamo riuniti tutti con molto anticipo nella chiesa di San Girolamo. Arriva il re, e ancora aspettiamo la fidanzata. La femminile mancanza di puntualità non perde mai i suoi diritti. Finalmente la futura regina di Spagna arriva, ha una mezzora di ritardo.

«La cerimonia è notevolissima: un corteo di sei cardinali spagnoli e almeno dodici vescovi. Anche la regina madre e il principe delle Asturie* hanno preso posto accanto all'altare. Il rito è complicato e lento. Ci sono formalità da noi del tutto scomparse, in particolare quella del giogo: la giovane sposa viene cinta di un nastro bianco, simbolo dell'obbedienza al marito.

«Dopo la messa un *Te Deum*, la musica è bellissima. Ma tutto è molto lento, ed è fra il tedio generale che dopo due ore e mezzo di cerimonia ci si reca alla sacrestia, dove si firma il registro civile.

«Poi il ritorno, che comincia nel medesimo ordine, con i sovrani per ultimi. Attraversiamo lentamente la città fra due ali di folla rumorosa ma nel complesso poco entusiasta. Le truppe formano cordoni di separazione.

«Proprio mentre la nostra vettura passava la cancellata del palazzo abbiamo udito una forte detonazione. Molti, io fra gli altri, l'abbiamo presa per una salva. Era una bomba anarchica. Ha mancato il re e la regina ma ha ucciso dodici

* Si tratta probabilmente dell'infante Carlo di Spagna, marito della sorella di Alfonso XIII, Maria Mercedes, principessa delle Asturie.

persone attorno alla vettura reale. La giovane regina è stata molto coraggiosa, si è gettata fra le braccia del marito per sapere se aveva qualcosa di male. Debbo dire che la coppia mostrava un contegno eccellente quando, dopo avere cambiato vettura, è giunta a palazzo.

«C'è stato poi il pranzo nel corso del quale il principe del Galles [futuro Giorgio V] ha preso la parola in modo felice».

Mia madre risponde:

«...Sono atterrita da quell'attentato agli sposini. Che cosa inumana! Puoi immaginare quel che ho provato nel venire a saperlo. Tua madre me l'ha detto con molti riguardi, subito aggiungendo che tu non avevi nulla. Era mattina. Del resto ieri sera avevo già ricevuto il tuo secondo telegramma, e mi aveva fatto pensare che fosse accaduta qualcosa, soprattutto perché l'idea di un attentato mi ossessionava da giorni e notti, e ieri ero tanto inquieta che non ho quasi chiuso occhio per tutta la notte. Non ho mai provato tanta angoscia durante la tua assenza come questa volta. Torna presto, sono tanto infelice quando tu sei lontano». (*1 giugno 1906*)

«Ho appena letto con immenso interesse il tuo racconto. Per alcuni istanti sono stata veramente laggiù, tanto la descrizione è chiara e plastica. È veramente interessante vedere un nuovo Paese, soprattutto quando si viaggia come te, attenti a tutto. Vorrei tanto essere con te. L'anno prossimo faremo un viaggio assieme in Paesi che io ancora non conosco?» (*30 maggio 1906*)

Il 2 giugno mio padre decide di protrarre il suo soggiorno in Spagna, per visitare il Paese. Assiste a una corrida.

«...Nella splendida arena hanno preso posto diciassettemila persone. Rispettando le proprie abitudini re e regina arrivano con una mezzora di ritardo. La grande ovazione che ci attendevamo, e ci auguravamo, dopo l'attentato della Calle Major, non c'è stata. La corte ha fatto il suo ingresso nell'ampio palco reale fra applausi sporadici.

«Lo spettacolo comincia subito. In carrozze di gran gala vengono condotti i principali eroi della lotta: Fuentes, Bombite e altri. Gli inglesi, e in specie il principe del Galles, hanno rifiutato di recarsi alla corrida. Questo orribile spettacolo piace agli spagnoli, ma non è adatto alla mentalità di altre nazionalità, che per fortuna trovano divertimenti differenti dagli spettacoli nauseanti come quelli ai quali abbiamo assistito.»

Le lettere di mio padre forniscono alcuni dati interessanti sull'Africa centrale di quel tempo.

Era indispensabile, dopo il voto delle Camere che approvava l'annessione del Congo (9 settembre 1908), che un componente della famiglia reale visitasse la colonia. Leopoldo II era troppo anziano per andare tanto lontano a raccogliere il frutto della sua immensa opera. Mio padre, quindi, trascorse quattro mesi in quel grande Paese, uno dei più ricchi ma anche uno dei più selvaggi dell'Africa.

Dalla nave inglese dell'Union Castle Line che lo condusse a Capetown, da dove risalì verso il Congo attraversando il Transvaal, la Rodesia britannica e l'attuale Zambia, mio padre scrisse a mia madre:

«...Mi manca un po' di lettura facile. Ti sarei riconoscente se dessi al dottor Etienne *La vie des abeilles* e *De l'intelligence des fleurs*, di Maeterlinck».

Il 20 aprile 1909, dopo tre settimane di traversata, sbarca a Capetown:

«...Ed eccoci giunti allo Zambesi, a queste magnifiche cascate [Victoria Falls] che abbiamo appena visitato: sono impressionanti sia per la grandezza che per la possanza. Ieri abbiamo trascorso quattro ore nella cittadina di Bulawaio, nella Rodesia del Sud. Città abbastanza singolare: è appena nata, e rappresenta l'avamposto della civilizzazione europea in questa zona.

«Poi da Broken Hill allo Zambia non ci sono più treni. Si hanno a disposizione tre mezzi di locomozione: la marcia, la bicicletta, il cavallo. Il primo giorno abbiamo percorso ventuno chilometri, il secondo ventiquattro e oggi trenta. Non ci si stanca affatto. La strada è un sentierino tagliato da corsi d'acqua larghi dai quattro ai cinque metri; li attraversiamo su delle *macillia*: è una sorta di amaca trasportata da quattro uomini. La carovana è molto pittoresca, poiché i portatori vengono da regioni differenti, e hanno caratteri particolari.

«Il paese è boscoso, ogni tanto c'è una grande radura; assomiglia ai paesaggi degli altopiani delle Ardenne, salvo che è più piatto, e gli alberi sono meno fitti e più piccoli».

Il 6 maggio mio padre attraversa finalmente la frontiera del Katanga, e scrive:

«...Ieri alle undici e mezzo siamo arrivati a Lumina, una quindicina di chilometri da Sakania, prima località nel territorio del Congo Belga. Già da Lumina la strada è molto bella; sui corsi d'acqua sono stati costruiti dei ponti, e si può fare un felice paragone fra la strada belga e il sentiero trascurato della Rodesia, che noi abbiamo seguito dopo Broken Hill».

Dopo l'ottavo giorno di marcia nella savana boscosa:

«...La parte interessante e originale del viaggio: vivere nella foresta, sui sentieri, conversare la sera ai bagliori dei grandi fantastici fuochi. Questo viaggio è valido per l'energia e per la pazienza. Quattro o cinque ore di marcia, un'ora o due di bicicletta, in piedi prima delle cinque, nessuna bevanda fermentata prima di sera: ecco il nostro regime. Sto molto bene. Il clima non fa male alla mia salute più di quello di Bruxelles.

«Non soffro affatto il caldo, 33 gradi di media, e il sonno e l'appetito, come tutte le altre funzioni più o meno accessorie, sono assolutamente normali. La salute di tutti è ottima. Forse siamo già ampiamente "chininati".

«Confesso che i bravi negri e negre mi sono simpatici. Sono brave persone, niente affatto sudici come li si descrive. Queste donne si lavano meglio di tante "gentildonne" del quartiere Leopoldo!

«Per la bicicletta ho un bravo negro che non mi abbandona mai. Quando pedalo corre dietro di me, questa gente ha polmoni straordinari. Ho fotografato il luogotenente P... con la moglie negra e il figlio caffellatte – ha un anno e mezzo ed è molto grande.

«Anche Monsieur V..., l'agente della dogana, aspetta da un giorno all'altro un figlio dalla moglie negra. Che faccia avrebbe fatto in tutte queste situazioni il bravo missionario che avrebbe dovuto accompagnarci?».

Da Kisenda, l'attuale Tshisenda, il 10 maggio:

«...Eccoci già a 332 chilometri da Broken Hill, e al tredicesimo giorno del nostro viaggio a piedi. Il tempo è immutabilmente bello. La regione è quasi sempre uguale: alberi, radure, termitai, villaggi, coltivazioni, corsi d'acqua.

«Ti scrivo poche righe. Tu le riceverai dopo molto tempo, ma ti porteranno i miei pensieri affettuosi e l'espressione, da tanto lontano, del mio amore per te.

«In fondo il viaggio è un'escursione, sono molto penose soltanto la lontananza e la mancanza di notizie. Insomma: siamo come su un battello che attraversi lento un vasto oceano, e perciò sia privato di comunicazione col mondo civilizzato».

Soltanto a Etoile, oggi Ruashi, prima miniera sfruttata nel Katanga, mio padre ricevette una lettera di mia madre:

«...Il tempo trascorre dolcemente, ma non riesco ad abituarmi a stare senza di te. Mi pare sempre di sentirti camminare, bum, bum, sulle scale, o di sentire la tua voce che mi chiama "Sabeth". Ma tu sei tanto lontano, e quando mi lascio andare a pensare divento terribilmente triste. Allora devo scuotermi. Spesso prendo la carta del Congo, e viaggio. Credo non ci sia un istante della giornata durante il quale io non pensi a te...». (*Bruxelles, 16 aprile*)

«La tua lettera buona e affettuosa» risponde mio padre da Etoile «mi ha dato molta gioia, ma ripenso ancora alla nostra separazione, è stato il momento più difficile della mia vita.»

In ricordo del passaggio di mio padre l'agglomerato che allora cominciava a svilupparsi a pochi chilometri da Etoile fu battezzato Elisabethville, dal nome di mia madre, e divenne la capitale del Katanga.

Il 22 maggio:

«...Siamo arrivati a Lukafu, ieri. Graziosa sosta con palme e tanti begli alberi. Ci godiamo un giorno di riposo in mezzo ad agi più o meno relativi. Qui ci sono sette bianchi! Da tre settimane non ricevo telegrammi. È duro essere privati così di notizie. Ma era da prevedere, visto che qua va tutto ancora come all'età della pietra.

«Ho trascorso il pomeriggio con Monsieur Rutten, il giudice belga che risiede qui, un ottimo funzionario. Il comandante Tonneau, commissario del Katanga, che ci accompagna fino a Kasongo, è un gradevole compagno di viaggio. È semplice ed energico, qualità che apprezzo.

«Il dottor Ascenso resta qui, mentre con noi continua il dottor Polidori, uomo veramente intelligentissimo, conversare con lui è una grande risorsa. In queste solitudini mi manca un po' la possibilità di comunicare le impressioni a persone che abbiano le mie stesse aspirazioni intellettuali. Il clima d'altronde esercita su molti un'influenza deprimente: una conseguenza molto sorprendente, di primo acchito, è una sorta di abbrutimento, di decadenza delle facoltà intellettive...

«La regione diventa montagnosa, innanzi a noi si elevano i monti Kunde Kungu, sui quali dobbiamo salire domani per raggiungere il lago Moero».

Il 30 giugno, da Lukonzolwa:

«...Siamo arrivati a questo bel lago. Per sette ore abbiamo attraversato il grande specchio argenteo perduto in queste interminabili foreste dell'Africa centrale. Qui a Lukonzolwa, cento metri sopra il lago, godiamo di un riposo ben meritato, dopo trentuno giorni consecutivi di marcia parecchio faticosa. Oggi a pranzo avevamo come commensale il reverendo Crawford, missionario inglese che sta a Loanza da vent'anni. Non è mai tornato in Europa. Vive alla missione con moglie e figlia».

Durante quella lunga peregrinazione mio padre non mancò di collezionare piume e *aigrettes*, le une più graziose delle altre, per portarle a mia madre. In quegli anni erano di gran moda.

Qui la corrispondenza si ferma.

Dall'1 al 27 luglio, probabilmente, mio padre discese il fiume Congo fino a Leopoldville, oggi Kinshasa, e da lì guadagnò Matadi e Boma, dove si imbarcò per il Belgio.

Un viaggio magnifico, senza le esagerazioni dell'etichetta,

avendo contatti diretti con gli indigeni e con i coloniali, e contatti anche con le scomodità e gli inconvenienti della vita africana. Fu così che mio padre poté rendersi conto dei danni provocati dalla malattia del sonno. Non invano percorse più di quattromila chilometri in quelle regioni selvagge e insalubri. Il che gli fece dire:

«...Per un viaggio, "potferdom" [patois], è un viaggio! Tutte le mattine in piedi alle cinque, e verso le dieci il sole, che qui brucia... poi sempre camminare».

Prendeva nota scrupolosamente di tutto quel che vedeva e si interessava a tutto quel che poteva migliorare le condizioni degli indigeni.

È anche toccante vedere quanto, durante quella spedizione, il giovane principe si preoccupasse della salute dei suoi compagni di viaggio. Lo impensierivano gli attacchi di gotta dei quali soffriva il povero barone de Moor, al quale perciò rimproverava la mancanza di sobrietà. Quel colonnello delle Guide, simpaticissimo, incaricato di accompagnarlo per tutto il viaggio, amava un po' troppo la buona tavola.

Durante quella lunga assenza mia madre, allora principessa ereditaria, dovette assumersi molte responsabilità. Mio padre le aveva concesso una fiducia illimitata. Nell'aprile 1909 le scrisse:

«...Non ti ripeterò mai abbastanza quanto io conti sul fatto che in mia assenza tu diriga tutto quel che riguarda i miei interessi, con prudenza e per il meglio della nostra situazione in Belgio.

«Essendo tanto lontano, sono portato a riflettere senza sosta su tutto quel che potrebbe capitare, ma quel che mi tranquillizza è che tu sei molto intelligente e molto buona, due qualità con le quali si consolida la felicità della famiglia e si ottiene l'altrui stima, tanto necessaria nel nostro compito.

«Tu sai che ho una fiducia assoluta nel tuo giudizio; puoi perciò sempre parlare anche a nome mio. Ho fiducia nel tuo raffinato senso delle sfumature - io lo posseggo molto meno di te».

Poi alcune raccomandazioni:

«...Occupati dei bambini. Sii prudente a proposito delle

questioni religiose, io sono diventato molto devoto. Fai lo stesso, vedrai che calma le inquietudini...».

Finalmente il ritorno. Mia madre partì incontro allo sposo. A Tenerife salì sulla nave che lo riconduceva in Belgio.

Ricordo molto bene il loro arrivo ad Anversa, nel giugno 1909. Li aspettava una folla immensa. Noi bambini eravamo tutti in ghingheri, i miei fratelli vestiti alla marinara e io in abito di rasatello bianco con ricami lilla.

Il babbo e la mamma si sporgevano continuamente dalla vettura per stringere mani di entusiasti abitanti di Anversa. Schiacciata contro la portiera, ne approfittavo per fare smorfie e facce buffe al pubblico. Sento ancora il brusio provocato da quelle birichinate, delle quali per fortuna non si accorsero i miei genitori!

Rientrato a Bruxelles mio padre ricevette un messaggio di re Leopoldo, che comprova i legami affettuosi che univano lo zio al nipote:

«Caro nipote,
sento che sei tornato a Bruxelles. Vuoi farmi sapere se posso, senza arrecarti disturbo, passare dopodomani alle undici e trenta da te in Rue de la Science?

Caro nipote, credimi il tuo affezionatissimo zio Leopoldo».

Quale fu il contenuto del colloquio? È certo che si trovavano di fronte due generazioni che avevano preoccupazioni non sempre coincidenti.

Da quel momento mio padre si impegnò con slancio ed entusiasmo per la realizzazione di un vasto programma economico e di alcune riforme che reputava indispensabili al bene della colonia.

«...Il Belgio in Congo condurrà una politica umanitaria e di progresso. Per un popolo amante della giustizia una missione colonizzatrice non può non coincidere con una missione di vera civilizzazione. Accettandola lealmente un piccolo paese si rivela grande» affermò pochi mesi dopo, nel discorso per l'incoronazione.

Gli anni successivi videro realizzarsi quei grandi progetti, dei quali fu tappa particolarmente felice la riforma del ministro delle Colonie Renkin.

«...La libertà commerciale né è la voce essenziale, poi l'imposta in denaro in vece del lavoro forzato.»

Infatti il costume africano prevedeva che gli indigeni pagassero le imposte con un lavoro piuttosto che con del denaro.

Per assicurare il futuro della colonia mio padre aveva ritenuto necessario creare d'urgenza nuove vie di comunicazione e, sul piano sanitario, organizzare una lotta vigorosa ed efficace contro la malattia del sonno.

È forse utile ricordare qui che al tempo in cui Francia, Italia e Germania si ritagliavano vasti imperi coloniali in Africa, il Belgio senza colpo ferire s'era annesso la regione più ricca del continente nero. Il che, è chiaro, suscitava l'invidia delle grandi potenze. Per calmare gli appetiti crescenti della Germania volentieri le avrebbero ceduto il Congo Belga. Dal canto loro i tedeschi, al fine di preparare l'opinione pubblica, cercavano di far passare il Belgio per una «nazione artificiale», cosicché l'annessione da parte del Reich non avrebbe posto alcun problema giuridico internazionale.

Mio padre prevedeva il pericolo di quella situazione, e il 2 ottobre 1911 esprimeva la propria inquietudine alla moglie:

«...Molte preoccupazioni, e non possiamo nascondercele. Grosse nubi all'orizzonte politico. Questo rimaneggiamento dell'Africa mi spaventa. C'è da temere che anche il nostro Congo Belga faccia le spese di questa cessione territoriale dei francesi ai tedeschi. La minaccia è troppo grave e incombente perché io possa pensare di assentarmi dal Paese anche per un solo giorno».

Pro memoria: dinanzi alle rivendicazioni, e alle minacce, di Guglielmo II a proposito del Marocco, la Francia poté conservare la pace soltanto col presentarsi alla conferenza internazionale di Algeciras del 1906 e firmando con la Germania il trattato del 1911, che concedeva ai tedeschi una parte del Congo francese. Il governo inglese sosteneva la Francia nella lotta contro l'egemonia tedesca sul Marocco. L'«Entente cordiale», voluta dal re d'Inghilterra, mise fine alle dispute fra Gran Bretagna e Francia in materia di colonie.

Edoardo VII era stato certamente uno dei monarchi più riluttanti a riconoscere l'annessione belga nel Congo. Il che non impediva a mio padre di ammirare la mentalità dei britannici. Affinità di carattere e di educazione lo legavano a quella grande nazione. Nel 1909, dopo aver raggiunto Capetown, risalì attraverso il Transvaal, divenuto dominion britannico dal 1902, e da lì scrisse:

«...I funzionari di ogni livello, e i privati, hanno veramente rivaleggiato per renderci il viaggio facile e gradevole. Questa è una testimonianza delle buone disposizioni spontanee fra molti inglesi onesti, che sono gli iniziatori del grande lavoro di conquista civilizzatrice ed economica dell'Africa».

Più tardi, tuttavia, mio padre disse che l'opera dei coloniali spesso non è altro che una grande ipocrisia. E lo disse molto tempo prima che si parlasse di indipendenza dei popoli colonizzati.

Durante un viaggio di studio ai cantieri di Liverpool, scrisse:

«...Il signor Norman Hill, che rappresenta parecchie grandi compagnie di navigazione, pare un uomo al di sopra della media. Tutti qui sono alla mano e gradevoli, non fanno complimenti e dicono all'interlocutore quel che a lui interessa sapere.

«Ho visitato i *docks* in compagnia dell'ingegnere del porto e del presidente del *dock-board*, inglese cordiale e d'intelligenza lucida e pratica».

Mia madre risponde:

«...Mille volte grazie della tua bella lettera e del tuo telegramma. Sono contenta di saperti felicemente arrivato a Liverpool. Oggi avrai già cominciato le tue indagini. Vedo di qui il mio bel *Männle herumsteigen* nel porto e negli arsenali, col suo aspetto calmo e gentile. Vorrei essere una topolina per poterlo seguire. Telegrafami il nome dell'albergo nel quale starai a Glasgow. Spero avrai ricevuto le mie quattro lettere indirizzate a Liverpool».

Alberto sceglieva con cura i compagni di viaggio. Quella volta monsieur Lejeune.

«...Che gode di ottima reputazione nel mondo degli affari e mi ha reso grandi servigi, mettendomi in contatto con i migliori armatori e avvocati d'Inghilterra...»

E mia madre, sempre partecipe:

«...La tua lettera m'ha fatto tantissimo piacere. Quando l'ho ricevuta sono andata nella mia camera da letto per leggerla tutta sola senza venir disturbata. Allora ho avuto l'impressione che tu mi parlassi. Sono contenta che tu faccia questo viaggio in Inghilterra e possa istruirti come desideri. È opportuno che resti lassù tutto il tempo che ti è necessario per migliorare la tua conoscenza delle cose. Sai quanto io tenga a che tu divenga ancora più *schlau*.»

Le visite del principe Alberto a Liverpool e Glasgow avevano uno scopo preciso: studiare le realizzazioni tecniche moderne per applicarle allo sviluppo della marina mercantile del porto di Anversa, dove era necessario fermare l'insidiosa ingerenza della Germania.

«...La conversazione con Henderson, direttore dell'Ancho-Line, Monsieur Laui, proprietario del grande cantiere di costruzione di Birkenhead, e con l'avvocato Leslie Scott, è stata estremamente istruttiva. Abbiamo lavorato con possibili cifre ipotetiche. È un esercizio eccellente. Ieri siamo andati avanti fino a mezzanotte...»

Sempre a proposito dell'Inghilterra: più tardi mio padre, diventato re, il 20 maggio 1910 assisté alle esequie di Edoardo VII e scrisse:

«...Londra è veramente sommersa dalla folla. È inimmaginabile! Quasi non si può circolare. Ieri ho impiegato un'ora per raggiungere Oxford Street. Hyde Park è coperta da migliaia di tende che danno ricovero a trentamila uomini la cui partecipazione alle esequie è necessaria. Dappertutto ritratti del re morto. Le vie sono tappezzate di drappi viola. Il sentimento del popolo è chiarissimo, la monarchia pare ancora molto amata. Sono stato a Westminster Hall per vedere la sfilata di pubblico davanti al feretro. In quel grandioso edificio lo spettacolo, senza grandi messe in scena, aveva un carattere molto impressionante. Il silenzio era assoluto.

«Re Giorgio mi ha accolto con grande amabilità alla stazione, e mi ha condotto a palazzo. Ieri grande cena, nove sovrani e tutte le missioni principesche. Incredibile riunione, l'abito nero rendeva tutti uguali, anche il conte d'Eu, il duca di Alençon e l'inevitabile F..., sempre congestionato, insinuante e complicato. È bello per i principi sottomettersi così, *pro Deo*, alle fatiche del loro compito!»

A Alberto piaceva tenere la moglie al corrente di tutto quel che conquistava la sua attenzione. Ecco cosa scrive di un incontro fortuito con una personalità socialista francese, avvenuto sul treno fra Cannes e Parigi, il 16 febbraio 1906:

«...Debbo raccontarti degli avvenimenti interessanti. Ho fatto la conoscenza di G.R... Abbiamo parlato di un'infinità di argomenti. Ha un modo simpatico di porsi, ed è un bell'uomo. Appartiene alla frazione moderata del suo partito e mi ha raccontato alcuni particolari che riguardano i socialisti belgi. La conversazione, cordialissima, ha gravitato soprattutto sull'insegnamento popolare e sulla psicologia degli operai, dei borghesi ecc. Ti racconterò tutto per filo e per segno. In fondo è stato l'incontro fra due uomini di buona volontà, che hanno passione per le verità della scienza...».

Mia madre risponde:

«...Ero contentissima, stamane, al veder giungere la tua lettera. Grazie di tutto cuore. È stato gentilissimo da parte tua scrivermi mentre eri in treno. Tutto quel che mi hai scritto mi ha interessato enormemente. Che fortuna capitare su qualcuno che si desidera incontrare, tanto più che in treno si discute con maggiore facilità. Sono contenta che tu abbia avuto l'occasione, che non è facile a presentarsi, di parlare con R... di tutte quelle questioni tanto importanti e interessanti per te».

Il giorno dopo l'incontro mio padre torna sull'argomento:

«...È vero che G.R... appartiene a una frazione moderata del socialismo, ma nondimeno proviene dagli ambienti rivoluzionari, dei quali faceva parte dodici o quindici anni orsono, e rappresenta dunque il futuro della parte intelligente del partito, il cui avvenire è fatalmente legato a un atteggiamento riformista e meno rivoluzionario. I socialisti di oggi riconoscono che l'emancipazione del popolo fa grandi progressi sotto i vari governi attuali, per cui il loro rovesciamento non gli importa più in alcun modo: i vari partiti operai infatti trovano nel potere un forte aiuto alla realizzazione delle riforme richieste».

Il contenuto di queste lettere corrisponde alle idee e alla visione di mio padre sul futuro della società, migliorata grazie alle riforme di un socialismo illuminato. Erano idee rarissime in un uomo del suo ambiente, al principio del secolo.

Una prova è già nello scambio di lettere fra Leopoldo II e il principe Alberto, in occasione degli scioperi del 1902. Le lettere rivelano chiaramente la contrapposizione di due concezioni dell'etica della sovranità:

«Castello di Laeken, 15 aprile 1902.

Mio caro nipote, ti ringrazio della tua lettera del 13 che mi annuncia il vostro ritorno. Nelle attuali circostanze bisogna evitare di recarsi laddove potrebbero prodursi manifestazioni, ma se il tuo battaglione fosse chiamato a cooperare alla difesa dell'ordine, dovrai essere alla sua testa e comandarlo. I principi naturalmente debbono dare l'esempio, e non potrebbero per il Paese e le istituzioni fare meno degli altri ufficiali, dei soldati e dei buoni cittadini. Tu vorrai farti tenere accuratamente aggiornato degli ordini che potrebbero riguardare il tuo battaglione e, se esso marcerà, lo condurrai e dirigerai dove il dovere chiama. I miei affettuosi omaggi a tua moglie, i miei saluti più cordiali, mio caro nipote, dal sempre devoto tuo zio Leopoldo.»

Ecco la risposta di mio padre:

«Caro zio, ho ricevuto la vostra lettera stamane alle undici e obbedendo ai vostri ordini ho subito scritto al colonnello de Heusch che desidero mantenere il comando del mio battaglione.

«Poiché uno dei privilegi dell'affetto consiste nel poter esprimere francamente quel che si pensa, mi permetto, sostenendomi sulla vostra grande cortesia nei miei confronti, di comunicarvi la mia impressione a proposito del mio ruolo militare. Non chiedo di meglio che correre tutti i rischi che corrono gli altri ufficiali. Ma se mai il mio battaglione dovesse sparare sulla folla sarebbe il mio suicidio, dal punto di vista belga, perché il capo del battaglione sarà ritenuto responsabile di tutto quel che accadrà. Una soluzione che mi pare potrebbe far coincidere il mio atteggiamento con i vostri ordini sarebbe che il mio battaglione fosse disseminato in vari luoghi, il che toglierebbe il ruolo pubblico del comandante...».

Lo stesso giorno Leopoldo II, incurante delle precauzioni epistolari del principe, gli rispose con la consueta chiarezza:

«16 aprile 1902

Mio caro nipote,

la mia convinzione è diametralmente opposta alla tua impressione. Sono convinto che se tu non cooperassi come gli altri ufficiali alla difesa dell'ordine, saresti perduto nella stima del paese e dell'estero. Il tuo dovere è come minimo uguale a quello degli altri ufficiali. Il responsabile è il governo, non gli ufficiali. Essi semplicemente eseguono quel che viene loro comandato. Se i tuoi superiori ti comandano di sparare sui manifestanti che vogliono rovesciare le nostre istituzioni, non devi fare altro che obbedire. Il tuo onore e il tuo interesse ti vietano di farti da parte. Il duca di Orléans fu mandato contro i sommovitori di Lione, riuscì a trionfare, e la Francia seppe essergliene grata. Nel 1848 la paura di agire energicamente ha condotto alla sconfitta. Credimi, mio caro nipote, il tuo caro zio devotissimo e affezionato, Leopoldo.»

Quando si conosce il carattere di mio padre, quale esso si rivelerà nella guerra del 1914-18, si comprende che non voleva affatto defilarsi dinanzi a una responsabilità, ma riteneva che un principe ereditario, se ha il dovere di combattere un invasore straniero, non ha il diritto di marciare contro i propri compatrioti.

D'altra parte il principe Alberto sapeva bene che in quell'epoca, durante la quale la borghesia censuaria era onnipotente, la maggior parte delle rivendicazioni della classe operaia erano legittime.

Nella loro forma semplice e diretta le lettere di mio padre rivelano uno dei tratti caratteristici della sua personalità: il gusto per l'obiettività e il desiderio di avere delle cose la rappresentazione più giusta possibile. Da ciò gli derivava una visione indipendente e personale, che andava talora oltre le opinioni della sua epoca.

Perciò la sua comprensione del mondo è valida ancora oggi.

# VII
## ASSUNZIONE AL TRONO

Re Leopoldo si spense il 17 dicembre 1909, dopo quarantaquattro anni di regno. Aveva ormai perduto l'affetto del suo popolo. Sulla scia di Montaigne, per il quale la gloria non è altro che «un vano rumore inconsistente e da disprezzare», Leopoldo II per tutta la vita non si curò della popolarità, che definiva «una spuma leggera, meno della schiuma, e di cui nulla resta».[5]

«Fra la popolarità e il dovere non ho esitazioni: una popolarità eventualmente conquistata ingannando il Paese sui suoi veri interessi peserebbe sulla mia coscienza», scrisse a uno dei suoi ministri.

Solo il tempo avrebbe permesso di vedere il geniale monarca dal giusto punto di vista. Il nipote Alberto, benché avesse un diverso modo di porsi rispetto a certi problemi, faceva parte del ristretto numero dei ferventi ammiratori. Il re gli tributava la propria stima e affermava pubblicamente che Alberto sarebbe stato un degno successore. Gli lasciò in eredità un Belgio prospero, ingrandito da un immenso impero coloniale. Ma non poteva prevedere che un giorno Alberto I avrebbe dato la gloria al proprio popolo con l'aureola del martirio.

Leopoldo II morì nel giorno anniversario della propria assunzione al trono, nel «Palmier», piccolo padiglione, isolato nel parco, accanto al roseto, come se là avesse cercato un esilio intimo, lontano dal solenne castello di Laeken.

Mentre il padre agonizzava le figlie ne rinnegavano le ultime volontà e facevano sparire in fretta e furia dalla porta di servizio l'amante ufficiale, Caroline Vaughan, che Leopoldo aveva sposato morganaticamente dopo avere ricevuto l'estrema unzione. Con tale atto il re ammetteva di essere stato un libertino, ma non un miscredente.

Le esequie si svolsero alla collegiata di Santa Gudula, il 22 dicembre 1909. Nonostante il defunto avesse espresso la volontà di venir sepolto di primo mattino senza alcun fasto, fu deciso di seguire il cerimoniale stabilito ai tempi della morte di Leopoldo I.

Le campane suonavano a morto e sotto una pioggia fine, solo dinanzi al proprio destino, Alberto seguiva il catafalco che portava lo zio all'ultima dimora.

La folla indifferente non manifestava alcun rimpianto. La stampa mondiale di destra gridava la scomparsa di un grandissimo uomo di Stato, quella di sinistra si rallegrava per la fine di un re capitalista.

Quel giorno mi parve che tutte le persone che avvicinavano i miei genitori li trattassero con una deferenza del tutto particolare. Babbo e mamma rispondevano a frasi per me incomprensibili, rivolte loro da persone che si inchinavano.

Avevo tre anni. La tata mi spiegò che i miei genitori stavano per ricevere una corona. Attesi invano quella corona che immaginavo tutta d'oro.

Ma non accadde nulla di nuovo, nessun mutamento sensazionale nella nostra vita, fino al giorno del trasferimento da Rue de la Science ai palazzi di Bruxelles e Laeken.

Mio padre, dopo aver riflettuto sullo straordinario regno di suo zio, uomo d'idee aristocratiche d'altri tempi, reputò che a quel punto fosse indispensabile al Paese, e perciò al prestigio stesso della monarchia, una forma di socialismo illuminato. Egli sapeva che le proprie vedute a proposito di progresso sociale erano condivise dalla moglie Elisabetta.

Col discorso di incoronazione si qualificò come re moderno. Il braccio teso, giurò di rispettare la Costituzione. Per la prima volta nella storia del Belgio quel giuramento fu pronunciato in francese e in fiammingo.

«...Ho la visione nettissima del mio compito. Il dovere dei principi è dettato alla loro coscienza dall'anima dei popoli, perché il trono ha delle prerogative, ma soprattutto ha delle responsabilità. Il sovrano, con piena lealtà, deve porsi al di sopra dei partiti..., attento alla voce del paese e chino con sollecitudine sulle vicende degli umili. È ormai giunto per il Belgio il momento di prendere coscienza dei propri destini e di guardare in volto le necessità del futuro. Il Belgio, durante un'esistenza di tre quarti di secolo, ha realizzato e superato le più ottimistiche aspettative dei fondatori. Ora è ricco e felice. Ma la ricchezza crea doveri, ai popoli come agli individui. Soltanto le forze morali e intellettuali fecondano la prosperità...»

A proposito del Congo mio padre affermò:

«...Quando il Belgio assume l'impegno di applicare al Congo un programma degno del Belgio, nessuno ha il diritto di dubitare di tale promessa...».

Poi aggiunse questa frase, che divenne celebre:

«...Amo il mio Paese, e la regina condivide i miei sentimenti di inalterabile fedeltà al Belgio».

Tutta l'assemblea, in piedi, applaudì freneticamente.

Alberto insistette sull'istruzione e l'educazione delle masse. Poi fece riferimento al ruolo degli artisti e dei letterati, troppo trascurati nel regno precedente.

La cerimonia si concluse, mio padre risalì a cavallo e attraversò la città sotto la *drache nationale* [espressione belga che sta ad indicare una pioggia fitta]. La folla manifestò la propria gioia. Passando dinanzi alla «Casa del popolo», il re si fermò e salutò la bandiera rossa, quel giorno a mezzasta per la morte di un leader socialista. Non è da vedere in quel gesto alcuna demagogia: Alberto amava sinceramente i lavoratori, conosceva i loro problemi, le loro difficoltà, le loro aspirazioni.

Da parte sua Elisabetta del Belgio sarà sempre attenta alle sofferenze della classe operaia, e cercherà di migliorarne il destino con varie iniziative intelligenti ed efficaci. Porterà su un piano sociale e di dignità umana l'attività caritatevole di mia nonna, le opere pie, mantenendosi al di fuori della politica.

In parallelo a tale attività Elisabetta, ispirata da un acutissimo senso artistico, porterà a livello internazionale il mecenatismo che sua suocera, la contessa di Fiandra, non aveva potuto sviluppare oltre un dilettantismo da salotto.

I lunghi anni di potere ininterrotto della destra cattolica conservatrice avevano paralizzato la politica del Paese in un immobilismo sclerotizzato. Mio padre comprese ch'era necessario combattere contro quello stato di cose.

Quando si discuteva la legge Schollaert egli si trovò di fronte a gravissime difficoltà. Quella legge concedeva dei contributi all'insegnamento di Stato e alle scuole private, in relazione al numero di allievi. I liberali e i socialisti insorsero uniti contro il ministro Schollaert. Alla Camera scoppiarono violente discussioni. Vi furono sommosse di piazza.

L'esercito era inadeguato, e perciò quella situazione esponeva il Paese alle minacce dei vicini. Il re non esitò a fare appello al barone de Broqueville, cattolico di tendenze liberali, meno infeudato al partito rispetto ai suoi colleghi, e più aperto ai problemi internazionali. Quegli formò un governo nel quale i cattolici non ebbero più la maggioranza. Essi protestarono, mentre la sinistra applaudiva.

Il 10 giugno 1911 mio padre scrive:

«...Il momento è grave. È certo che per molto tempo ci sarà della ruggine fra me e il partito cattolico, come accadde al mio predecessore nel 1884». L'allusione è allo scontro fra Leopoldo II e i cattolici estremisti e settari, quando il vecchio re aveva incaricato il cattolico moderato e conciliante Beernaert di formare un nuovo ministero.

Alberto I mantenne una totale indipendenza e una completa imparzialità nei confronti delle formazioni politiche.

I socialisti, ancora una volta uniti ai liberali, invocavano il suffragio universale e si accanivano contro il voto plurimo che concedeva maggiore rappresentanza ad alcune categorie privilegiate. Dinanzi alle minacce dell'opposizione nel 1912 i belgi votarono ancora per i cattolici.

La sinistra fece pressione per ottenere dal re l'abrogazione del voto plurimo e l'instaurazione del suffragio universale. Giunse persino a scatenare uno sciopero generale. L'intera nazione fu paralizzata. Nonostante la gravità della situazione Alberto I non si lasciò impressionare. Riteneva che il paese non fosse ancora maturo per il suffragio universale, il numero degli analfabeti era ancora troppo alto. Il re attese. La crisi durò dieci giorni, poi cessò da sé: i fondi di sostegno allo sciopero erano esauriti.

Le Camere votarono una revisione elettorale, e il Belgio trovò così la tranquillità necessaria ad affrontare la situazione internazionale. Doveva rafforzare la propria difesa, che per ragioni politiche era rimasta molto rudimentale. Nel 1886 Leopoldo II si era trovato di fronte alle stesse difficoltà, ma la sua intransigenza a proposito delle questioni della difesa gli aveva alienato la destra e, irrimediabilmente, la sinistra. Quest'ultima bollava con l'epiteto di «reazionari» tutti i progetti relativi ai crediti militari.

Mio padre, grazie alla sua tolleranza e al suo senso dell'equità, seppe conquistare a poco a poco la fiducia generale. Condivideva, su molte questioni, le idee di suo zio, ma aveva un modo diverso per farle accettare. Mentre Leopoldo II trattava i propri collaboratori da subalterni, Alberto I sapeva manifestare loro stima e riconoscenza. Ne è una prova la lettera che segue, datata 12 novembre 1912:

«...Oggi è stata letta la dichiarazione del governo alle Camere. Affrontava la questione militare, quella scolastica e il problema della revisione costituzionale. È opera di Broqueville. La trovo notevolmente ben fatta...».

Mio padre teneva testa all'opposizione quando reputava che certe rivendicazioni fossero premature, ma non recideva tuttavia i contatti con la sinistra, contatti che seppe sempre umanizzare e che furono il segreto della sua politica.

«...Puoi firmare la foto per questa maestra che ha composto un brano patriottico?» scrive a mia madre. «È una famiglia socialista che è il caso di incoraggiare nelle sue idee di ravvicinamento.»

Ora leggeremo il resoconto di una visita dei miei genitori a una esposizione dell'arte vallone, tenuta nel 1911 a Charleroi, città molto progressista. I socialisti desideravano che mio padre andasse a inaugurare quella retrospettiva, ed egli acconsentì, nonostante il governo temesse incidenti, essendo quella popolazione formata in maggioranza da minatori sempre pronti ad avanzare rivendicazioni. Il resoconto della visita ci viene da Jules Destrée, fine letterato, ministro delle Belle Arti, promotore dell'esposizione, e anch'egli socialista:

«...Il re è venuto, con la regina, in tutta semplicità, senza guardia né polizia, con tranquilla naturalezza. La folla, ch'era fittissima ed esaltatissima, rispose a suo modo a quella semplicità. Acclamò con entusiasmo delirante la coppia che sorridendo avanzava fra la gente. Ricordo che sullo scalone dell'esposizione la ressa era tale che la regina fu spinta contro di me. Ella pareva provare un po' di inquietudine per quella turbolenza popolare. "Non preoccuparti, qua c'è il signor Destrée", le disse il re. Fu così che conobbi la regina». Tutto l'Hainaut raccontò quella scena tipica, con la regina fragile, e irresistibile, spaurita, e coraggiosa, affianco al re impassibile, dominante fra i più grandi dei suoi sudditi.

La larghezza di vedute attirò a mio padre la simpatia di Emile Vandervelde, leader socialista belga e capo della seconda Internazionale. Ebbero dei colloqui e quell'uomo, colto, appassionato di musica wagneriana e di alpinismo, apprezzò la saggezza e l'equilibrio dell'augusto interlocutore.

Il re incontrava spesso un altro leader eminente del partito socialista, Camille Huysmans, che aveva un temperamento più focoso di quello di Vandervelde. Uno dei vicini di Huysmans racconta che mio padre andava spesso a trovare il socialista, e nonostante le porte chiuse si udivano grandi scoppi di voce...

In quelle discussioni il re non concedeva mai nulla allo spirito di fazione, anche se dinanzi aveva un uomo del valore di un Huysmans.

Si può dire che durante i venticinque anni del suo regno Alberto I non abbia mai perduto di vista l'assieme dei problemi nazionali. Riteneva di doverne essere l'arbitro imparziale, ponendosi sempre lealmente al di sopra delle parti, come già con perfetta chiarezza annunciato dal discorso per l'assunzione al trono.

## VIII
## LE NOSTRE DIMORE

Dopo l'assunzione al trono i miei genitori divisero il loro tempo fra il palazzo reale di Bruxelles, il castello di Laeken, il villino di Ostenda e la tenuta di Ciergnon, nelle Ardenne.

Le cerimonie ufficiali si svolgevano, nella maggior parte dei casi, al palazzo reale di Bruxelles. In tali occasioni i sovrani erano attorniati dal seguito: il gran maresciallo Jean de Mérode, un vero nobiluomo, estremamente distinto, ma afflitto da un tic per il quale tirava su col naso con un rumore che si sentiva di lontano; il conte di Aarschot, capo del Gabinetto, tanto pallido quanto la moglie, egiziana, era bruna – venivano chiamati «la crema al cioccolato». Alla guida della casa militare era l'inamovibile generale Jungbluth assistito da quattro aiutanti di campo. Il gran maestro di cerimonie della casa di mia madre era il barone di Woelmont. La gran maestra era la contessa de Henricourt de Grünne, che noi bambini soprannominavamo «l'ippopotamo», a causa del suo giro-vita.

Prime dame d'onore erano la contessa d'Oultremont, la baronessa di Blommaert, la contessa van den Steen, la baronessa de la Faille e, alcuni anni più tardi, dal 1913, l'arguta contessa di Caraman-Chimay, che ci ha lasciato una corrispondenza pittoresca ed evocatrice.

Il personale del palazzo comprendeva: cameriste, cameriere in uniforme blu, collo e polsini inamidati, cuffia bianca; il cameriere di mio padre, dal bel nome di Théophile van Dyck; il maggiordomo Münch, che ricordava stranamente Leopoldo I, non soltanto a causa dei favoriti: i lineamenti e il profilo, erano il ritratto del primo re dei belgi.

La lista sarebbe troppo lunga se si volessero enumerare tutti i grandi e piccoli impieghi, che avevano denominazioni affascinanti quanto al giorno d'oggi desuete: bronzista, mondatrice, lucidatore, tornitore, feltraio, e via elencando, fino al portatore d'acqua e al pulitore dei caminetti delle camere – a quel tempo non c'era ancora il riscaldamento centralizzato.

Molti particolari della nostra vita di allora sfuggono alla mia memoria; tuttavia rivedo come fosse ieri la divisa che i lacchè sfoggiavano per le visite degli ospiti di riguardo: livrea rossa con cordini e bottoni dorati, pantaloni di velluto blu scuro, calze bianche, scarpe con la fibbia. Per noi bambini la comparsa di tale tenuta era segno premonitore di grandi avvenimenti.

Debbo confessare che già allora, istintivamente, come più tardi coscientemente, quel mascheramento del personale, riservato ai giorni solenni, mi pareva avesse in sé qualcosa di bizzarro – anche se mai avevo pensato di criticare la tenuta di gala di un ufficiale o di un semplice gendarme.

I domestici attendevano nel vestibolo per ore, anche fino a serata inoltrata.

Oggi il personale dei palazzi e castelli reali è notevolmente ridotto, e le mansioni semplificate, fatti salvi chiaramente i ricevimenti ufficiali.

Il palazzo reale, dove soggiornavamo abitualmente d'inverno, è sulla collina di Coudenberg, che domina Bruxelles, nel luogo dove s'innalzava la scura fortezza dei conti di Lovanio, trasformata dai duchi di Borgogna in dimora sontuosa e, ahimè, distrutta dal fuoco nel 1731, con tutti i tesori inestimabili che conteneva.

Nel secolo XVIII in quello stesso luogo fu costruito il palazzo Belgioioso, destinato al plenipotenziario austriaco. Più tardi i re dei Paesi Bassi vi innalzarono il loro palazzo, la cui parte centrale esiste ancora oggi. Dopo varie trasformazioni e ampliamenti, eseguiti sotto Leopoldo II da Balat e Maquet, siamo giunti al palazzo attuale.

I saloni del primo piano, riservati ai ricevimenti, mi sono sempre parsi freddi e solenni. Amavo invece le nostre piccole camere del secondo piano, erano più calde e *gemütlich*. Amavo anche il giardino, coi suoi begli alberi dai grossi tronchi coperti d'edera e dai rami mai sfrondati. Mi affascinavano, per motivi che non saprei definire, le enormi panoplie di pietra che ornano i pilastri dell'inferriata del giardino. Non riuscivo a staccare gli occhi da quei cumuli di busti coperti d'armature, privi di gambe e di braccia, e da quegli elmi vuoti, privi di volto d'uomo. Che significavano?

Di solito non a Bruxelles ma al castello di Laeken trascorrevamo la primavera e l'autunno. Quella dimora fu edificata da Alberto di Sassonia-Teschen, governatore austriaco delle province belghe, nel secolo XVIII, sui colli verdeggianti dello Schoonenberg, nei dintorni della capitale. Sotto il dominio francese Napoleone salvò Laeken dalla rovina scegliendola come una delle proprie residenze. Fu uno dei luoghi dove concepì il progetto dell'infausta campagna di Russia. Sia Giuseppina che Maria Luisa ci si sentivano a proprio agio e contribuirono all'abbellimento del parco. Di quella deliziosa residenza stile Luigi XVI oggi non restano che la cupola e la scalinata a colonne, che Leopoldo II fiancheggiò di due immense ali di pietra bianca, contenenti tutta una fuga di grandi saloni per ricevimenti, dove dappertutto le iniziali LL ricordano il grande costruttore.

Per me Laeken è tutta la nostra prima infanzia. Quando ne pronuncio il nome mi tornano alla memoria miriadi di ricordi, alla rinfusa.

Gli arazzi portati da Napoleone, che ornavano le sale del pianterreno, avvincevano la mia immaginazione infantile. Mio fratello maggiore me ne spiegava i soggetti: il vello d'oro, Mosè, le tavole dei dieci comandamenti, l'attraversamento del mar Rosso. Per pudore giovanile evitava alcuni soggetti mitologici, come un imeneo di due divinità olimpiche abbracciate, circondate da fauni, uno dei quali versava acqua da un acquamanile d'oro sulle mani del dio meravigliosamente bello.

L'arazzo che rappresentava «l'uomo che si trasforma in rana» mi terrorizzava: mi avevano dato per certo che avrei condiviso la sorte di quel personaggio, se avessi avuto la sfortuna di guardarlo troppo. Perciò gli passavo davanti sempre di gran carriera, senza osar volgere il capo.

Mi affascinavano gli specchi immensi della galleria, che riflettevano all'infinito i cristalli dei lampadari. Instancabilmente interrogavo mio padre per avere la spiegazione del fenomeno; egli sorrideva e rispondeva: «È proprio un gran mistero» e mi lasciava col mio desiderio.

Laeken in primavera voleva dire le fragole nelle cassette coperte di foglie, e i fiocchi bianchi dei pioppi, volteggianti nell'aria, che si impigliavano nei nostri capelli. Che gioia correre nelle serre: lunghe gallerie si stendevano a perdita d'occhio, tutte tappezzate di geranei giganti e di girasoli deliziosamente odoriferi, e sbucavano nell'ampia rotonda dove si slanciavano in verticale immense palme africane.

Laeken era anche la torre giapponese comprata da Leopoldo II all'Esposizione universale di Parigi. Di legno prezioso, si staglia nel cielo all'estremità nord del parco. Un giorno, con nostra grande gioia, fummo fatti salire in ascensore per i suoi dieci piani; ho un ricordo confuso di un'accozzaglia di sculture, di un riflesso cangiante di colori esotici, di stoffe e oggetti strani.

Laeken mi ricorda anche, ahimè, il tifo di mia madre. Mi parve interminabile. Privati della sua presenza, dovevamo camminare in punta di piedi nei lunghi corridoi. Dopo più di un mese di malattia potei infine entrare, il giorno del suo compleanno, nella camera dove giaceva. La trovai pallida e indebolita, osai appena abbracciarla. Tuttavia intravvidi nella penombra due masse nere, immobili: una coppia di cigni vivi. Poi lo sguardo fu attirato da due pavoni bianchi. Il piumaggio immacolato dava loro un aspetto irreale.

Qualche tempo dopo mia madre scrisse a un'amica:

«...Non è toccante che mio marito si sia ricordato di un desiderio che un giorno avevo espresso: oh, come amerei avere dei pavoni bianchi e dei cigni neri! Ed ecco: li ho». Era pura tradizione wagneriana.

Laeken significava anche i racconti di una memorabile rappresentazione dell'*Orfeo* di Gluck, avvenuta nel piccolo teatro costruito per ordine di Leopoldo II. Mia madre, ristabilita e più che mai appassionata di musica, aveva desiderato quello spettacolo. Con mio grande rammarico soltanto i miei fratelli furono autorizzati ad assistervi. La descrizione che me ne fece Carlo: veli vaporosi blu, verdi, rosa, si levavano in volo e facevano giravolte al suono di voci melodiose. Ne sognai, come sognai dell'*Uccello blu* di Maeterlinck, del quale sentii parlare, e che non vidi. Più tardi mia madre mi disse che il poeta, il giorno dopo la rappresentazione alla quale era venuto ad assistere, mi aveva preso sulle ginocchia per raccontarmi la vicenda. Ma pare che il suo doppiomento mi interessasse più delle sue parole!

In fondo al parco c'era una capannina che dava alloggio a una cerva solitaria, che appariva soltanto quando le portavo una rosa appassita: la degustava con piacere. Per me era ogni volta una gioia mista a stupore.

In fondo al parco c'era anche la casetta del pittore Courtens, ch'era spesso meta di passeggiate. La sua accoglienza affabile mi incoraggiava ad andarlo a trovare. Mi piaceva da matti l'odore d'olio sprigionato dalle grandi tele che raffiguravano l'esuberante vegetazione del parco e dei laghetti di Laeken. I suoi quadri ancora oggi ornano le pareti del castello. Talvolta Courtens mi permetteva di disporre sulla tavolozza i bei colori dei tubetti. Con un pennello tentavo di imitare il verde delle piante o il blu del cielo. Ma quando tentai di attaccare i suoi quadri, ne difese con energia l'integrità, strappandomi la pennellessa dalle mani. I miei genitori amavano e apprezzavano molto quell'artista, che aveva un temperamento fiammingo e dipingeva alla maniera degli impressionisti.

Mio fratello Carlo e io eravamo le pesti della famiglia. Leopoldo aveva già un'intelligenza più concreta. Ricordo che col fratello cadetto partivamo in segreto, candela in mano, per esplorare i formidabili sotterranei del castello, in cerca di un misterioso tesoro. Il re Leopoldo II aveva avuto infatti la curiosa mania di far costruire nella maggior parte delle sue residenze degli strani sotterranei e rotonde ravvivati da colonne stile *Flauto magico*. Nel parco avevamo anche scoperto l'inizio di un grande tunnel destinato a portare il treno reale fino al castello. I lavori erano stati interrotti per la morte del sovrano. Vi penetrammo il più possibile, ma non scoprimmo mai nulla...

I miei fratelli, a guisa di muratori, avevano costruito una casetta dal tetto di stoppia, non lontana dalla fattoria dove abbaiava la cagna pastore tedesco Vatchutza. Giocava con noi e l'amavamo molto. Anzi: la veneravamo, perché ci era stato raccontato che la madre era una vera lupa dalle zanne terribili! Ebbi anche un piccolo gatto bianco, al quale portavo del latte. Non potevo credere che fosse veramente mio, perché i miei genitori vietavano di tenere animali in casa, facevano eccezione soltanto gli uccelli. Per inculcarci l'amore per i fiori ognuno di noi aveva un suo piccolo giardino e doveva coltivarlo. Il mio era disseminato di miosotide – quel blu mi incanta oggi come allora.

A metà luglio partivamo per Ostenda. Il padiglione reale, dono della regina Vittoria a suo zio Leopoldo I, fu rimaneggiato da Leopoldo II, e si componeva di due villini collegati a una grande rotonda centrale da due corridoi vetrati. Il tutto fu distrutto durante la guerra del 1940.

Dalla mia finestra vedevo il mare, la spiaggia e la diga dove passeggiavano i curiosi. L'animazione di quella folla era una bella distrazione! Soltanto di rado potevo giocare coi miei fratelli, e non avevo amichette; non so perché ma la maggior parte del tempo stavo sola, chiusa nella mia stanza. Un giorno uno sconosciuto mi fece avere un rastrello, una paletta e un secchiello. Quei doni mi fecero un piacere così grande che, giunta la notte, per paura che me li portassero via, li nascosi sotto il letto. Mi piaceva disegnare i «bauli» che vedevo partire per Dover due volte al giorno.

Talvolta dovevamo assistere a qualche spettacolo di beneficenza, il cui incasso andava agli abitanti diseredati di quella regione. I nostri genitori si preoccupavano della sorte dei pescatori e andavano in aiuto di quello strato sociale, ch'era uno dei più disgraziati e trascurati. Avevano capito che la prima cosa da fare era dare una preparazione tecnica e professionale ai figli di quell'umile gente di mare, e che li si doveva associare in cooperative perché difendessero i propri diritti. I pescatori del litorale, con le loro piccole barche a vela, erano schiacciati dalla concorrenza delle sciabiche a vapore, molto meglio equipaggiate, e organizzate in flottiglie. Per porre rimedio a quello stato di cose mio padre fondò a sue spese, nel 1905, l'opera reale dell'Ibis – era il nome del suo battello personale, trasformato in nave scuola. Il principe Alberto con pronta decisione prese l'iniziativa di comprare battelli da pesca forniti di motore; nei porti belgi furono i primi di quel tipo.

Non senza ragione quei rudi ragazzi, che si esprimevano soltanto in patois, soprannominarono mio padre «il protettore dei pescatori».

Dopo Ostenda fra tutte le nostre residenze preferivo quella di Ciergnon. Ciergnon, piccolo castello in stile neogotico, nelle Ardenne, era un «capriccio» del XIX secolo: affiancato da quattro torri dai tetti d'ardesia, s'innalzava su una roccia scistosa.

La tenuta fu comprata nel 1848 da Leopoldo I per sua moglie Maria Luisa d'Orléans. Egli sperava che il clima secco delle Ardenne la guarisse dalla malattia di petto.

Ai piedi della roccia scorre un fiume canterino, la Lesse, affluente della Mosa. La vista si stende su un paesaggio ridente. Il centro più importante è Rochefort.

Soggiornavamo lassù alla fine dell'estate. Spesso vi faceva molto caldo, e la gioia maggiore era cenare fuori, dinanzi alla casa, sulla ghiaia.

Il salone d'ingresso era ornato di grotte artificiali, secondo il gusto dell'epoca. Ogni vano era decorato di quadri romantici che mi piacevano moltissimo. Nella sala da pranzo una veduta di Venezia, «dove invece delle strade ci sono i canali, i cavalli stanno sui tetti e gli uccelli sul selciato». Mi avevano spiegato ch'è una citta galleggiante. Ardevo dal desiderio di conoscerla. Per realizzare il sogno dovetti attendere d'avere dodici anni.

Un altro quadro rappresentava Agar e Ismaele che, perduti nel deserto, cercano disperatamente dell'acqua. Suscitavano la mia compassione, tanto più che mi si impediva di bere a tavola! Nel salotto c'era – lo vedo ancora – il bel ritratto di Carlotta, la prima moglie di Leopoldo I, che col figlio fra le braccia sale diritta al cielo. Era morta di parto. Desideravo la sua magnifica veste di velluto granata.

Di fronte a quella scena commovente un altro quadro rappresentava una caccia al lupo nelle foreste delle Ardenne. Leopoldo I impassibile e solenne in finanziera, in piedi su un palco coperto da un tappeto rosso, col fucile in spalla, e in testa un cappello a cilindro, aspettava la bestia.

Ma soprattutto, orrore!, c'era il famoso quadro proibito, relegato in un corridoio scuro sempre chiuso a chiave. Un giorno Carlo me lo fece intravvedere furtivamente: rappresentava un annegato dai tratti gonfi e bluastri, sballottato da onde furiose. L'orribile visione si impresse nella mia memoria. Fui tanto spaventata che non ne feci parola con nessuno.

La mia stanza era in una delle torri, al primo piano. Sul caminetto un carillon di cristallo rifletteva tutti i colori del prisma. I tedeschi lo portarono via, nel 1914, assieme a Fido, il cane di peluche che non mi aveva mai abbandonato.

Nel 1910 ci fu una grande eclissi solare. Tutte le lenti affumicate erano accuratamente pronte su un tavolo, affinché ognuno potesse seguire quell'avvenimento straordinario. Prima dell'arrivo dei miei genitori decisi di provarle, e maldestramente le lasciai cadere una dopo l'altra, così che quando si volle utilizzarle erano tutte rotte. Fu un dramma. Fui mandata a letto, dopo una robusta sculacciata!

Durante uno dei nostri soggiorni a Ciergnon ci fu la sorpresa di una escursione alle grotte di Han. Per me fu un grande avvenimento. Ed è un ricordo allucinante. Alle grotte si accede tramite scale e passaggi stretti e oscuri scavati nella roccia. Torce rischiarano una successione di immense sale dai soffitti a volta, dove favolose stalattiti e stalagmiti sono coperte da una melma dai riflessi dorati. Leopoldo mi aveva parlato tanto della famosa rana di pietra, ma essa mi deluse, per la forma imprecisa che non ricordava per nulla il batrace; però non osai confessarlo. Il fondo della caverna è un lago della Lesse, e si esplora in barca. Nella penombra forme misteriose e spaventose sorgono lungo le pareti. Per molto tempo i miei sogni furono ossessionati da quelle visioni. All'uscita della grotta, in onore dei visitatori, venne sparato un colpo di cannone che ci sfondò i timpani; la sua eco era simile al brontolio del tuono.

A Ciergnon godevamo di una libertà maggiore che altrove. I nostri pomeriggi trascorrevano nei campi e nei boschi di abeti. Facevamo anche merenda sul muschio, al limitare del bosco, dinanzi alle distese di grano. La mia tata in quei momenti flirtava con le guardie della scorta – senza di loro non potevamo allontanarci da casa. Era uno dei rari momenti in cui ci lasciava tranquilli.

I miei fratelli facevano grandi escursioni in bicicletta, in compagnia di mio padre. Scendevano a tutta velocità per la strada che porta a Rochefort. Sento ancora lo stridio dei freni e lo scricchiolio delle ruote sulla ghiaia. Come li invidiavo! Ma ero ancora troppo piccola per accompagnarli.

Là si svolse anche la prima lezione di equitazione di Leopoldo. Bellefroid, lo scudiero della casa reale, cavalcava affianco a mio fratello e ne teneva il cavallo per la cavezza. Il trotto fu laborioso, laboriosissimo. Come i Coburgo, Leopoldo non amò mai quello sport.

Oggi Ciergnon non è cambiata molto, a parte le grotte artificiali, sparite dal salone d'ingresso dopo l'uso che ne fece l'invasore del 1940... Come ai tempi di Leopoldo I i miei nipoti, gli attuali sovrani, vi si recano per presenziare a cacce in onore di ospiti di riguardo.

## IX

## I NONNI WITTELSBACH

Per noi bambini i viaggi erano ogni volta un grande avvenimento. Con settimane di anticipo le cameriere preparavano gli enormi bauli di vimini o di pergamena e le numerose valigie. Mia madre portava con sé metà del suo guardaroba, e le tolette d'allora erano ingombranti e delicate. I cappelli nelle loro speciali cappelliere, tonde e rigide; le innumerevoli paia di guanti e di scarpe; senza dimenticare gli ombrellini per ripararsi dai raggi del sole – era di rigore una carnagione madreperlacea.

Al nostro seguito si spostava numerosa servitù. Ma soltanto in caso di viaggi ufficiali veniva formato un treno speciale. D'abitudine veniva semplicemente agganciata la vettura reale a un treno viaggiatori. Una seconda vettura conteneva la cucina e i bagagli, assieme alla biancheria da letto. I piatti d'argento e la biancheria personale viaggiavano nella vettura reale.

Quando andavamo nel Mezzogiorno della Francia le nostre vetture si fermavano a Parigi, alla Gare du Nord. Mio padre e mia madre scendevano per recarsi all'ambasciata del Belgio, mentre noi restavamo sul treno con la servitù. Con grande gioia i vagoni venivano agganciati a qualche locomotiva che ci faceva fare il giro di Parigi per raggiungere la Gare de Lyon.

Ma la maggior parte dei viaggi avevano come obiettivo Possenhofen, in Baviera. Andavamo a trovare la famiglia di mia madre. Adoravo vedere dai finestrini del treno le montagne dalle rocce dirupate, coperte di boschi di larici o di scuri abeti, che si riflettevano qua e là negli specchi dei laghi, e le folte foreste tagliate da lunghe strade che finivano in piccoli villaggi dalle chiese a bulbi, rifugi di cicogne.

È la Baviera dei Wittelsbach, contrada di monasteri severi perduti in fondo ai boschi, e dei castelli fantastici di Ludwig II, il re che dilapidava le casse dello Stato per le sue folli costruzioni.

Già il nonno di Ludwig II, Ludwig I, innamorato pazzo di Lola Móntez, e costretto a scegliere fra il trono e la bella amazzone, aveva rinunciato a regnare. Invaghito dell'ellenismo, aveva dotato Monaco di quello stile pseudogreco che per tanto tempo fu di moda.

Venuti da una famiglia le cui origini si perdono negli anni attorno al 900, i Wittelsbach regnarono per più di sette secoli sul ducato di Baviera. Furono fin dal XV secolo principi elettori del Sacro Romano Impero.

Napoleone, riconoscente verso il duca Massimiliano I, che s'era alleato con lui, lo innalzò nel 1805 alla dignità di re, e in cambio costrinse il proprio genero, Eugenio di Beauharnais, a sposare Augusta, figlia di Massimiliano. Tanto per cominciare l'imperatore, secondo le sue abitudini insolenti, inviò a Eugenio una tazza con l'effigie di colei che gli destinava, Augusta, che Beauharnais non aveva mai incontrato.

Alcuni anni prima di venire innalzato alla dignità regale Massimiliano, al fine di evitare ogni confusione e per ben marcare la differenza, conferì il titolo di duca *in* Baviera al cugino Guglielmo, del ramo dei Baviera-Birkenfeld-Gelnhausen, riservando così il titolo di duchi *di* Baviera al solo ramo regnante.

Mio nonno materno Carlo Teodoro discendeva dal ramo dei duchi in Baviera. Nelle sue vene non scorreva una sola goccia del sangue di Ludwig II e del fratello Ottone. I due sovrani impazziti morirono senza discendenza, per fortuna. Avevano ereditato la malattia mentale dalla madre, la bella Maria di Prussia. Troppo spesso si tende a considerare la follia di quei «re matti» come appartenente a tutti i Wittelsbach. Non ci sono folli, nella linea di mia madre, ma originali, sognatori e melomani.

Il duca Carlo Teodoro, oftalmologo di fama e uomo di

grande cuore, creò cliniche a Monaco, Tegernsee e Merano, dove tremila bisognosi malati di cataratta furono operati gratuitamente. Era un uomo intelligente e colto, un musicista di talento, e viveva ai margini della politica perché si era consacrato interamente alla medicina e alle arti.

Amava manifestare un liberalismo alla Goethe e un anticlericalismo alla Carbonari. Meno candido e sognatore del padre Max, che non esitava a mandare le proprie rime al grande poeta di Weimar, Carlo Teodoro era stato allevato a Possenhofen in un ambiente patriarcale, in un'antica e tranquilla dimora, fiancheggiata da quattro torri, coi muri dipinti a calce, le imposte pitturate in verde, situata sulla riva del lago di Starnberg. Sulla riva opposta fu trovato un giorno il corpo di Ludwig II, annegato.

In prime nozze mio nonno sposò Sofia di Sassonia, dalla quale ebbe una figlia, Maria Amelia, che sposò il principe d'Urach.

Rimasto vedovo, Carlo Teodoro si risposò con Maria José di Braganza, figlia di Don Miguel, re del Portogallo. Ella aveva soltanto sedici anni, lui già trentaquattro. Fu un'unione meravigliosa. Per tutta la sua vita mia nonna ammirò l'intelligenza e la personalità del marito. Ebbero cinque figli: Sofia, Elisabetta, mia madre, nata a Possenhofen il 25 luglio 1876, Maria Gabriella, Luigi Guglielmo e Francesco Giuseppe.

Mia nonna, infanta del Portogallo, portò alla famiglia ducale la socievolezza. I Wittelsbach del ramo dei duchi in Baviera, di carattere indipendente e aspro, disprezzavano un po' troppo le convenzioni del secolo. In loro il rispetto della propria libertà aveva forza di legge, e giungeva sino a rasentare l'insolenza. Mio padre mi ha spesso parlato del proprio stupore al vedere, durante uno dei soggiorni a Possenhofen, il duca Carlo Teodoro partire per una passeggiata a cavallo proprio nel momento in cui arrivava la sorella, l'imperatrice Elisabetta d'Austria, moglie di Francesco Giuseppe - neppure la salutava, anche se non si vedevano da mesi.

Mia madre ammirava l'imperatrice, che le era zia e madrina. Le avvicinava una certa qualità di emozioni e di sensibilità estetica. Ma l'imperatrice diceva: «Quando mi muovo fra la gente non adopero per loro che la parte di me stessa che con loro ho in comune. Si stupiscono del fatto che ci somigliamo, io e loro. Ma è un vecchio abito che ogni tanto tolgo dall'armadio per indossarlo qualche ora». Invece mia madre non avrebbe potuto far suo tale atteggiamento: per tutta la vita condivise il meglio di se stessa con gli altri, generosamente e in totale assenza di condiscendenza.

L'imperatrice, ch'era una pagana imbevuta delle bellezze della Grecia antica, trasmise alla nipote un certo numero di consigli d'igiene: tuffarsi nell'acqua gelida in qualunque stagione dell'anno, camminare indefinitamente con qualunque tempo, e altri precetti, numerosi, ai quali ella si attenne fino alla fine dei suoi giorni.

Mia madre deplorava della zia l'insubordinazione alla rigida etichetta della corte di Vienna, insubordinazione che le alienava la simpatia dell'aristocrazia austriaca. Inoltre le assenze prolungate dalla capitale e le costose peregrinazioni le procurarono la fama d'essere quantomeno lunatica.

«...Nella nostra posizione dobbiamo evitare di farci incollare addosso un'etichetta di cui non ci sbarazzeremo mai» affermava mia madre. Quanti personaggi storici hanno avuto cattive reputazioni, spesso immeritate, per quest'unica ragione!

Mio padre era più indulgente nei confronti di «quella bella creatura» (così definiva l'imperatrice). Di lei ammirava, oltre alla bellezza, il senso intuitivo degli avvenimenti e della realtà. A sentir lui Elisabetta d'Austria presentiva l'imminente crollo di quell'amalgama eteroclito ch'era diventato l'impero austroungarico. Di lei si conservano pochi versi, abbastanza accademici, ma tanto profetici, scritti nel 1893:

> Comme vous avez raison, Habsbourg, de vous couvrir la tête
> Comme vous avez raison de vous tordre les mains
> Songez donc à votre race défunte
> Jamais plus vos enfants ne régneront sur vos terres!*

* Avete ragione sì, Asburgo, di coprirvi la testa, / avete ragione sì, di torcervi le mani, / pensate alla vostra morta stirpe, / i vostri figli mai più regneranno sulle vostre terre.

Elisabetta d'Austria, impotente, fuggiva dinanzi al proprio destino crudele, senza tentare di dominarlo. Ne fu liberata dal coltello di un fanatico, sulla riva del placido Lemano.

«Vorrei fuggire dal mio corpo, come un uccellino dalla sua gabbia» diceva spesso ai famigliari.

Leggiamo Barrès, che in poche righe riassume la vita errabonda di quella sovrana nichilista assetata d'assoluto:

«...I suoi spostamenti non avevano la bella e ragionevole regolarità dei viaggi d'un uccello migratore, erano piuttosto il turbinio di uno spirito perduto che va a caso nel cielo, più non trova il nido e non è regolato da alcuna disciplina».[6]

In circostanze analoghe mia madre avrebbe certo vinto le avversità della vita, perché in lei la fiducia e l'energia dominavano gli avvenimenti, grazie a un senso istintivo delle misteriose leggi dell'esistenza e a una visione concreta delle responsabilità da assumersi.

La nonna materna Braganza, di educazione e temperamento molto latini, seppe comprendere, col tatto e la grazia che le erano propri, la mentalità liberale e idealista di quei Wittelsbach, ch'erano a un tempo romantici e liberi pensatori. Profondamente religiosa, rigorosamente praticante, ella era per di più completamente imbevuta di idee «ancien régime». Il padre, Don Miguel, nel 1833 aveva preferito rinunciare al trono del Portogallo piuttosto che concedere al popolo una Costituzione.

Ella vigilò con sorprendente severità sull'educazione delle figlie, e inculcò loro per quanto poté il senso della disciplina e il rispetto delle tradizioni e convenzioni sociali. Fu più indulgente nei confronti dei figli. Lo sposo, il duca Carlo Teodoro, troppo assorto nel lavoro, e anche gelosissimo della propria tranquillità, vedeva poco i figli, e si affidava alla duchessa. Ella segnò con una impronta indelebile un'indole così originale e impulsiva come quella della figlia Elisabetta, mia madre. Madre e figlia hanno sempre dato prova di quella perseveranza senza la quale non si può costruire né realizzare alcunché. Sono stata spesso colpita dalla loro intelligenza, inventiva e tenace anche e persino nelle piccole cose della vita quotidiana.

Credo tuttavia che nel complesso mia madre abbia preso soprattutto dal padre i propri doni intellettuali: il gusto per l'arte, la fantasia, l'amore per l'imprevisto, un'intrepidezza che talvolta rasentava la temerarietà, il coraggio di sfidare l'opinione pubblica, lo spirito di contraddizione spinto agli estremi e anche una gran dose di senso dell'umorismo.

Si può dire che in mia madre la mescolanza delle due stirpi, Baviera e Braganza, sia stata delle più felici.

Molto presto Carlo Teodoro la iniziò al lavoro in clinica, il che sviluppò in lei un'intelligenza altruista e nello stesso tempo metodica. Per tutta la vita saremo sorpresi dall'esattezza delle sue diagnosi mediche, proveniente da una capacità acuta d'osservazione che bisognava soltanto di sintomi lievi molto spesso trascurati dai maestri dell'arte. Il duca le aveva trasmesso il proprio ideale filantropico come pure la fede in un progresso evolutivo dell'umanità.

Del nonno non ho, ahimè, che briciole di ricordi. Morì infatti quando avevo soltanto tre anni. Ricordo che la sua pazienza coi nipotini aveva dei limiti...

Invece la duchessa, che gli sopravvisse per quarantasette anni, mi ha lasciato una miriade di ricordi. Rivedo ancora quella dama piccola e vivacissima, dagli occhi di brace e dai tratti regolari. Riceveva con una grazia e una cortesia squisite. Il suo sguardo, autoritario ma nello stesso tempo interrogativo e benevolo, scrutava attentamente ogni interlocutore – a ciascuno ella accordava la massima attenzione.

Si esprimeva in buon francese, ma talvolta faticava a trovare le parole. La sua lingua materna infatti era il tedesco: il padre, re del Portogallo, per lungo tempo aveva vissuto in esilio a Bronnbach.

Il genero, Alberto del Belgio, ne riconosceva le qualità ma non ignorava ch'ella in famiglia era dispotica. La lettera che ora leggiamo mostra l'esistenza di tale difetto, per altro consueto nelle suocere. Mio padre era molto scontento che Leopoldo per una convalescenza post-polmonite fosse stato mandato a Kreuth, nei dintorni di Monaco, e perciò scrisse a mia madre:

«...Si direbbe veramente che qui non si possa curare un bambino. L'esperienza ci ha insegnato che a Kreuth i nostri si prendono sempre il raffreddore, e per la convalescenza dalla polmonite ci si affretta a portarvi Leopoldo! Carissima Elisabetta, non prendertela, ma i due medici erano sbalorditi all'idea di una convalescenza a Kreuth nel mese di ottobre. Ai consulti presieduti da tua madre, anche se vanno avanti per ore, nessuno oltre lei riesce a dire una parola. Tua madre mi telegrafa – Dottore ritiene viaggio a Kreuth privo pericoli –, ma tu sai meglio di me quanto un medico possa lasciarsi influenzare da chi parla molto. Ecco quel che mi mette paura per nostro figlio».

Mia madre risponde da Kreuth:

«...Che dobbiamo fare per Leopoldo? Se desideri che il piccolo anticipi la sua partenza per Bruxelles telegrafa a Maman [duchessa in Baviera] di mandartelo, perché dopotutto tu sei il capo, e per queste cose mi inchino al mio *Männele*, anche se tu credi di essere sotto il mio tallone!».

Talvolta mio padre punzecchiava le idee reazionarie e le ambizioni della duchessa in Baviera. Ella credeva sempre alla restaurazione dei cattolicissimi Braganza sul trono del Portogallo, dove fin dal 1910 era stata instaurata una laicissima repubblica.

«...Non è necessario dire alla tua santa madre che sulla scia delle altre potenze abbiamo riconosciuto il nuovo regime portoghese...»

La numerosa famiglia di mia madre era molto unita. Due fratelli e tre sorelle sposate si ritrovavano ogni estate a Possenhofen. Si mangiava tutti assieme nella grande sala da pranzo, abbellita da un'enorme stufa in maiolica e da rustici mobili bavaresi. Idea ingegnosa della duchessa in Baviera: la stufa era ricoperta di maioliche dipinte da tutti noi. Io avevo dipinto una barca bruna, a vela, su onde azzurrine, ma la barca somigliava piuttosto a un guscio di noce lì lì per affondare.

In quell'antica dimora non c'era la corrente elettrica. Dopo cena i domestici portavano i candelabri nel salotto. Potevamo giocare in piena libertà. Prima di salire a coricarci andavamo a dare la buonanotte a zia Maria Gabriella, sorella minore di mia madre, sposata al cugino Rupprecht di Baviera. Di salute delicatissima, ci riceveva quasi sempre distesa su una sedia sdraio. I bei capelli sciolti dai riflessi dorati le coprivano le spalle; pareva una Maddalena di Tiziano. La sua famiglia trascorreva l'estate a Possenhofen, ma residenza abituale era Berchtesgaden, nome diventato tristemente celebre grazie a Hitler. I due figli Luitpoldo e Alberto avevano la stessa età dei miei fratelli.

Come potrei dimenticare la meravigliosa escursione in barca sul Königsee? Ero completamente affascinata dall'incantevole sorriso e dai begli occhi neri di Luitpoldo. Avevo cinque anni, fu la mia prima fiamma! La cornice romanticissima, con quelle rocce a strapiombo che si riflettevano nelle acque blu, esaltava la passione infantile. Gelosissima impedivo agli altri, tutta una piccola corte, di stare attorno a mio cugino; volevo essere la sola a godere dei suoi favori.

Le nostre camere a Possenhofen davano sul lago. Molte volte nel dormiveglia udivo canti levarsi nella notte silenziosa. Una sera riconobbi l'aria di *Mignon*, che le tate canticchiavano tutto il santo giorno.

In Baviera avevamo sempre il costume regionale. Lo zio Buby, il maggiore dei fratelli di mia madre, era elegantissimo coi calzoncini corti in pelle di camoscio, la giacchetta verde e il cappello di feltro ornato da un grosso ciuffo di peli. Non abbandonava mai la pipa ricurva, di porcellana, col coperchietto tenuto da una catenella. Scherzava sempre, canzonatore dalla faccia seria, fissandoci freddamente coi suoi occhi blu.

Il fratello giovane, Francesco Giuseppe, diversissimo, era del tipo Braganza, somigliava al nonno, re Miguel. Viso meridionale dai grandi occhi a mandorla e dai capelli scuri. Lo amavamo molto. Aveva un talento speciale per divertire i bambini con burle e mimiche. Ahimè: una poliomielite lo portò via ventunenne!

Mio padre giudicava con una certa severità Francesco Giuseppe. Rispondendo a una lettera di mia madre scrisse:

«...È seccante che tu mi racconti di tuo fratello Francesco Giuseppe. Io credo innanzi tutto ch'egli non si impegni abbastanza, tutti i ragazzi di quell'età studiano almeno otto ore al giorno. Si può dire quel che si vuole, ma lo studiare abitua a essere sottoposti a un obbligo che assorbe e al quale non ci si può sottrarre. Sono persuaso ch'egli abbia tutto per diventare un'ottima persona, ma non lo si obbliga mai a nulla, e sarebbe sorprendente ch'egli da sé facesse tutto per il meglio».

Mio padre ebbe più tardi gli stessi problemi col proprio figlio, Carlo, il quale nonostante le costrizioni non volle mai impegnarsi in alcunché; ma ciò non gli impedì, quando giunse l'ora, d'essere un ottimo reggente del Belgio.

Vedo ancora la nonna, durante i picnic, affaccendatissima, che a passetti veloci si sposta dall'uno all'altro per consegnare le porzioni di cibo, accuratamente avvolte in carta velina; durante la notte precedente le aveva avvolte lei stessa, nel frattempo chiacchierando con la cameriera. Era una donna meticolosamente pulita; temeva oltremodo i microbi e vigilava per evitare qualsivoglia contagio. Portò il lutto del marito per tutta la vita, non la vedemmo mai vestita altro che in nero.

Zia Sofia, sorella maggiore di mia madre, aveva sposato nel 1898 il conte Törring-Jettenbach, principe mediatizzato del Sacro Impero. Era un chimico di vaglia. Durante la guerra del 1914 egli offrì i propri servigi per i negoziati preliminari d'armistizio.

L'aspetto di mia zia, capelli biondi scarmigliati e colorito rossastro, un po' mi spaventava. Lei andava a grandi passi per i boschi, col sacco in spalla, facendo immense traversate. Di energia feroce e un po' selvatica, condusse una vita agreste fino a età avanzata. Si lamentava del carattere casalingo della madre, e le rimproverava di non saper camminare, come spesso le genti del sud. «Gira in tondo tutto il giorno e alla fine fa aspettare tutti... Sui sentieri avanza a zigzag da farti venire il capogiro...» borbottava la zia con la sua voce robusta.

Zia Sofia era l'impazienza in persona e aveva un cuore d'oro. Affezionatissima alla Baviera natia detestava i prussiani e più tardi destinò uguale odio a Hitler.

Dalla Baviera andavamo talvolta al castello di Lichtenstein, nel Württemberg, dove ritrovavamo zia Amelia che, come ho già detto, era figlia di un primo matrimonio di mio nonno. Ella aveva sposato il principe Urach, conte di Württemberg, dal quale ebbe nove bambini. Quei cugini si somigliavano tanto l'un l'altro che li si sarebbe potuti credere fabbricati in serie.

Vedo ancora gli scuri e interminabili corridoi del castello, coi loro soffitti a volte e lo scintillio delle armature al bagliore dei candelabri. Ricordo la cappella, dove si sentiva la musica di un organo suonato dagli angeli... così mi fecero credere, e ci credetti! Il grande crocefisso policromo dell'altare maggiore mi impressionò a tal punto, la prima volta che lo vidi, che in piena messa chiesi ad alta voce: «Chi è quel povero signore appeso là in alto?». Fui subito zittita.

Ma al severo castello di Lichtenstein preferivo di gran lunga la ridente costa ligure, dove mia madre faceva le sue terapie di riposo. La vedo ancora, circondata da cuscini, allungata su un divano per intere giornate, a dormire o a leggere. In fondo si annoiava. Avrei voluto distrarla. Nel febbraio 1911 scrive a mio padre di sentirsi scoraggiata e triste:

«...Per fortuna c'è la piccola, e mi rallegra con le sue buffonate. Ieri mi ha dato da mangiare, e quando ho detto: "Adesso basta", ha risposto: "No, no, no, bisogna mangiare tutto, per avere un bell'aspetto quando tornerà papà"».

Le cure erano a Valescure, Rapallo o Santa Margherita. Quest'ultima mi ha lasciato un ricordo gioioso. Simpatizzavo col figlio dell'albergatore. Giocavamo col cerchio. Ero felicissima di avere un ragazzo come compagno di giochi. Correvamo entrambi lungo il marciapiede, e spesso il mio cerchio finiva la corsa sulle gambe di un passante o nelle rotaie del tram. Ai tempi del mio matrimonio ricevetti una lettera firmata: Il ragazzo del cerchio, di Santa Margherita. Quel ricordo d'infanzia mi commosse.

Un'altra attrazione laggiù era lo spettacolo dei bei velieri che dondolavano nel porto. Mi sarebbe piaciuto molto uscire in mare, ma i miei genitori non amavano quel tipo di sport. Per di più mio padre era un alpinista, e niente affatto un lupo di mare.

# X

# UN RE ALPINISTA
# UNA REGINA MUSICISTA

Quando le pesanti responsabilità di capo di Stato gli lasciavano un po' di tempo libero, Alberto I lo consacrava alla montagna. Nelle ascensioni pericolose trovava la realizzazione di un'impresa sportiva, impresa adatta alle esigenze della sua indole più intima.

A quanto pare le origini della passione risalivano all'adolescenza. Tutto cominciò mentre sfogliava la rivista dell'Alpine club britannico? Fu sedotto dal racconto delle imprese del duca degli Abruzzi, cugino del re d'Italia, in Alaska e sull'Himalaia? O invece fu colpito dalla vivissima descrizione della conquista delle Alpi dell'eminente professore John Tyndall?

Comunque sia quella passione corrispondeva in lui a una fibra latente di alpinista, che si manifestò il giorno in cui credette di poter realizzare il suo sogno. Ma quando rivelò al padre il vivo desiderio di scalare le cime, il pantofolaio conte di Fiandra gli rispose: «Per ora non se ne parla neppure. Per conto mio preferisco il bosco della Cambre!».

Alberto trattenne i propri ardori alpinistici fino al giorno in cui incontrò l'ingegner Charles Lefébure, segretario del famoso industriale belga Ernest Solvay. Sia il segretario che l'industriale erano grandi appassionati di montagna.

Fin dal 1905 Alberto fece tutta una serie di escursioni con Lefébure. Il 30 settembre 1906 scrive:

«...Sono molto sensibile alla lode tributata ai miei modesti esordi come alpinista da una persona della quale ammiro la volontà, cioè la qualità precipua dell'uomo».

Più tardi scrisse a mia madre:

«...Abbiamo fatto alcune gite interessanti, con Lefébure, in particolare la traversata della Zemir ovest, che finora è stata fatta soltanto dodici volte. È vertiginosa!».

Ogni anno, in settembre e in ottobre, si dedicò per una ventina di giorni al suo sport d'elezione. Ben presto l'allievo, più agile e svelto, superò il maestro. Per le scalate più rischiose mio padre preferiva andare solo con le guide.

Era più sobrio di Lefébure, che secondo lui mangiava troppo mentre avrebbe potuto accontentarsi di un tozzo di pane e una tazza di tè.

Sceglieva le sue scalate quasi sempre sulle Dolomiti o sui monti di Chamonix e di Courmayeur. Talvolta andava in altri luoghi.

Amava tantissimo starsene in tenuta da montanaro, con attorno le guide, che avevano imparato a conoscerlo e amarlo. Anche lui li apprezzava e testimoniava loro la propria fiducia. Spesso mi parlava della sua ammirazione per la ponderatezza e lo spirito riflessivo di quegli uomini di montagna, virtù consolidate dall'accettazione dei pericoli quotidiani.

L'anima di Alberto subiva il fascino invincibile della lotta contro gli imponderabili della natura, che doveva essere affrontata senza il soccorso della «meccanica».

«La scalata della Tofana è di grande stile, ma con guide come Dinai e Varzi si può fare tutto» scriveva a mia madre. «Ieri abbiamo fatto un'ascensione molto bella, la Marmolada da sud; è una delle imprese alpinistiche più difficili, e credo sia persino una delle più complicate. Domani andrò sul Lanhof, e dopodomani alla Vaiolethütte, per fare la Vaiolet Spitzen giovedì e la Rosengarten venerdì. Se tutto andrà bene, in dodici giorni avremo fatto le otto ascensioni più difficili del Tirolo.»

«La Provvidenza incoraggia il mio alpinismo, e di ciò la ringrazio. Se il bel tempo continua salirò su tutte le montagne e verrò a riposarmi fra le tue braccia.»

Ci sono incontri divertenti:

«...Stamane abbiamo fatto l'ascensione del Cristallo. L'hanno fatta anche tre signore in calzoni...». La visione era tanto nuova, per l'epoca, che meritava d'essere notata.

Tuttavia Alberto preferiva di gran lunga la solitudine della montagna:

«...Non c'è più nessuno a Cortina. Pochi vecchi inglesi trattenuti qui dall'amore per la natura. La valle di Ampezzo, libera dai suoi parassiti estivi, è superba, col circo di montagne dai colori cangianti e i villaggi di grandi baite, circondati da magnifici prati che daccapo vengono falciati. Questo paesaggio mi avvince. Le ascensioni mi divertono e mi rendono più tranquillo».

Aveva una predilezione per le scalate su roccia che, ahimè, gli sarebbero state fatali.

«...Ho trovato in me stesso attitudini di rocciatore che rallegrerebbero i darwinisti. E credo che questo esercizio sia adattissimo a me. Qui non è come sui ghiacciai, con quelle lunghezze logoranti, i colpi di sole, il mal di montagna... ma tutto il tempo trascorre in paesaggi così vari e belli che nessuna ascensione sembra lunga» scriveva nell'agosto 1905.

Ugo de Amicis, in *Piccoli uomini e grandi montagne*, dà della scalata su roccia, e del piacere che vi si prova, una visione molto insolita e pessimista: «Insomma si ànno tutti gli atteggiamenti di un uomo che soffre, che assale, che lotta disperatamente, tutti gli atteggiamenti immaginabili, fuorché quello di un uomo che si diverte. Diciamo la verità: un libero cittadino, che fa un lungo viaggio e spende somme ragguardevoli per mettersi volontariamente in posizioni come quelle, deve per forza portare un po' di funambolismo anche nella vita quotidiana. Un libero cittadino, che fa un lungo viaggio e spende somme ragguardevoli per discendere spontaneamente nel vuoto, con una corda di 12 mm, i quaranta metri di strapiombo del Campanile di Valle Montanaia, darà certo prova di poter gareggiare coi ragni nel funambolismo – i ragni però acchiappano le mosche – ma non deve stupirsi se poi a causa di quella discesa, ne fa un'altra più profonda nella considerazione di molta gente seria. È inutile: queste sono delle gran brutte posizioni sociali, specialmente se si pensa che un re, il sovrano del Belgio, à dovuto passarle tutte. Talvolta ci si deve assottigliare in certi buchi, non degni davvero di gatti vanagloriosi, ma di umilissimi topi».

Alberto I aveva una notevole potenza muscolare e una forza non comune nelle mani. A cinquantaquattro anni affrontava ascensioni di estrema difficoltà, e la maggior parte delle volte le compiva senza guida. Penso che durante le lunghe ore di avvicinamento che precedevano quelle scalate, potesse far maturare e risolvere problemi importanti del suo impegno di capo di Stato. Libero dalla corte e dall'ambiente abituale, ritrovava una feconda fonte di ispirazione nella cornice grandiosa delle Alpi. Non si dice che «gli amanti della montagna conoscono sulle vette una pienezza incomparabile»?

Non sempre la discussione politica fu esclusa da quelle escursioni. Lo vediamo nel caso dell'incontro fra mio padre e la guida Tita Piaz, uniti nell'ascensione del Sasso Pordoi. Tita dichiarò al re: «Sono repubblicano, e lo dico francamente». Alberto rispose: «È un vostro diritto». E Piaz stupito: «Come, voi siete re e ritenete mio diritto essere repubblicano?». «Sì, perché ciascuno in politica ha diritto di pensarla come meglio crede.»

Piaz non si ritenne soddisfatto di quella spiegazione e si lanciò in aspre critiche alle quali il re sorridente rispose non senza senso dell'ironia: «Se permettete, signor Piaz, conosco probabilmente questo problema meglio di voi, dato il mio mestiere...».

La conversazione proseguì amichevolmente.

Talvolta trascorrevamo alcune settimane di vacanza famigliare in un luogo di soggiorno montano. Mio padre partiva di là per una o l'altra delle sue ascensioni. In sua assenza facevamo grandi passeggiate nei boschi di larici, con nostra madre. Così accadde a Cortina d'Ampezzo nel 1912.

Trovarmi per qualche tempo nell'ambito intimo della famiglia riunita era per me una gioia tanto più grande in quanto rara. Aspettavamo con impazienza il ritorno di mio padre dalle sue scalate. Tornava con la pelle brunita dal sole, avendo ogni volta perduto il pince-nez (ne portava sempre molti di ricambio!), col colletto aperto, un gran fazzoletto attorno al collo, la piccozza in mano, le enormi scarpe rumorose che tanto mi impressionavano. Aveva, infine, la corda sulle spalle e qualche stella alpina in mano. Ogni tanto il grande seguace della roccia si degnava di unirsi alle nostre passeggiate, a piedi o in carrozza.

Una volta, durante la fienagione, alcune donne, la testa coperta di nero, vennero a chiedere l'elemosina. «Sono italiane del Friuli» ci disse il cocchiere. Mio padre diede loro delle monetine. Le donne si profusero in «Grazie, signore, grazie, che Dio la benedica». Era la prima volta che sentivo questa lingua così armoniosa e musicale.

Qualche volta capitò che mia madre accompagnasse mio padre nelle scalate alpestri. In quelle occasioni egli ammirava l'agilità e il coraggio della sposa, tanto più in quanto sapeva che quello sport non era fatto per la costituzione fragile e delicata di lei.

Proprio come mio padre, mia madre aveva bisogno di un diversivo all'impegno di regina, e lo trovava nell'amore per la musica e nella passione per il violino. Già dai tempi del fidanzamento Alberto aveva vivamente incoraggiato Elisabetta; le aveva scritto:

«...Sono felice di sapere che suoni il violino. È bene che ti eserciti in quell'arte, perché hai molta predisposizione».

Per tutta la vita Elisabetta del Belgio coltivò la musica, e in specie il violino, con un fervore e una costanza esemplari. Lungi dall'essere una dilettante, che nell'arte cerca soltanto un piacere fugace, mia madre si esercitava allo strumento con coscienza e accanimento. Ysaye fu il suo maestro. Quando partiva in tournée si faceva sostituire da un suo eccellente allievo, il professor Dern. Ogni giorno a palazzo attraverso le porte si sentivano frammenti di sonate di Bach, di Mozart o di Beethoven, instancabilmente ripetuti.

Tuttavia gli anni dell'adolescenza di mia madre trascorsero all'ombra della malìa wagneriana. Il fidanzato, iniziato da lei, condivise l'entusiasmo per il maestro di Bayreuth. All'opera di Monaco Alberto, affianco alla giovane compagna, ebbe la rivelazione di quell'arte esaltante, «la sola che mi procuri un sentimento di totale compiutezza».

Elisabetta era talmente imbevuta di mitologia wagneriana che mentre aspettava il ritorno di Alberto dal Congo gli scrisse: «Sono contentissima del tuo ritorno. È un sentimento inesprimibile, e lo provo già dall'idea di rivedere la grande nave che ti riporterà come Lohengrin. Ma non dovrai come lui ripartire».

Mi viene da sorridere se ripenso agli appartamenti dei miei genitori, coi muri tappezzati di fotografie di prosperosi interpreti nei ruoli di Lohengrin, Sigfrido, Brunilde e via elencando. L'apparato scenico di quell'epoca oggi ci pare ridicolo e grottesco. Tentavo di stare attenta alle storie fantastiche di quegli eroi mitici; mia madre me le narrava con passione.

Quando Elisabetta sposò il principe Alberto la corte del Belgio non aveva una vera tradizione musicale. Non diceva forse re Leopoldo II: «La musica, quel rumoraccio che costa caro... ma mia moglie va al concerto»?

Durante i primi anni in Belgio mia madre trovò molteplici difficoltà, quando volle riunire attorno a sé musicisti di vaglia. Scrisse:

«Ieri pomeriggio ero da mia sorella, Maria Gabriella, a un incontro musicale. C'erano soltanto artisti. Era molto interessante. Vorrei avere incontri simili a Bruxelles. Ma non so: chi potrebbe organizzarli?».

Diventata regina, com'è ovvio, ebbe maggiori possibilità, e poté realizzare uno dei suoi sogni più diletti: innalzare il proprio amore per la musica fino al più illuminato dei mecenatismi. Questo argomento sarà sviluppato in altri capitoli. Tuttavia anche quello era uno degli aspetti del suo impegno di sovrana.

Ma innanzi tutto il violino. Soltanto il violino era per mia madre quel che l'alpinismo era per mio padre: una nobile evasione dagli impegni pesanti della sovranità.

## XI

## PRIMA DELLA BUFERA

1909-14: quel primo periodo del regno di Alberto I è stato definito «i giorni del piacere». Ma vi furono anche giorni di sofferenze, di preoccupazioni, di gravi affanni, ch'egli seppe accettare con piglio riflessivo e sereno.

Con mia madre fece una serie di viaggi ufficiali, in Francia, in Germania, in Austria, in Olanda. Ero allora troppo piccola per avere un'idea ben precisa della vita pubblica dei miei genitori. Così di quel tempo non mi restano che immagini fuggevoli: cerimonie dove dovevo fare la brava, vesti di cintola larga e di stoffa marezzata che non dovevo sgualcire, la tata autoritaria, personaggi di corte indifferenti, e infine apparizioni lampo di mia madre in gran gala... Poi periodi di vacanze, durante i quali di colpo papà e mamma diventavano più vicini, più accessibili.

L'8 maggio 1911 il presidente Fallières e sua moglie vennero a render visita ai sovrani. Era il primo capo di Stato francese, dopo Napoleone, che veniva in forma ufficiale in Belgio.

All'arrivo degli ospiti, nel salone d'ingresso di Laeken, noi bambini ci tenemmo giudiziosamente allineati dietro i nostri genitori. Vedo ancora gli ospiti scendere dalla vettura: erano enormi, tutti e due. Fallières aveva ghette e panciotto bianchi, la barba curatissima; la signora indossava un immenso cappello di tulle e un abito di pizzo bianco che metteva in evidenza un petto prosperoso. La loro familiarità piena di bonomia conquistò il popolo di Bruxelles, mentre quello che veniva chiamato «quartiere Leopoldo» [l'aristocrazia belga] si astenne dal presenziare a qualunque manifestazione in favore di quei troppo democratici rappresentanti della Terza Repubblica.

Ho sotto gli occhi la lettera di ringraziamento che il presidente inviò a mia madre:

«...Fra tanti ricordi che porto con me dell'indimenticabile viaggio, durante il quale sono stato colmato di tante cortesie, il più prezioso sarà la giornata a Laeken, nel corso della quale ho potuto incontrare Vostra Maestà e i suoi figli incantevoli. Il piacere che ho potuto procurar loro portando qualche giocattolo parigino non ha certo eguagliato quello che ho provato all'essere da loro accompagnato, con Sua Maestà il re, nella passeggiata per le serre».

Nell'estate 1911, con un caldo torrido, i miei genitori ricevettero a Bruxelles la visita della regina Guglielmina dei Paesi Bassi, accompagnata dal marito principe consorte. Non gli fu fatto fare il tradizionale giro delle serre a Laeken, dato che la regina non si interessava ai fiori – e ancor meno si interessava alla musica.

Nel parco del palazzo ella ci colmò di doni. I miei fratelli ricevettero una splendida vettura dei pompieri. Ci affrettammo a riempirla d'acqua, e immediatamente tutti i presenti furono annaffiati, regina compresa. Il suo abito di tela nocciola chiaro, con lo strascico, tutto annerito e inzuppato, sottolineava maggiormente la sua pinguedine! I miei genitori non osavano lasciare libero sfogo all'ilarità, mentre Guglielmina rise così di cuore che fummo rassicurati sulle conseguenze della nostra sfrontatezza.

In onore degli ospiti vi fu una serata di gala al teatro de La Monnaie. Supplicai i miei genitori di farmi assistere. Ma avevo cinque anni, non era pensabile che potessi partecipare. Con gran tristezza vidi i miei fratelli partire, vestiti coi loro costumi da paggi: calzoni di raso, cappa e spada; sfoggiavano la decorazione del gran cordone dell'Aquila Nera d'Olanda, data loro proprio quel giorno. Nella stessa occasione mio padre concesse a Leopoldo il titolo di duca del Brabante e a Carlo quello di conte di Fiandra. Offesissima di essere stata esclusa dagli onori, protestai apertamente, e pretesi che mi venisse dato perlomeno il titolo di principessa del Congo.

Anche l'imperatore Guglielmo, accompagnato dall'imperatrice e dalla figlia Vittoria Luisa, venne a Bruxelles. Essi sfilarono in una carrozza alla daumont, dinanzi a una folla freddina, trattenuta da truppe numerose perché si temeva una dimostrazione. Soltanto la stampa di orientamento conservatore manifestò sentimenti germanofili.

Mio padre rispose intenzionalmente in francese al brindisi in tedesco dell'ospite.

Il Kaiser mi fece una grande impressione, a causa dei mustacchi a punta, delle risate fragorose e dell'esuberante cordialità. Noi piccoli lo trovavamo divertente. C'era in lui un lato teatrale, degno di un guitto, ch'era fatto per piacere ai bambini.

Mio padre ne era esasperato. Niente lo irritava più delle smargiassate e delle «gaffes» intenzionali dell'imperatore. Infatti si permise di dichiarare in tono confidenziale che non aveva nessuna intenzione di annettere il Belgio, perché non ci avrebbe guadagnato nulla «dato che questo popolo è intrattabile».

A palazzo, passando dinanzi alle vetrine che contenevano preziose porcellane di Sassonia, voltandosi verso di noi disse con mimica adeguata: «Badate a che il mio seguito non ve le rubi tutte!».

Prima di ripartire l'imperatore mi fece dono di un magnifico cavallo a dondolo e di una uniforme completa degli ulani: corazza, elmo e spada. Il suo aiutante di campo mi aiutò a indossarla e a montare sul destriero. Dinanzi ai miei fratelli scoppiavo d'orgoglio. Qualche giorno dopo tutto mi fu sottratto, col pretesto menzognero che quella bardatura rutilante non era adatta a una bambina.

Mio padre non si illudeva a proposito delle ambizioni aggressive del suo vicino imperiale. Già nel 1902, quand'era ancora soltanto il principe Alberto, aveva manifestato i propri timori a proposito della mistica tedesca del «Deutschland über alles»:

«...Il Kaiser ha fatto di recente un discorso che prevede la supremazia mondiale dello spirito germanico. Credo che tale ideale sia ancora lontano. Per convincersene basterebbe passare la frontiera... ma insomma!».

I timori si accrebbero durante la conferenza internazionale di Algeciras, dedicata alla questione del Marocco. Il 21 febbraio 1906 Alberto scrisse a mia madre:

«...Le novità di questa conferenza paiono allarmanti. Mi pare che i tedeschi dimostrino molta cattiva volontà. Purché non si arrivi a una conflagrazione generale. Sarebbe terribile, e che pericolo per il paese! In quel caso bisognerebbe per davvero insediarsi a Cap Ferrat!».

In visita a Potsdam nel 1912, re Alberto udì con le proprie orecchie il Kaiser che, sostenuto dal suo capo di Stato maggiore, Moltke, si lamentava violentemente degli attacchi della stampa francese, che «mantiene nel pubblico uno spirito di rivincita della guerra del 1870». Mio padre tentò di placarlo, ma tutte le sue parole furono inutili. Guglielmo II giunse fino al punto di affermare brutalmente che ben presto avrebbe posto fine a quello stato di cose, grazie alla superiorità schiacciante del suo esercito, e che in caso di guerra europea la Germania avrebbe sprezzato i propri doveri di garante e avrebbe trascinato il Belgio nella mischia, anche se quello avesse inteso mantenere la più rigorosa neutralità.

Di ritorno a Bruxelles Alberto I fece subito avvisare il governo francese. Con quelle parole il Kaiser aveva confermato l'esistenza del piano Schlieffen, del quale già s'erano impadroniti i servizi segreti francesi. Il piano era stato approvato fin dal 1904 e prevedeva che in caso di conflitto con la Francia gli eserciti tedeschi passassero attraverso il Belgio.

Nel 1912 re Carol di Romania avvisò la sorella, contessa di Fiandra, delle mire tedesche che ponevano il Belgio in grave pericolo. Da più di settant'anni il Paese confidava nella neutralità «eterna» garantitagli dal trattato del 1839. Ma era una sicurezza illusoria. La guerra del 1870 non avrebbe dovuto far comprendere all'opinione pubblica a quale esile filo fosse legata quella sicurezza?

Proprio come i suoi predecessori Alberto I prevedeva la fine del lungo periodo di pace nel quale la società europea s'era cullata. La «belle époque» finiva. E con essa tutto un mondo che oggi ci pare come venuto da un altro pianeta.

Già Leopoldo I, ai suoi tempi, rendendosi conto dei pericoli che minacciavano il nuovo regno, consacrò un'attenzione particolare alle questioni militari, pronto anche ad abdicare se le Camere avessero rifiutato i sacrifici indispensabili alla tutela del popolo.

Con medesimo spirito Leopoldo II ottenne, con gran pena, la costruzione delle fortificazioni della Mosa e della Schelda. Soltanto sul letto di morte, nel 1909, il re ebbe l'ultima soddisfazione di firmare il decreto che istituiva il servizio militare obbligatorio, in ragione di un figlio per ogni nucleo famigliare.

Anche Alberto I dovette scontrarsi con uguali difficoltà: scrollare l'inerzia e l'ostilità dei poteri pubblici. Il 13 settembre 1911, due mesi dopo l'incidente di Agadir, che condusse l'Europa a un palmo dalla guerra, scrisse:

«...Il Paese è molto inquieto a causa di alcune rivelazioni riguardanti la manchevolezza della nostra organizzazione militare. Il governo aveva dato assicurazioni categoriche, oggi contraddette nel modo più assoluto dagli ufficiali più competenti. È, in tutta evidenza, uno stato di cose gravissimo, dato che la prima responsabilità del governo riguarda la sicurezza nazionale. Io sono dunque fermamente deciso ad andare al fondo della questione. Non può che venirne un miglioramento della situazione difensiva del Paese; ma è chiaro che ci saranno dei negligenti da colpire...».

Il 15 settembre segnala ancora:

«...La situazione internazionale pare molto complicata, ed è ben "furbo" chi rischiasse previsioni. Comunque i piccoli Paesi come il nostro devono tenersi pronti, e fare preparativi di difesa, qualsiasi sentimento tale scelta possa provocare nei vicini».

Il 12 novembre annuncia con un certo sollievo:

«...Oggi è stata letta la dichiarazione governativa alle Camere, relativa alla questione della revisione costituzionale».

Il 30 maggio, daccapo:

«...La legge militare [servizio generale] è stata votata con

42 voti di maggioranza. È un grande successo per il governo, e un gran bene per il Paese».

A Bruxelles, nel maggio 1914, quando Alberto I e il re di Danimarca, in visita ufficiale, passarono in rivista le truppe, i soldati furono accolti da acclamazioni e dal grido nuovo «Viva l'esercito!».

«...L'esercito belga, diventato veramente nazionale dopo la generalizzazione del servizio nel 1909 e nel 1913, appariva nelle sue uniformi pittoresche e splendenti quale incarnazione della patria desiderosa di vivere e illuminarsi. Così quando si stagliò l'alta figura di re Alberto in groppa a un cavallo nero ingualdrappato d'oro, quella folla di Bruxelles, un tempo tanto fredda nelle cerimonie pubbliche, parve intendere il significato profondo della giornata.»[7]

Costante preoccupazione del re dei belgi era allora la riorganizzazione e il rafforzamento dell'esercito, come pure lo studio approfondito della condotta da tenersi in caso di guerra. Le sue concezioni, attentamente cogitate, erano concordi in quasi tutti i casi con quelle che venivano insegnate alla Scuola di guerra.

Comprendeva tutta l'assurdità per il Belgio di seguire la dottrina militare francese, che consisteva nell'offensiva a oltranza: guerra significava attaccare sempre continuamente.

La sua prima decisione capitale per il futuro fu il rifiuto di firmare il decreto che l'avrebbe sgravato delle prerogative di capo delle forze armate, in caso di conflitto. Quando i tragici avvenimenti del 1914 scoppiarono, il re Alberto li aspettava a piè fermo.

Seconda parte

# I TRAGICI ANNI DELLA GUERRA

## I

## L'INVASIONE DEL BELGIO

Alla fine di giugno del 1914 soggiornavamo a Ostenda. Il buon dottor Moreau, che mi curava per una bronchite, venne a farmi una visita. Vedendo la sua espressione turbata compresi ch'era accaduto qualcosa di grave. Conversò a lungo a voce bassa con Monsieur Pierre, il maggiordomo. La mia impazienza aumentava, volevo sapere. Il dottore mi mostrò il giornale che aveva in mano. Vidi soltanto che un gran titolo occupava tutta la pagina. Ancora non sapevo leggere.

«Ci sarà la guerra», disse Monsieur Pierre.

«L'Austria mangerà la Serbia in un sol boccone» garantì il dottore.

«Un boccone...» pensai. «Un Paese può dunque essere divorato?»

L'assassinio dell'arciduca Francesco Ferdinando, e di sua moglie Sofia Chotek, a Serajevo, fu il preludio della guerra del 1914-18, che la storia chiamò «la Grande Guerra».

Gli ultimi giorni di luglio ci trovarono tutti riuniti al palazzo di Bruxelles. La situazione internazionale si deteriorava di ora in ora. L'ultimatum dell'Austria alla Serbia rendeva inevitabile la guerra. L'impero austroungarico, spinto dalla Germania, stava per distruggere la Serbia, mentre Guglielmo II, alleato dell'Austria, dichiarava guerra alla Russia e alla Francia.

Il primo agosto gli avvenimenti precipitano. Mio padre scrive all'imperatore Guglielmo II pregandolo di rispettare la neutralità del Belgio. Per tutta risposta il 2 agosto il Kaiser invia un ultimatum che intima al Belgio di concedere il transito alle truppe tedesche dirette contro la Francia. Il 3, mentre l'esercito tedesco invade il Lussemburgo, il governo belga respinge l'ultimatum e invoca il rispetto del trattato di Londra, garante della nostra neutralità. L'Inghilterra dichiara di intervenire al nostro fianco.

Nella notte fra il 2 e il 3 Alberto presiede un Consiglio dei ministri. Il Belgio accetta la guerra. Nella notte dal 3 al 4 viene dato l'ordine di far saltare i ponti della Mosa e le strade fino alla frontiera orientale.

In quei giorni quasi non vidi i miei genitori, com'è ovvio. Mio padre presiedeva sedute che si prolungavano fino a tarda notte. Dalla mia stanza sentivo un continuo viavai di vetture. Tutti parevano tetri. Non mi si raccontava nulla. Il solo Leopoldo si prese la briga di spiegarmi che i soldati belgi venivano mandati alla frontiera per fermare i tedeschi che volevano entrare nel nostro Paese. Mi parlò degli «ulani della morte» – bastò il nome a farmi rabbrividire.

Il 4 agosto alle dieci del mattino mio padre, a cavallo e circondato dal suo stato maggiore, si recò al Parlamento. Noi lo raggiungemmo in carrozza. Il viso di mia madre e quello di Leopoldo mostravano un'espressione di profonda gravità. Io e Carlo comprendevamo soltanto in parte la tragicità della situazione, tuttavia ci comportammo giudiziosamente.

Mio padre apparve alla tribuna. Era calmo, e bellissimo nell'uniforme di campagna, blu scura.

«...Signori,» disse con voce ferma all'Assemblea «mai dopo il 1830 ora più grave di questa ha suonato per il Belgio. L'integrità del nostro territorio è minacciata.

«Fin d'ora, e in previsione di ogni eventualità, la nostra valorosa gioventù è in piedi, fermamente determinata, con la tenacia e il sangue freddo tradizionali dei belgi, a difendere la patria in pericolo. A loro in nome della nazione indirizzo un fraterno saluto. Dappertutto, nelle Fiandre e in Vallonia, nelle città e nelle campagne, un solo sentimento serra i nostri cuori: il patriottismo. Una sola visione riempie le anime: la nostra indipendenza minacciata. Una sola speranza si impone alle nostre volontà: la resistenza accanita.

«In queste gravi circostanze due virtù sono indispensabili:

il coraggio, calmo e fermo, e l'unione di tutti i belgi. Ho fiducia nei nostri destini, un Paese che si difende si impone al rispetto di tutti.»

Quando mio padre pronunciò con voce forte le parole «patriottismo» e «resistenza accanita» l'intera Assemblea si levò in un uragano di applausi. Molti deputati non nascondevano la loro emozione. Sento ancora quel formidabile baccano, provocato da più di duemila persone. Poi il Primo ministro lesse a voce alta la dichiarazione secondo la quale il Belgio avrebbe resistito con le armi all'invasione tedesca. Ancora una volta l'approvazione fu entusiastica.

Il ritorno a palazzo fu una sequela ininterrotta di acclamazioni frenetiche. La folla era scatenata, tanti piangevano. Le guardie civiche, che formavano i cordoni lungo la strada in vece dell'esercito già alla frontiera, lanciavano urrà brandendo i fucili. Una guardia, con la baionetta si bucò il cappello piumato.

Quel 4 agosto compivo otto anni, e tuttavia i miei genitori non comparvero a cena.

Il giorno successivo mio padre raggiunse il Gran Quartier generale, insediato a Lovanio. Prima di lasciare la capitale emanò un proclama all'esercito:

«...Valorosi soldati di una santa causa, i vostri concittadini sono fieri di voi. Voi trionferete, poiché siete la forza messa al servizio del diritto. Soldati, io lascio la capitale per mettermi alla vostra testa».

Partirono per raggiungere le proprie unità anche i due ufficiali-precettori dei miei fratelli, il maggiore de Groote nella divisa verde e gialla dei cacciatori a piedi, e il luogotenente de Nève de Roden nell'uniforme delle guide, calzoni rossi e kepì piumato – tenute più adatte a una parata militare che a una campagna di guerra.

Miss Hammersley non faceva che ripetere: «...Carta straccia, carta straccia, non è altro!». Era la battuta, rimasta celebre, del cancelliere von Bethmann-Hollweg, che così aveva definito il trattato di neutralità belga.

Il palafreniere invece sussurrava senza tregua: «La guerra, la guerra, che iella!».

Nei giorni successivi il palazzo di Bruxelles si trasformò in ospedale. Centinaia di letti bianchi si allineavano nella fuga dei grandi saloni. Sopra ogni lettino attaccavamo quattro bandiere tricolori: di Belgio, Francia, Gran Bretagna e Russia. Amavo fare quel lavoro, mi faceva sentire importante.

Circolavano voci contraddittorie, qualcuna giungeva persino ad accusare mio padre di aver firmato un armistizio con Berlino. Philippe Berthelot, allora direttore generale del Quai d'Orsay, si precipitò fino a Lovanio per sapere se tali voci fossero fondate. Mentre Alberto I non aveva mai neppure per un istante accettato l'ipotesi di scendere a patti con l'invasore. Aveva sempre categoricamente respinto tutte le offerte del Kaiser.

Si parlava anche di grandi vittorie dell'esercito belga, che ricacciava il nemico oltre confine... Ma la verità, ahimè, era un'altra!

Molto presto le notizie dal fronte divennero allarmanti. Sottoposto alla violenta pressione delle divisioni di von Kluck a nord e di von Bülow a sud l'esercito belga aveva già perduto 12.000 uomini. Mi provocò brividi d'orrore la notizia che la Mosa trasportava centinaia di cadaveri.

Dopo l'eroica difesa dei forti di Liegi e di Namur, caduti in pochi giorni perché bersagliati dal tiro dei cannoni da 420, l'esercito belga fu costretto a stabilire la propria successiva linea di difesa sui corsi d'acqua della Gette e della Dyle, e infine a radunarsi nella piazzaforte di Anversa, ultimo bastione trincerato del nostro Paese prima di Ypres e della pianura delle Fiandre.

Mio padre ordinò il ripiegamento per salvare l'esercito dalla distruzione totale. Tale decisione fu contestata vivamente dallo stato maggiore francese e anche da quello belga. Le nostre truppe però non potevano tenere testa alle crescenti forze nemiche: 550.000 uomini irrompevano nel Belgio, riducendolo a un grande campo di battaglia.

Il generale von Kluck, comandante della I armata (forte di 160.000 uomini), nelle sue *Memorie* scrive che aveva l'ordine di dividere in tronconi l'esercito belga al fine di tagliarlo del tutto fuori dalla base di Anversa.

Il coraggio dei soldati belgi, e la rapida ritirata dell'esercito su Anversa, contribuirono certo a ostacolare il piano del Kaiser, il famoso piano Moltke, che prevedeva di «far deporre subito le armi ai belgi».

Mio fratello Leopoldo avvisò che i tedeschi si avvicinavano, per cui dovevamo partire tutti per Anversa. «Quanto mi scoccia questo viaggio!» ribatté Carlo, che già allora detestava i trasferimenti.

Il 17 agosto lasciammo Bruxelles. Avevamo pochi bagagli, portai con me Nounours e Jacky, i miei animaletti di peluche. La strada per Anversa mi parve lunga. Eravamo scortati da vetture di gendarmi e di dignitari di corte, fra i quali il generale Jungbluth, capo della casa militare, e Monsieur Ingelbleck, intendente della lista civile. Lungo tutto il percorso incontrammo carri militari e reggimenti di guide.

Infine apparve all'orizzonte la cuspide della cattedrale di Notre Dame. Ci stavamo avvicinando alla città.

Appena fummo sistemati ad Anversa mia madre decise di tornare a Bruxelles per visitare i primi feriti che dal fronte erano stati trasportati a palazzo. Fu veramente difficile dissuaderla, dovette intervenire il Gran Quartier generale.

Il 19 agosto i tedeschi entrarono a Lovanio e il furore teutonico diede alle fiamme l'impareggiabile biblioteca della città.

Il 20 i tedeschi entrarono a Bruxelles, e le loro truppe per due giorni sfilarono per le vie al suono dei pifferi e dei tamburi. L'invasore si dirigeva verso occidente.

Ad Anversa andammo ad abitare in un vecchio palazzo polveroso, costruito nel secolo XVIII da un ricco patrizio e poi sontuosamente «modernizzato» da Napoleone I, che aveva capito il vantaggio rappresentato dalla piazzaforte di Anversa contro la «perfida Albione». Dappertutto scintillava il monogramma «N», circondato di allori, e api d'oro erano ricamate su tutte le tappezzerie.

Là noi bambini ci sentivamo più liberi, meno sorvegliati che a Bruxelles. Trascorrevo intere giornate da sola, e la più grande distrazione era ascoltare il cigolio di una vecchia pompa per l'acqua, ch'era nel cortile. Osservavo anche gli ufficiali che a turno usavano, per gli scopi ch'è facile intuire, il fossato destinato a raccogliere l'acqua dei canali.

Visitammo più di una volta i forti che circondavano la città. Rivedo le loro grandi cupole mimetizzate sotto la verzura. Venivamo accolti con gioia dai soldati, che avevano i berretti tondi con coccarde tricolori e la divisa blu scuro dei reggimenti di linea. Allora tutti erano convinti che quelle belle fortificazioni potessero resistere a ogni assalto.

Nella notte fra il 24 e il 25 agosto Miss Hammersley entrò nella mia camera e gridò: «Bombe, bombe, uno zeppelin sorvola la città». Si udirono detonazioni di violenza inaudita. I vetri tremarono. Poi tornò la calma.

Il giorno dopo il cameriere Gilbert ci servì la colazione tenendo il colletto rialzato sul collo. Disse ch'era per proteggersi dai frammenti di granata!

Il re Giorgio V d'Inghilterra inviò a re Alberto questo telegramma:

«...Inorridisco nel venire a conoscenza del pericolo da voi tutti corso ieri a causa del lancio di bombe. Spero che la regina e i vostri figli non abbiano troppo sofferto del colpo. Seguo con ammirazione le gesta del vostro valoroso esercito. Giorgio R.I.».

Dopo l'incursione fu deciso che di notte lasciassimo la città. Fin dal 26 sera nostra madre ci condusse verso una destinazione sconosciuta, muniti soltanto di un pigiama e di uno spazzolino da denti a testa. All'uscita della città una sentinella ci salutò. Leopoldo avrebbe voluto rispondergli ma nostra madre gli disse: «Stai buono, non dobbiamo essere riconosciuti». Carlo ed io eravamo rannicchiati sul fondo della vettura.

Finalmente verso le undici, dopo aver attraversato un grande parco, ci fermammo dinanzi a una villa.

Trascorsi la notte nella camera di mia madre. Per me era un avvenimento! Per mantenere mamma sveglia e in mia compagnia simulai paura ripetendo senza tregua: «I tedeschi arrivano, eccone uno col suo elmetto a chiodo». Ahimè, la piccola commedia non ebbe successo, e il giorno dopo dovetti cambiare camera.

Per tutto il giorno la contessa di Caraman-Chimay non smetteva di dire, guardandomi di sbieco: «Questa povera regina non ha neppure dormito».

La mattina, prima del ritorno ad Anversa, in sala da pranzo trovammo su un grande tavolo cesti pieni di frutti deliziosi. Ricordo ancora degli enormi grappoli d'uva: per una volta potemmo gustarne a sazietà. Poi fummo autorizzati a esplorare il parco. Che gioia trovarci noi tre bambini assieme a nostra madre, finalmente soli! Quel luogo incantevole si chiamava «Voshof» e, come in una fiaba, i nostri ospiti rimasero invisibili.

I piccoli viaggi notturni e misteriosi durarono, ahimè, non più di pochi giorni. Soltanto l'ultima mattina intravedemmo il proprietario, Monsieur Osterrieth.

Mio padre prevedeva l'assedio di Anversa e ritenne più prudente mandarci in Inghilterra. Il 31 agosto alle otto del mattino ci imbarcammo sulla *Jan Breydel*. Per evitare le mine il bastimento costeggiò la riva destra della Schelda, attraversando le acque territoriali dell'Olanda, Paese neutrale. Un battello da guerra olandese ci seguì e si allontanò quando, alla foce del fiume, avvistò i due incrociatori e i due cacciatorpediniere britannici venutici incontro per scortarci nella traversata. Il mare era olio. Carlo e io, seduti sul cordame, disegnammo tutto quel che passava nella nostra immaginazione infantile. Leopoldo si prendeva cura di nostra madre. Noi lo trovavamo ormai troppo serio per coinvolgerlo nei nostri giochi, e lui ci riteneva troppo piccoli.

Stormi di gabbiani volteggiavano sopra la nave. Ben presto le bianche scogliere d'Albione sorsero all'orizzonte. Poi vedemmo Dover, le fortificazioni e l'austero castello dei re normanni.

A Folkestone prendemmo il treno per Londra. Per accompagnarci erano stati incaricati tre ministri di Stato belgi. Non li vedemmo, e neppure sapemmo perché avessero perduto la coincidenza. Mia madre suppose avessero dormito fino a tardi! Dall'Inghilterra quei signori dovevano proseguire per l'America, con la missione di commuovere l'opinione pubblica di quel Paese e ottenere aiuti alimentari.

Ci furono riservati uno scompartimento e un gustoso *high tea*. Approfittando dell'oscurità di un tunnel mio fratello e io divorammo tutti i dolci migliori.

Alla Victoria Station prendemmo un treno per Basingstoke, nell'Hampshire, dove ci aspettava Lord Curzon, che ci aveva invitati nella sua bella tenuta di Hackwood. Nostra madre ci avrebbe affidati a lui.

Quel sorprendente personaggio, ex viceré delle Indie e futuro ministro degli Affari esteri, aveva un portamento altero. Il suo viso, sormontato da una larga fronte stempiata, era incorniciato dai favoriti.

Senza perdere un minuto - aveva sempre fretta - baciò in fretta e furia la mano di mia madre e ci spinse dentro un'auto. Ma ben presto, affascinato dalla grazia e dalla gentilezza di Elisabetta, le si dedicò completamente e non badò più che a lei.

Ella seppe ammansire molto rapidamente quel grand'uomo dal carattere difficile. Il che in seguito le facilitò il ruolo di messaggera fra mio padre e colui ch'era diventato direttore del Foreign Office.

## II

## L'ASSEDIO DI ANVERSA

Mentre per noi bambini i giorni trascorrevano spensierati e felici in Inghilterra, grazie alla paterna ospitalità di Lord Curzon, i nostri genitori stavano per vivere ad Anversa uno dei periodi più difficili della guerra.

Dopo il 19 agosto tutto l'esercito belga - sette divisioni (più di 90.000 uomini) - s'era ritirato nel campo trincerato di Anversa, solidamente difeso da una tripla cinta di fortificazioni. Per tutto il Belgio, e anche per il mondo intero, la perdita del grande porto sulla Schelda avrebbe significato la fine dell'indipendenza belga. I fatti avrebbero dimostrato che così non era, e la stupefacente, e vittoriosa, resistenza sull'Yser ne sarebbe stata la prova.

La popolazione credeva che la città e il porto di Anversa fossero inespugnabili. Ma le intelligenze avvedute, come quella di mio padre, prevedevano che presto o tardi vi sarebbe stato un assalto massiccio del nemico, sostenuto dai famosi cannoni da 420. I tedeschi non avevano già ridotto al silenzio, in meno di dieci giorni, i forti della Mosa?

Pur chiedendo la resistenza a oltranza, il re aveva preso le disposizioni necessarie per il caso in cui Anversa cedesse. Le truppe sarebbero partite verso la costa.

All'occorrenza sarebbe spettato agli alleati proteggere quell'esercito già tanto provato dalle battaglie affrontate eroicamente.

Mio padre, unico sovrano che comandasse effettivamente le proprie truppe, era interamente immerso nella condotta delle operazioni militari. Al suo fianco per tutti e quattro gli interminabili anni di guerra mia madre dispiegò una attività instancabile. Mi ha lasciato in legato testamentario le sue agende, contenenti brevi note personali scritte a matita, giorno dopo giorno, dalle quali estrarrò molti passi. Sono una preziosa testimonianza dell'atmosfera e degli avvenimenti quotidiani che il destino impose alla giovane coppia reale nel corso di quella drammatica odissea.

Senza alcuna pretesa letteraria queste semplici annotazioni rivelano la lotta decisiva condotta durante quelle poche settimane, settimane cruciali, forse determinanti per la positiva riuscita finale.

Da esse emergono con evidenza la calma e la ponderatezza di mio padre, come pure il suo innato buonsenso e la volontà perseverante di far prevalere il proprio punto di vista – il tutto nonostante una modestia che non si smentisce mai, tratto di carattere abbastanza raro fra i militari.

In mia madre, come scrive il generale Galet «possiamo ammirare lo zelo inventivo che s'era subito scoperto un ambito d'iniziativa che gli era proprio, e dal quale ella non uscì mai, cioè le cure ai feriti e il conforto morale ai combattenti».

E Galet aggiunge: «Ma al di sopra di tale attività benefica d'ordine generale, la regina esercitò sul re e su noi tutti un'influenza fra le più felici, soprattutto nelle cattive giornate. Non perse mai la fiducia né il buonumore, e per quanto scura fosse la situazione o apparisse l'avvenire, ella trovava sempre le parole d'incoraggiamento che riuscivano a riconfortarci».[8]

Pur soffrendo crudelmente per la separazione dalla famiglia bavarese, su questo tema Elisabetta non si lasciò mai sfuggire un lamento, e si identificò così totalmente nelle esigenze e nei desideri della nuova patria che mai nessuno si ricordò delle sue origini tedesche. Da parte sua fu un vero prodigio d'adattamento.

Dopo averci lasciati a Hackwood mia madre raggiunse mio padre ad Anversa, nel disagio di un palazzo semivuoto.

Ella scrive l'8 settembre: «Quando arrivo tutto è imballato per una eventuale partenza. Non ho quasi più nulla da mettermi, e neppure un libro da leggere. Non importa, si troverà altro. Alle sei e mezzo il ministro Berryer e Monsieur

Schollaert, presidente della Camera, vengono a trovarmi. Gli consegno un messaggio di Lord Asquith sulla questione dei rifugiati belgi in Inghilterra».

Il 10 settembre: «Vado a trovare gli Ernest di Ligne, che hanno or ora sepolto il figlio, Baldovino, ucciso da sei pallottole alla testa. Alle cinque e mezzo assisto alla partenza per l'Inghilterra dei rifugiati. Lo zeppelin è annunciato per questa notte».

Dall'11 settembre mio padre fissò il suo Quartier generale a Lierre, 21 chilometri a sud-est di Anversa. L'importanza della località era data dalla fortezza, che faceva parte della prima linea di difesa della metropoli.

Mia madre trascorreva la maggior parte del tempo a Brasschaat, piccolo villaggio a nord di Anversa, dov'era l'ospedale militare destinato a ricevere i feriti dal fronte. Il servizio era diretto dal dottor Melis, capo del servizio sanitario dell'esercito.

11 settembre: «Lo zeppelin non è venuto. Le notizie degli alleati sono ottime. Alle quindici e quindici parto per Anversa. Alle sedici e quarantacinque Sir Frances Villiers, ministro di Gran Bretagna, viene a casa. Alle diciassette e venti vado al pronto soccorso Santa Elisabetta...».

Joffre aveva vinto la battaglia della Marna (6 e 7 settembre), così fermando l'offensiva nemica. La IX armata di Foch, l'armata britannica di French e la V armata di Franchet d'Esperey avevano costretto la I e la II armata di von Kluck e di von Bülow a ripiegare sull'Aisne. La famosa marcia «Nach Paris», tanto attesa dal Kronprinz, si rivelava illusoria.

12 settembre: «Ottime notizie dei francesi. L'ala destra e il centro dei tedeschi cedono. Il nemico indietreggia di 75 chilometri. Alberto viene a pranzo a Brasschaat. Quindici e quindici, partenza in auto per Anversa. Sedici e quarantacinque, dottor Melis. Le notizie dalla Francia continuano a essere buone. Anche le nostre truppe avanzano. Hanno ripreso Aarschot e Vilvorde».

13 settembre: «Messa ad Anversa. Alberto viene a pranzo. Sempre buone le notizie dalla Francia. Sedici e trenta, vado al pronto soccorso».

14 settembre: «Pioggia e tempesta nella notte. Passeggiata con Alberto, nel parco, a Brasschaat. Prima volta che pranziamo a mezzogiorno! Alberto riparte per Lierre alle quindici. Alle sedici e trenta vado al pronto soccorso inglese. Alle diciotto il principe Kudaciov, addetto alla legazione di Russia in Belgio, viene a casa. Ieri è stato a Malines con Villiers e Giuvara, ministro rumeno, che a ogni colpo di cannone voleva fuggir via, dicendo che rappresenta un Paese neutrale, e che il suo posto non è fra le cannonate».

Il principe russo Kudaciov, in qualità di ambasciatore russo in Belgio, trasmise il messaggio del ministro socialista belga Vandervelde ai soldati russi affinché sostenessero lo sforzo di guerra nonostante la loro opposizione allo zar.

15 settembre: «Alberto parte per Lierre dopo essere andato a cavallo a Wilryk per vedere gli aeroplani. Alle quindici e trenta in auto ad Anversa. Sedici e trenta ospedale di pronto soccorso Sant'Erasmo, a Borgerhout. Non è pulitissimo. Alle diciotto il legato di Francia a Bruxelles viene a casa».

17 settembre: «Vento e pioggia formidabili. Oggi non si sa nulla. Situazione grave, forse decisiva. Sei e trenta, maggiore Gordon, segretario del duca di Wellington. Ventidue, nel parco una sentinella belga quasi ci attacca».

18 settembre: «Situazione immutata. Quattro e trenta, ospedale di pronto soccorso Santa Elisabetta. È annunciato l'arrivo dei grandi cannoni tedeschi».

19 settembre: «*Drache* tutta la giornata. Buone notizie dalla Francia. Alberto torna alle ventuno e quindici».

20 settembre: «Statu quo. La durata diventa nuovamente motivo d'inquietudine. Siamo un po' depressi, ma speriamo in domani. Alberto torna alle ventuno e trenta».

L'attesa di notizie dal fronte era perpetuo motivo d'apprensione.

22 settembre: «La cattedrale di Reims distrutta dai tedeschi, l'hanno bombardata tutto il giorno. Non una parola per dire quel che si prova. Desiderio di piangere. È quasi impossibile crederci».

23 settembre: «Statu quo in Francia».

24 settembre: «Piuttosto meglio in Francia. Purché riesca

il movimento avvolgente dell'ala sinistra alleata! Sedici e trenta al pronto soccorso. Molti feriti belgi, e una trentina di feriti tedeschi nel sotterraneo con tre gendarmi dinanzi alla porta. Sono ben sistemati, dicono di essere curati benissimo e hanno un'aria contenta. Alle venti e trenta vedo Mademoiselle de Bassompierre [sorella del ministro del Belgio] che torna da Londra e domattina alle sei parte tutta sola per Bruxelles».

25 settembre: «All'una e mezzo del mattino battono con vigore due volte alla porta: "Sire, sono io, Jungbluth. Génie [ufficiale francese di collegamento] e Galet sono venuti, in auto, per dire che il Quartier generale francese chiede una sortita della guarnigione belga, per fermare il corpo d'armata tedesco in Belgio che si prepara a partire per rafforzare l'ala destra nemica nei pressi di Saint Quentin"».

Ecco il testo della richiesta di Joffre: «Offensiva franco-inglese imminente. Il Gran Quartier generale ritiene che sarebbe opportuna una azione immediata dell'esercito belga sulle comunicazioni tedesche».

Il re declina la richiesta, considerandola pericolosa. Le informazioni di mio padre, provenienti da un distaccamento militare che operava nei dintorni di Visé, erano opposte a quelle del Gran Quartier generale francese, e dicevano che il nemico rafforzava gli effettivi dinanzi ad Anversa. «Truppe tedesche accompagnate da carriaggi e artiglieria, circa cento cannoni e trecento grossi pezzi, hanno attraversato Liegi il 23 settembre. La sfilata è durata cinque ore. Quelle truppe affermavano di venire da Nancy e dirigersi verso Anversa».[9]

Il comando francese minimizzava le forze dell'avversario ed esigeva dall'esercito belga isolato uno sforzo inutile che poteva concludersi soltanto con uno scacco.

La prima richiesta francese fu seguita da una seconda: «La battaglia è ingaggiata alla nostra ala sinistra, i tedeschi paiono avervi portato quasi tutte le loro forze dal Belgio. È giunto il momento che l'esercito belga agisca sulla linea di collegamento, si prega di chiederglielo».

L'esercito belga non poteva attaccare un nemico molto superiore in forza offensiva. Ancora una volta il Gran Quartier generale francese non era bene informato sugli schiaccianti rinforzi tedeschi che si dirigevano verso Anversa.

Torniamo all'agenda di mia madre. 26 settembre: «Sedici e trenta, pronto soccorso ospedale militare, feriti belgi e tedeschi. Un tedesco in agonia. Hanno tutti l'aria depressa e triste. Buone notizie delle nostre truppe e degli alleati».

27 settembre: «Il conte van den Steen [segretario della casa civile] viene a pranzo a Brasschaat. Siamo seduti tutti e tre nel salone accanto al fuoco. Fuori freddo, qui caldo. Siamo tutti inebetiti. Van den Steen, che viene dall'Olanda, racconta cose interessanti di quel Paese, allora ci svegliamo per un momento».

28 settembre: «Piove a dirotto. Quindici e quindici, partenza dall'ospedale di Brasschaat per Anversa. Sedici e trenta, pronto soccorso franco-belga. I soldati sono ben curati ma le sale sono troppo riscaldate. Alle ventuno fra Brasschaat e Anversa le sentinelle hanno sparato sulla nostra auto e una palla ha attraversato il cappello di Marguerite [fedele prima cameriera di mia madre]. Le sentinelle invece di essere sulla strada erano rannicchiate nel fossato».

Per tranquillizzare la popolazione i miei genitori dal 28 settembre non lasciarono più Anversa. Il Gran Quartier generale al completo lasciò Lierre per chiudersi nella metropoli.

Gli avvenimenti precipitano. Il 27 settembre comincia l'assedio della città. La grossa artiglieria nemica tira sulla prima linea di fortificazioni, e continua fino alla capitolazione di Anversa, l'11 ottobre 1914.

«I tedeschi bombardano il forte di Waelhem con grossi cannoni. Alle undici Mademoiselle de Bassompierre torna da Bruxelles e si ferma qui prima di partire per l'Inghilterra. Aveva parecchie lettere di abitanti di Bruxelles e per strada ha dovuto distruggere tutto. Attorno a mezzogiorno parto per Brasschaat. Alle sedici Mademoiselle de Bassompierre torna per prendere alcune lettere per l'Inghilterra, e racconta di Bruxelles. Passiamo la serata a sferruzzare, isolate, senza notizie, adirate contro gli uomini!»

Mia madre detestava essere tenuta lontana dagli avvenimenti importanti.

30 settembre: «I francesi non si comportano bene nei nostri confronti. Génie, l'ufficiale, è un bugiardo».

Aveva ragione di diffidare dell'addetto militare francese: nei suoi rapporti al secondo bureau si accaniva a tentare di dimostrare l'incapacità del sovrano e la cattiva volontà del Gran Quartier generale a partecipare a un piano di cooperazione militare con la Francia. Génie sosteneva l'opinione di certi elementi del ministero della Guerra e dei Quartier generali belga e francese, che preconizzavano l'abbandono immediato del campo trincerato di Anversa – senza alcun aiuto alleato.

I belgi avrebbero dovuto arrangiarsi! Nessuno pensava al problema posto dalla ritirata dell'esercito belga.

Un'altra linea di pensiero proponeva la difesa a oltranza della fortezza, a costo di farvisi circondare, e la prosecuzione della resistenza fino all'estremo limite.

Mio padre non approvava né l'una né l'altra proposta, e lottò fino alla fine dell'assedio per far prevalere la propria volontà. Secondo lui era necessario che l'esercito ripiegasse verso ovest (Bruges e Ostenda), ma ciò doveva avvenire al momento opportuno.

Torniamo al diario di mia madre. 30 settembre: «Alle diciotto e trenta, quando torno a palazzo, viene il colonnello Fairholme. Poi rientra Alberto e dice che i forti bombardati sono molto danneggiati e che le granate dei cannoni tedeschi, quando passano nell'aria, fanno un rumore di carretti che rotolano».

1 ottobre: «Hanno bombardato per tutta la notte. Alle tre i cannoni dei forti hanno tirato sullo zeppelin. In quel momento dormivo. Alle cinque Jungbluth ha bussato alla porta dicendo che Génie era là con una comunicazione importantissima: "Two divisions will be sent". Alle sette del mattino ricomincia il bombardamento dei forti di prima linea. Manca l'acqua. Faccio un bagno brevissimo. Il bombardamento ricomincia. Entrano in azione la nostra artiglieria di campagna e la fanteria. I tedeschi forzano a metà un intervallo [passaggio fra due forti]. Oggi Pierre [l'intendente di palazzo] parte per Ostenda con tutti i nostri bauli, ci resta soltanto

lo stretto necessario. Marguerite deve comprare della biancheria.»

2 ottobre: «Qui la situazione si aggrava. I forti di prima linea non terranno ancora per molto. Si teme che il nemico forzi il fronte della Nèthe, affluente di un affluente della Schelda. In tal caso l'esercito dovrà ritirarsi e noi saremmo costretti a partire, assieme al governo e ai diplomatici. Si fanno gli ultimi preparativi. Théophile van Dyck [cameriere di mio padre] parte con tutti i "resti". Siamo depressi. Due Taube [aerei tedeschi] passano su di noi. Nel cortile Alberto va avanti e indietro col generale Hanoteau: due leoni in gabbia...».

L'occupazione tedesca del forte di Wawre-Santa Caterina, e della ridotta di Dorpveld, spezzava la prima linea di difesa. Il forte di Lierre cadde il 2 ottobre 1914. Senza esitare mio padre diede l'ordine di passare alla seconda linea di difesa.[10]

Ancora il 2 ottobre mia madre scrive: «Dottor Lambotte, novanta feriti, molti in condizioni gravissime, ma li si cura magnificamente. Locali molto belli. Qui la situazione resta la stessa, i forti continuano a essere bombardati dai 420. Il governo partirà domani. Per tutta la notte abbiamo sentito i soldati che marciavano verso Ostenda. Nonostante tutto il nostro morale è di nuovo buono. A sera uno zeppelin è stato scacciato dagli shrapnel. Alcuni Taube hanno lanciato bombe e un indegno proclama».

3 ottobre: «Si muore dal freddo. Gli inglesi cominciano a preoccuparsi dell'assedio di Anversa. Churchill [a quel tempo Primo Lord dell'Ammiragliato] viene a conferire col governo e con Alberto. Giornata movimentata. Hanoteau ha un aspetto cupo, come Galet. Anche Jungbluth è serissimo. Alle undici passeggio con la contessa di Caraman, raccolgo rose mentre il cannone tuona con spaventoso fragore. Alle sedici da Bruxelles arriva Charles de Ligne, il suo viaggio è durato venticinque ore! Di pomeriggio le notizie sono un po' migliori. Churchill annuncia l'arrivo di truppe inglesi: 2500 uomini stasera, e il resto in dieci giorni. I francesi promettono 25.000 uomini. Tutto dipende dal loro arrivo. Ci si addormenta con maggiore speranza. Alle ventitre e trenta sve-

gliata da Jungbluth: annuncia l'arrivo del colonnello Bridges, inviato dal maresciallo French, comandante in capo delle forze britanniche sul continente. Alle ventiquattro Jungbluth ritorna, la battaglia è stata rimandata».

4 ottobre: «Piovoso. Messa. Passeggiata nel parco. Si sente il cannone. Molti aeroplani inglesi e belgi. Gli inglesi scendono in picchiata più rapidamente degli altri. Siamo sempre lì lì per partire, e questo mi secca moltissimo. Attorno alle diciannove un gran numero di autobus londinesi passano in Place de Meir [Anversa], acclamati dagli astanti. Portano truppe, munizioni, approvvigionamenti ecc.».

Infatti una brigata di Royal Marines, sbarcata ad Anversa la mattina del 4 ottobre, era stata inviata direttamente sulla linea di difesa della Nèthe.

Il maresciallo French informava che a partire dall'8 ottobre tre corpi d'armata britannici sarebbero stati trasferiti da Soissons a Lilla. Mio padre comprese immediatamente che quella manovra avrebbe provocato un pericoloso spostamento di truppe nemiche verso la costa, tagliando così qualunque possibilità di ritirata all'esercito belga, e consegnò subito al segretario del maresciallo questa comunicazione: «La presenza dei tedeschi nella regione di Tournai mi ha costretto già ieri a chiedere l'occupazione di Gand da parte degli inglesi, per coprire l'eventuale ritirata dell'esercito belga. Ora l'occupazione di Gand non è più sufficiente allo scopo. Chiedo che nuove forze occupino non soltanto Gand ma altri punti di copertura».

Il re trovò più comprensione presso Winston Churchill il quale, seduta stante, telegrafò a Londra per ottenere dal governo britannico l'invio immediato di truppe, quante bastavano a difendere i punti nevralgici, assicurando nel contempo la difesa di Anversa con i cannoni della marina e altri rinforzi.

Il ministro della Marina, Lord Kitchener, rispose che avrebbe inviato considerevoli contingenti per soccorrere Anversa. Sarebbero sbarcati il 6 e il 7 ottobre a Zeebrugge.

Churchill aveva compreso la difficile situazione in cui si dibatteva l'esercito belga, per troppo tempo lasciato a se stesso e costretto ad assistere impotente alla distruzione di tutte le proprie fortificazioni. Nelle *Memorie* egli sostiene che l'attacco ad Anversa rappresenta un fatto unico negli annali della storia della guerra: «...L'avanzata metodica delle truppe tedesche [proseguiva] verso il presidio di Anversa, senza ricorrere a operazioni regolari nell'attraversare le linee dei forti dietro una cortina mobile di fuoco, mentre le fortificazioni cadevano una dopo l'altra sotto i colpi di 420 che rendevano insostenibile la resistenza nelle trincee. Mentre il tiro dell'artiglieria si avvicinava e si intensificava, la città manteneva una parvenza di calma, coi suoi bei negozi lungo la Schelda, i suoi palazzi sontuosi dove a tavola servivano domestici impeccabili e premurosi».[11]

Torniamo al diario di mia madre: «Delle autoblindo circolano in città. Winston Churchill resta ancora qui per vedere quel che accadrà. Corre come Logue [dio del fuoco, personaggio di Wagner] nel suo mantello rosso di Primo Lord dell'Ammiragliato, per appiccare il fuoco, accendere tutto, scuotere, mettere premura a tutti, ministri, stati maggiori e truppe. Preconizza la resistenza a oltranza. Settemila soldati inglesi arrivano stasera per aiutare i belgi a tenere la Nèthe. Il barometro morale risale».

5 ottobre: «Brutta notte e febbre. Non esco. Continuano violenti attacchi del nemico contro i forti di prima linea e sulla Nèthe. Winston Churchill corre continuamente sulla linea dei forti. Inglesi e francesi si battono come tigri. Si tiene la Nèthe. Notizie di successi russi. Dal fronte alleato niente di nuovo».

6 ottobre: «Nella notte le nostre truppe hanno respinto l'attacco di Termonde. I tedeschi si sono ritirati, ma hanno attraversato la Nèthe. Il nostro esercito di campagna dovrà passare sull'altra riva della Schelda. A parte ciò aspettiamo con calma gli avvenimenti. Alberto si mostra di primissimo ordine. Gran buonsenso, e coraggio. In questo momento, sono le dieci e trenta, c'è un consiglio di guerra al quale partecipa Winston Churchill. Dopo viene da me. Non ha l'aria di avere speranze di salvare Anversa, nondimeno dice che non

tutto è perduto. Devono ancora arrivare delle truppe inglesi, come pure dei contingenti francesi. Troppo tardi. Vado all'hôtel Saint Antoine a incontrare la principessa Kudaciov. Ci imbattiamo in uno sciame d'api pronte a volar via: l'atrio brulica di diplomatici, ufficiali inglesi ecc. Il governo e i diplomatici, eccettuati inglesi e francesi, si imbarcano sul "baule" che parte alle quattro del mattino. La città è in movimento come un formicaio messo sottosopra».

Churchill, grazie alla sua capacità di intuizione, capiva le situazioni più difficili, ma era talvolta trascinato dal temperamento impulsivo oltre i limiti del possibile. Fu un errore frenare lo slancio dell'impetuoso Primo Lord dell'Ammiragliato che, in un ultimo disperato tentativo, avrebbe voluto lanciare una nuova offensiva per riprendere la Nèthe? Qualcuno non evitò di rimproverargli gli ultimi cinque giorni della resistenza di Anversa, nei quali vedeva la causa diretta della perdita della Fiandra del Nord! Ma chi può negare la grandezza di quell'uomo d'eccezione?

Nelle *Memorie* Churchill rende un magnifico omaggio ai miei genitori: «Ogni giorno che fermava grandi forze tedesche sul fronte di Anversa copriva lo sbarco e lo spiegamento, e accresceva le possibilità di successo. Ma ogni giorno rendeva anche più grande per l'esercito belga il pericolo di essere diviso dagli alleati, se i tedeschi avessero vinto la battaglia. Quella tremenda situazione metteva i capi belgi nell'ansia e nell'incertezza. La difesa fu prolungata di cinque giorni, che ebbero un'importanza capitale. Ma il fronte di Anversa fu spezzato prima che potesse giungere un aiuto effettivo. E ciò nondimeno l'esercito belga di campagna riuscì a liberarsi, sano e salvo. È un'impresa memorabile. Durante quei tragici giorni l'atteggiamento del re e della regina fu magnifico. Non si cancellerà mai dal mio spirito l'impressione che provai vedendo quel re-soldato, serio, calmo, presiedere il consiglio, sostenere le truppe e i capi, mantenere un'indomabile regalità fra le rovine del suo regno».[12]

## III

## LA RITIRATA DELL'ESERCITO BELGA

La ritirata da Anversa cominciò nella notte fra il 6 e il 7 ottobre. Ebbe del miracoloso. È raro trovare negli annali militari un esercito che sia riuscito a lasciare una fortezza assediata e subito si sia ricostituito in una seconda linea, in un nuovo fronte, senza essere spezzato dal nemico. Una delle prodezze militari più rimarchevoli della storia.

L'esercito si distese su un immenso accento circonflesso di centocinquanta chilometri, da Anversa al mare. E fece tutta l'operazione su strade ingombre di migliaia di civili che fuggivano davanti all'invasore in una indescrivibile baraonda e sotto un bombardamento incessante.

Col cuore crudelmente straziato mio padre dovette risolversi ad abbandonare la bella città fortificata, speranza e obiettivo di tutti gli alleati. Avrebbe voluto restarvi e resistere fino alla fine fra le sue truppe; un atteggiamento cavalleresco, certo, e che mia madre avrebbe interamente approvato, ma che sarebbe stato soltanto un gesto inutile, dato che il grosso dell'esercito e il Gran Quartier generale avevano già lasciato Anversa. E mio padre sacrificò lo slancio spontaneo del proprio cuore alle esigenze dettategli dalla ragione in quella drammatica circostanza.

La guarnigione di ventimila uomini rimasta ad Anversa al comando del generale Deguise si arrese l'11 ottobre 1914, dopo dodici giorni di bombardamento continuo e a tappeto.

Il 7 ottobre mia madre scrive: «Il suono del cannone è sempre più vicino. Il bombardamento della città è imminente. Decidiamo di restare ancora durante il primo bombardamento. Vengono fatti partire tutti i domestici e le ultime borse. Restiamo. Verso le tredici si viene a sapere che i tedeschi sono in movimento, con rinforzi, su Termonde. Rischiamo di essere catturati. E con noi le truppe. Si decide di partire alle quattordici. Alberto e io in auto scoperta. Gli altri seguono in auto chiusa. Ingombro sui ponti: soldati, pedoni, carretti trainati a braccia. Alle quattordici e venti siamo sull'altra riva della Schelda».

Cominciò allora la tragica calca dell'esercito e dei civili diretti verso la costa. Le truppe, immerse in torrenti di profughi, si erano trasformate in una massa ingovernabile che bisognava evacuare al più presto. Soldati allo sbando, stralunati, con l'uniforme a brandelli, obbedivano a gran fatica. In mezzo a quel bailamme mio padre esigeva un minimo di disciplina, e non ammetteva che i soldati mancassero di rispetto agli ufficiali – fu una scelta indispensabile per evitare l'anarchia.

Impiegarono un'ora e mezzo per raggiungere Saint Nicolas, che normalmente è a un quarto d'ora da Anversa.

«A metà strada fra Anversa e Bruges, a Saint Nicolas, Alberto va al municipio, dove si trova lo stato maggiore. Io vado direttamente alla residenza di Monsieur Van Naemen, borgomastro. Graziosissima vecchia casa di un bel rosso, costruita nel secolo XIV. Appartamenti primitivi, grazioso giardino. La casa è completamente circondata dall'acqua. L'aspetto è molto poetico. Passeggiamo nei viali, ingialliti e arrossati dall'autunno. Nel frutteto dobbiamo abbassarci sotto i meli e i peri, tanto sono carichi di frutti. Una testa antica, in gesso, su una colonna, circondata da una bordura di crisantemi e di astri color malva. Tutto induce a pensare all'universo balzachiano, anche le tre vecchie signorine della casa, che sono buffissime. Parlano continuamente tutte e tre assieme, proprio come i tacchini. Il borgomastro, loro padre, racconta storie grottesche. Si cena in modo rustico e subito si va a letto. Le stanze sono gelide.»

Nell'ora degli avvenimenti più tragici mia madre manteneva la felice facoltà di sottrarre temporaneamente il proprio spirito alle gravi preoccupazioni presenti. Nella bellezza circostante cercava un conforto morale.

«La situazione è gravissima. Non ci sentiamo al sicuro, potremmo venir sorpresi questa notte stessa. Un cane ulula senza sosta. Jungbluth e la contessa di Caraman sono con noi, gli altri al municipio.»

8 ottobre: «Notte agitata. A mezzanotte spaventosa cannonata. Alberto si alza. Crediamo che il nemico si avvicini. Il comandante di gendarmeria Blanpain va al municipio, dove si trova lo stato maggiore. Da Anversa telefonano che i tedeschi bombardano il lato sinistro della città. Dopo esserci alzati per partire, ci ricorichiamo di nuovo. Ma il cannone tuona così forte che si dorme male. Ogni quarto d'ora un colpo fa tremare i vetri. Alle sei ci prepariamo a partire. Al momento della partenza il borgomastro Van Naemen ci dice molto amabilmente: "Siamo stati felicissimi di avervi da noi. Vi amiamo molto. E dire che tanti vi detestano!". Alludeva ai pochi elementi filotedeschi che sono nella regione? Il Reich approfitta dell'invasione per sovvenzionare quegli elementi... Partiamo. La via è zeppa di truppe, soprattutto artiglieria, seguite dai carriaggi. Alle ventuno arriviamo a Zelzate, piccolo porto sul canale di Terneuzen, alle frontiere d'Olanda. Veniamo ospitati in casa dell'assessore de Clercq».

Il giorno successivo, 9 ottobre, mio padre, attorniato dallo stato maggiore, partì a cavallo per Eeklo, nei dintorni di Bruges. Mia madre distribuì migliaia di sigarette. A Zelzate vi furono scene di panico quando corse voce che un reggimento di ulani stava per penetrare in città. La popolazione atterrita fece ruotare il ponte sul canale di Terneuzen, interrompendo l'esodo in piena notte e causando così un ingorgo spaventoso. Il panico dei civili nasceva dalle voci che narravano le atrocità commesse dai tedeschi nel Belgio occupato.

9 ottobre: «I soldati si avventano sui pacchetti di sigarette. Molti incidenti spassosi. Verso le dieci arrivo a Eeklo. Prendiamo alloggio in casa del deputato Pussemier e della vecchia madre. A poca distanza ci segue Alberto a cavallo. Qui siamo molto ben ospitati, gli abitanti della città sono amabilissimi. La situazione è sempre più grave. Vado a visitare un posto di pronto soccorso».

La ritirata proseguiva, lungo il litorale, protetta dai reggimenti della cavalleria belga, dalle unità della VII divisione britannica e dai fucilieri di marina francesi dell'ammiraglio Ronarc'h.

10 ottobre: «Alle sette Alberto parte a cavallo. Io parto alle nove in auto. Molte truppe inglesi sulla strada, carri. Vediamo de Groote, precettore di Leopoldo, Cattoir e Guy d'Oultremont, anziani ufficiali d'ordinanza. Le sigarette sono sempre apprezzatissime. Nei dintorni di Bruges reincontriamo Alberto. Sale nell'auto e proseguiamo assieme. A Bruges, folla. Verso mezzogiorno arriviamo a Ostenda. Rientrando alla palazzina ci rendiamo conto, bruscamente, della situazione. Curioso sentimento, a ritrovarci qui. Faccio una visita alla principessa Kudaciov, sta meglio».

Mia madre, come ho già detto, si occupava attivamente del problema dei profughi belgi che dovevano imbarcarsi il più presto possibile per l'Inghilterra. Mademoiselle Rossignon era incaricata di tutti gli aspetti pratici riguardanti quell'operazione.

Il 10 ottobre mia madre annota: «Conferenza da Alberto, con lo stato maggiore e i generali Pau e Rawlinson, francese e inglese».

11 ottobre: «Si decide che per nessun motivo l'esercito belga ripiegherà verso la Francia».

Per tre giorni mio padre, assistito dallo stato maggiore, discute col generale Pau, delegato dall'alto comando francese, e col generale Rawlinson, comandante delle forze britanniche sbarcate. Senza tregua egli insiste su tre punti essenziali: primo: mantenere l'esercito belga sul territorio nazionale; secondo: tenerlo sotto il proprio comando; terzo: rifiuto di lanciare le truppe belghe in una nuova offensiva se prima Alberto non fa riposare i suoi soldati, non raduna il proprio esercito e non è certo dei rinforzi alleati.

Infatti dopo sessantotto giorni di una campagna intensa l'esercito belga aveva purtroppo smesso di essere uno strumento di guerra. Gli ultimi tre giorni e tre notti di marcia nella confusione generale l'avevano estenuato e soprattutto demoralizzato. Il generale Pau si arrese agli argomenti del re, ma il problema era farli accettare a Joffre: egli chiedeva che l'esercito belga evitasse a qualunque costo di ritirarsi su Bruges e Ostenda. Temeva che finisse per venir separato dagli alleati, e preconizzava il ripiegamento sulla Schelda, allo scopo di mantenere il legame con l'ala sinistra delle armate di Lilla. Il che avrebbe significato impegnare immediatamente le truppe belghe in nuove battaglie.

Ma, grazie al generale Pau, Joffre accettò le esigenze di mio padre. Come luogo giusto per il concentramento dell'esercito belga fu indicata la regione di Ypres Poperinge. Non si parlò quindi più di passare in Francia, né della proposta che il re consegnasse il comando a uno dei suoi generali, che sarebbe stato soltanto l'uomo di paglia dello stato maggiore alleato.

Restava tuttavia l'opposizione di Foch, coordinatore delle armate del Nord. Egli voleva lanciare un'offensiva su Roulers e chiedeva l'appoggio di divisioni belghe. Con l'abituale lungimiranza mio padre condannava l'offensiva e preconizzava una guerra difensiva che secondo lui avrebbe potuto dare scacco all'assalto delle truppe nemiche.

Fin dal 4 agosto l'obiettivo dei tedeschi era l'occupazione del Belgio, in modo da raggiungere le coste del mare del Nord. Con tanta maggiore evidenza si imponeva la marcia verso ovest, visto che l'armata del generale tedesco von Beseler, liberata dalla caduta di Anversa, cercava di raggiungere il mare, secondo il piano del nuovo capo di stato maggiore tedesco, Falkenhayn, che aveva sostituito Moltke. Suo obiettivo era la conquista di sorpresa dello stretto di Calais. L'esercito belga sarebbe stato in tal modo preso in trappola. In quelle condizioni sarebbe stato un grave errore sguarnire la costa portando il grosso degli eserciti verso Lilla e Roulers. I fatti avrebbero dato ragione alla logica del re. Soltanto il generale Rawlinson, soldato valoroso ma che in quella occasione dimostrò di possedere poca introspezione psicologica, riteneva assurdo che mio padre si ostinasse a restare in territorio belga, col rischio di farsi prendere dalla cavalleria tedesca.

In data 11 ottobre leggiamo nell'agenda di mia madre:

«Ore 9, il dottor Melis viene a trovarmi, a causa del trasporto dei feriti. Avrei voluto andare a Bruges, ma mi è stato proibito perché i tedeschi avanzano, sono entrati a Gand. Si deve assolutamente evacuare i feriti. Che difficoltà! I ministri sono dei babbei, non pensano che alla propria partenza. Vanno a Le Havre. Qui a Ostenda più di 10.000 feriti, e non ci sono letti. Manca tutto: coperte, pane, latte».

12 ottobre: «Vengo svegliata dal cannone, ma tuona a causa della nebbia che ostruisce il porto. Alberto va a Raversyde a ispezionare il battaglione del maggiore d'Oultremont [che qualche giorno dopo morì eroicamente con quasi tutti i suoi uomini]. Io seguo in auto, con sigarette per i soldati. Verso mezzogiorno sento un lontano bombardamento, in mare. Dopo pranzo appare d'improvviso Ysaye. Reincontrarci è una gran gioia. Rimane per un'ora. Alle sedici e trenta arriva il dottor Melis, sempre a causa del trasporto dei feriti. Alle diciassette il ministro d'Inghilterra Villiers: la questione dei profughi procede. Alle diciotto arriva Colienne de Spoelbergh. Alle diciotto e trenta il generale Pau, affascinante. Alberto e io ceniamo da soli. Poi il borgomastro viene a render visita a Alberto. Scena indescrivibile».

13 ottobre: «Pranziamo con la contessa di Caraman e Prudhomme [ufficiale d'ordinanza]. Facciamo un'ultima fotografia. Ostenda ha uno strano aspetto, con tutte le truppe in marcia verso Nieuport, e tutti i civili che fuggono a piedi, bambini e zaini sulle spalle. Alle sedici partiamo in auto. Le strade sono spaventosamente ingombre, soprattutto dinanzi ai ponti sui canali. Resse indescrivibili. Finalmente, dopo più di un'ora e mezzo, arriviamo a Nieuport; prendiamo alloggio a casa di Crombez, il padre dell'aviatore. Dei soldati si riposano sulla spiaggia, gli fa bene. Il mare è costellato di barche da pesca cariche di persone che fuggono. Non sanno verso dove...».

14 ottobre: «Si dice che vi siano due divisioni di cavalleria bavarese a Gand e Ypres. Un reggimento comandato da Buby [era il fratello di mia madre]. Fosse vero, che infamia da parte del Kaiser. Bisogna guardare più lontano e non ap-

profondire. Ora tutto pare troppo crudele. E i britannici ci mettono tanto, a venire!».

15 ottobre: «I tedeschi entrano a Ostenda. Noi alle dieci in auto a Nieuport. Alberto resta a Furnes, dove si stabilisce il Gran Quartier generale. Io continuo verso La Panne. Per le strade masse di cavalli, truppe, profughi che partono per la Francia. Le genti della costa portano borse, bauli, bambini, cani; è un vero esodo. Quadro meraviglioso di luce e di colori. Peccato che non vi sia con noi un artista. Faccio qualche foto, ma non è la stessa cosa. Finalmente arriviamo a La Panne, ultima località del litorale belga prima della Francia. Veniamo ospitati a villa Maskens, i proprietari sono partiti per la Francia. Siamo sempre i cuculi che vanno nei nidi degli altri».

Mia madre non poteva immaginare che là, in quella piccola stazione balneare belga, vicina a un villaggio di pescatori, fra le dune fiorite, per quattro lunghi anni avrebbe condiviso affianco a mio padre le prove di una guerra implacabile. Il solo fascino di quel forzato luogo di soggiorno consisteva nella vicinanza dell'immensa distesa di sabbia bagnata dal mare glauco.

Instancabile, il giorno stesso dell'arrivo, ella annota: «Faccio una lunga passeggiata con du Roy de Blicquy [ufficiale d'ordinanza], sulla spiaggia, verso Dunkerque. Rientrata alle diciannove ritrovo Alberto. Aspettiamo Connaught figlio, aiutante di campo del maresciallo French, mandato qui in missione, ma non arriva. Forse domani? Situazione pessima, Alberto vede tutto nero. Ceniamo con Hanoteau e Galet, come sempre. Siamo pronti a partire anche di notte».

16 ottobre: «Alberto parte per Furnes, allo stato maggiore. La situazione pare leggermente migliorata. Oggi possiamo restare qui. Passeggio sola sulla spiaggia. Fotografo una bella barca nera. Tutto è calmo. Si vedono sentinelle francesi sulle dune. Tutti sono partiti. Vuol partire persino il panettiere! Di pomeriggio prima visita del generale Foch».

## IV

## BATTAGLIE DI FIANDRA

«L'Yser è l'ultima nostra linea di difesa in Belgio. La sua conservazione è necessaria allo sviluppo generale delle operazioni. Questa linea deve essere tenuta a qualunque costo» dichiarò Alberto I il 15 ottobre 1914.

Ora esamineremo una nuova fase della guerra, la celebre battaglia dell'Yser.

In un vigoroso compendio Foch scriverà poi nel suo *Memoriale*:[13] «...La battaglia di Fiandra fu vinta da tre eserciti diversissimi: l'esercito belga comandato dal re in persona, l'esercito britannico agli ordini del maresciallo French, e l'esercito francese».

Con la guerra di trincea, il conflitto assunse da quel momento un carattere difensivo. Guerra di logoramento, guerra spaventosa, l'inferno del soldato, che durò per anni...

Mio padre indirizzò alle truppe questo proclama: «Da più di due mesi voi combattete per la più giusta delle cause, per le vostre case, per l'indipendenza nazionale. Avete contenuto le armate nemiche, avete subito tre assedi, avete fatto molte sortite e operato senza perdite una lunga ritirata in uno stretto corridoio. In questa lotta immensa finora siete stati isolati. Ora avrete al vostro fianco valorose armate inglesi e francesi. Ora vi spetta tenere alta con tenacia e coraggio la fama delle nostre armi».

Fino a quel momento infatti le truppe belghe, di fronte a un esercito superiore di numero, avevano sempre dovuto cedere e avevano considerato il ripiegamento quasi fosse una manovra normale.

Il Gran Quartier generale si era stabilito a Furnes. Il re

assegnò ai contingenti alleati la difesa dello spazio fra Dixmude e il mare.

Per rianimare il coraggio dei combattenti egli si recò presso ogni comandante di divisione e disse: «...La posizione occupata è molto forte. Sarà rinforzata con trincee strette, profonde e sinuose. Dobbiamo tenere le nostre posizioni, è questione di vita o di morte».

In effetti la posizione sulla linea dell'Yser era difendibile. In quel punto il fiume forma una grande ansa, chiamata «ansa di Tervaete», che è un vero campo trincerato naturale. Inoltre il sostegno costituito dal grande taglio dell'Yser e del canale di Ypres offriva un terreno propizio per una resistenza accanita. Le truppe belghe schierate a battaglia coprivano un fronte di trentotto chilometri, diviso in sei settori. Era vitale tenere la testa di ponte di Dixmude. Per venticinque giorni i belgi e i fucilieri di marina francesi, fianco a fianco, assicurarono eroicamente la difesa, durante combattimenti terribili e sotto bombardamenti spaventosi.

Temendo che le sue truppe non potessero tenere a lungo su quel fronte, Alberto I insisté costantemente con gli alleati per ottenere un maggior numero di rinforzi. Preferiva esagerare le proprie apprensioni piuttosto che rischiare una catastrofe. Fu il tema del suo primo incontro con Foch, coordinatore delle armate del Nord: l'incontro ebbe luogo il 16 ottobre a mezzogiorno al municipio di Furnes.

Prima dell'incontro il re, accompagnato dal capitano Galet, si era recato presso ogni divisione e aveva fatto questa dichiarazione: «Soldati, guardate l'avvenire con fiducia. Lottate con coraggio. Dalle postazioni in cui vi metterò guardate solo in avanti, e reputate traditore della patria chi parlerà di ritirata senza che ve ne sia stato dato l'ordine formale. È venuto il momento di scacciare dal suolo della nostra cara patria, con l'aiuto dei nostri potenti alleati, il nemico che l'ha invasa disprezzando i propri impegni e i sacri diritti di un popolo libero».

Più tardi Galet disse: «L'impressione fu indimenticabile. Mai avevo visto Sua Maestà animata da una più fredda energia».

E torniamo all'incontro di mio padre con Foch. Mi piace immaginare i ritratti degli arciduchi Alberto e Isabella, che ornano i saloni del municipio, contemplare con sguardo cupo quella scena diventata storica: mio padre e Foch, due grandi soldati, tanto diversi di carattere, entrambi in lotta per la stessa causa!

Il generale, nativo di Torbes, le gambe arcuate, la mascella quadrata, si esprimeva con speditezza d'eloquio tutta meridionale. Si gettava sui problemi, piuttosto che affrontarli, e lanciava continuamente invettive e paradossi.

Mio padre, alto, esile, lo sguardo velato dalla miopia, manteneva un contegno riservato. Pesava ciascuna delle parole che pronunciava con voce lenta, ponderata, riflessiva.

Tanto il primo creava ottimismo quanto il secondo poggiava su un prudente pessimismo, ognuno dei due per ottenere il meglio.

Il re prese la parola per primo, ed elogiò le grandi capacità strategiche di Foch. Con la sua leggendaria rudezza il generale rispose: «L'arte della guerra non esiste».

Mio padre non si lasciò intimidire. Foch proseguì: «Si prepara una grande offensiva franco-britannica su Lilla, con uno sforzo notevole su Ypres, Courtrai e Roulers. L'esercito belga deve concorrervi energicamente. Le nazioni che vogliono vivere devono difendersi. Nel momento in cui partiamo alla conquista del Belgio sarebbe incomprensibile che l'esercito belga non fosse al nostro fianco». Egli aggiunse, con enfasi: «Io, soldato della Repubblica, posso dire con certezza a Vostra Maestà che la nostra causa è giusta e santa, e la Provvidenza ci darà la vittoria».

Il volo retorico finale lasciò mio padre di gelo, anche se era il primo a essere convinto della giustezza della causa alleata.

Il re, meglio informato degli alleati, sapeva che si preparava un attacco massiccio del nemico, e avrebbe di certo preferito ricevere l'assicurazione dell'arrivo dei rinforzi richiesti, piuttosto che lanciare di nuovo il proprio esercito in un'offensiva fra le più temerarie.

Alcuni autori paiono mettere in dubbio che Foch in quell'incontro abbia detto le parole riferite da Galet. Comunque sia, il solo risultato positivo del colloquio sembra essere stato l'annotazione che segue, di Foch a Joffre:

«Nonostante tutto, se metterete forze consistenti a sinistra dello schieramento dell'esercito belga, esse saranno utilissime da tutti i punti di vista...».

Tale annotazione era il post-scriptum di una lunga lettera nella quale Foch affermava di *aver persuaso il re dei belgi* a resistere a oltranza sul fronte dell'Yser: «Egli ha compreso che in questi giorni il Belgio si gioca la propria esistenza».

Ma dovettero passare due lunghi anni di guerra prima che il re silenzioso ricevesse finalmente dal maresciallo di Francia questa lettera: «Sire, nel momento in cui lascio il comando del gruppo delle armate del Nord non posso non ricordare senza emozione le circostanze nelle quali l'avevo assunto: l'esercito belga, dopo la difesa di Anversa, sotto un bombardamento fra i più violenti, andava per ordine di Vostra Maestà a porsi sull'Yser per fermare i furiosi attacchi del nemico, difendere ancora il territorio restante, attendere i rinforzi, spezzare infine l'irruzione che da Dunkerque a Calais metteva in pericolo la Francia e l'Inghilterra dopo aver conquistato il Belgio intero. Fu proprio l'energica dirittura di Vostra Maestà a dettare la decisione. E fu il valore delle truppe belghe e francesi a garantire il successo. Fin da quell'epoca mi ha molto onorato la particolare benevolenza che Vostra Maestà ha voluto testimoniarmi in ogni circostanza. I miei rapporti con le truppe belghe mi hanno profondamente legato ad esse. Da ciò derivano ricordi che non potranno cancellarsi dal mio spirito. Per quanto dure siano le prove che la nazione belga dovrà ora subire, la Provvidenza non può ancora a lungo rinviare l'ora delle riparazioni. È con questa fiducia, come nel ricordo del passato, che chiedo a Vostra Maestà di ricevere nuovamente l'assicurazione del mio più profondo e riconoscente rispetto, e mi permetto di deporre ai piedi di Sua Maestà la Regina i miei più rispettosi omaggi. Foch. 21 dicembre 1916».

Il tiro della flotta inglese proteggeva la testa di ponte di Nieuport che, come quella di Dixmude, doveva tenere a qualunque costo.

Il piano di French, Joffre e Foch prevedeva di liberare Ostenda e Bruges e respingere i tedeschi su Gand.

Secondo le informazioni giunte al Gran Quartier generale era imminente un tentativo nemico di varcare l'Yser.

Torniamo all'agenda di mia madre. 17 ottobre: «Alle quattro e trenta cacciatorpediniere inglesi passano dinanzi a La Panne, in direzione di Nieuport-Ostenda. Sono undici».

18 ottobre: «Alberto parte alle otto per lo stato maggiore. Alle undici messa nella piccola chiesa parrocchiale di La Panne. Fin dalle sei del mattino si sente il cannone. Sono i battelli inglesi, sparano sulla costa, nei dintorni di Westende, mentre io, l'ufficiale d'ordinanza e la contessa d'Avreux pranziamo. Il bombardamento diventa così forte che usciamo sulle dune per vedere il tiro dei battelli. Si vede il fuoco uscire dalle bocche dei cannoni. Fra le quattordici e le quindici e trenta diventa quasi insopportabile, le finestre vibrano, si sentono scosse. Alle sedici un uccellino entra in casa. Resta accanto a me. Alle diciannove è morto. Profonda tristezza, era graziosissimo. Mi portano una lettera tedesca, trovata su un medico ucciso oggi. È indirizzata ai suoi genitori, poveri genitori! È datata 17 ottobre, e scritta sulla carta del padiglione reale di Ostenda».

Lunedì 19 ottobre: «Col giorno ricomincia il cannoneggiamento fra la costa e il mare. Alle nove del mattino Alberto parte per Furnes. Verso le tredici e trenta i colpi diventano tremendi, la casa ne è scossa. Alle quindici e trenta cessano, poi ricominciano in crescendo. Verso sera i battelli inglesi, temendo i sottomarini tedeschi, rientrano a Dunkerque. La nostra linea si stende da Nieuport a Dixmude. Alberto torna alle diciotto. Nulla di mutato. Teniamo sempre, ma si crede che i tedeschi portino nuove ingenti forze. A sera è annunciato che domani giungerà una divisione francese per rafforzare la nostra ala sinistra. Siamo sempre pronti a una partenza notturna. Stasera Alberto è molto pessimista».

20 ottobre: «Alberto parte alle otto e trenta per Furnes. Il

cannoneggiamento ricomincia, di mattina presto, in mare e a terra. Si vedono undici battelli inglesi e tre francesi. Bombardano la costa fra Middelkerke e Nieuport. I tedeschi rispondono bombardando i battelli. Il cannone tuona per tutto il giorno. Passeggio sulla spiaggia, i gabbiani gridano. Il mare è superbo. Verso le diciotto Alberto ritorna, è contento. Magnifica giornata per le nostre truppe, che hanno splendidamente tenuto il fronte. Siamo l'estrema ala sinistra dello schieramento alleato. Sono stati respinti quattro attacchi violenti, lungo l'Yser. Galet dice: "Domani terremo ancora, e dopodomani devono entrare in azione i francesi". Parla della 42ª divisione, truppe di prim'ordine, comandate dal generale Grossetti. Una parte è giunta questo pomeriggio a Furnes. Alberto mi ha portato un uccellino».

21 ottobre: «Respinto attacco notturno. Alberto parte per Furnes. La 42ª divisione sfila dinanzi a lui e al generale Joffre. Era presente anche Vandervelde».

I fucilieri di marina francesi furono accolti da un entusiasmo delirante.

«A La Panne molti soldati francesi della 42ª divisione. Sono contenti di riposarsi qui per un giorno. Corrono sulla spiaggia e in mare. I battelli inglesi continuano sempre a sparare. Si vede il fuoco. Bellissima luce del cielo e del mare. Le allodole cantano ancora. Alberto torna alle diciannove. Buona giornata per le nostre truppe. Resistono. Vandervelde arringa i soldati nelle trincee. Le armate di Albrecht di Württemberg e di Rupprecht di Baviera [cognato di mia madre] sono in Belgio. A sera telefonano che Dixmude è stata ripresa dalle mani del nemico».

22 ottobre: «Alberto parte per Furnes. Quinta giornata di battaglia delle nostre truppe. È stata una giornata caldissima. I tedeschi passano l'Yser all'ansa grande. I francesi sono finalmente qua. Sempre troppo tardi! Si spera di poter respingere il nemico sull'altra riva del fiume. Grande vittoria russa vicino a Varsavia. I russi hanno sfondato il centro nemico. I tedeschi fuggono. Gli inglesi bombardano Nieuport, per errore. Speriamo di riuscire a tenere ancora il nostro angolino di Belgio. Stamattina le nostre truppe avevano

ripreso Schoore e Lombardzijde. Il settimo si distingue particolarmente».

23 ottobre: «Alberto parte alle otto per Furnes. La situazione è seria. I francesi della 42ª divisione entrano in azione alle nove, vicino a Nieuport. Le nostre truppe sono al loro sesto giorno di battaglia. Faccio una lunga passeggiata sulle dune. Si vede lontano il fumo dei cannoni. Cinque aeroplani, inglesi francesi e belgi, passano su di noi, provenienti da Dunkerque. A mezzogiorno passa Melis e pranza con noi. Alle quindici vado al pronto soccorso, a Furnes. Hanno portato sulla piazza dei prigionieri tedeschi. Un centinaio di feriti, tutti in condizioni gravissime, sono raccolti in due posti di pronto soccorso, uno è il Field Hospital. Il medico militare, dottor Maistrien, è molto competente. L'altro pronto soccorso è fra i più primitivi. Ci sono belgi, francesi, tedeschi. Un bavarese di Monaco. Sono tutti assieme. A sera situazione identica. Ripresa Lombardzijde. I francesi vanno all'offensiva dinanzi a Nieuport. Ira di Alberto contro il generale francese d'Urbal e il ministro belga de Broqueville...».

Il generale d'Urbal, comandante del corpo d'armata francese in Belgio, aveva comunicato a mio padre che Foch chiedeva la partecipazione di cinque divisioni belghe all'offensiva francese su Nieuport-Dixmude-Ypres, che avrebbe dovuto passare l'Yser e così liberare l'esercito belga. Il re si oppose.

Per giungere al proprio obiettivo d'Urbal mutò tattica e minimizzò le forze dell'avversario. Alberto chiese: «Se tale è la situazione, perché gli alleati non sono già sul Reno, invece di ristagnare sul fronte belga e francese?». Tuttavia concesse, con rammarico, due divisioni. Furono sacrificate. Fu allora che attraversando le linee nella famosa ansa di Tervaete, con eroico coraggio alla testa dei suoi granatieri, il maggiore d'Oultremont fu ucciso. Il suo battaglione fu quasi del tutto sterminato. Lo scacco non impedì al generale d'Urbal di preparare una nuova offensiva generale diretta a nord-est. Da buon soldato coraggioso e brutale, si incaponiva.

Mio padre aveva visto giusto: quella controffensiva, che

avrebbe dovuto respingere il nemico oltre l'Yser, non cambiò minimamente la situazione. Il re reputava che si dovesse a qualunque costo contenere l'avanzata tedesca, e chiese ai francesi di portare tutta la loro divisione comandata da Grossetti verso il centro del fronte belga.

Proprio allora Foch piombò a Furnes e stupì per quella richiesta di rinforzi. «Avete resistito per otto giorni» esclamò «resisterete per altri otto.» Alla nota informativa di mio padre, che esponeva le fatiche sopportate dalle truppe e la tragicità della situazione, rispose: «Tutto ciò appartiene al passato. Conta soltanto il presente. E in quanto ai rinforzi, non sono padrone di darveli». Si agitava tutto, gridando: «Energia, energia!». Stava per ripartire senza avere neppure visto il re. Mio padre lo costrinse ad andare a salutarlo. Il colloquio fu secco.

In definitiva Foch rinunciò al piano alleato che prevedeva l'offensiva lungo la costa e promise che la 42ª divisione al completo sarebbe stata impiegata per rafforzare il fronte belga all'altezza dell'ansa di Tervaete. La situazione non era mai stata tanto drammatica. Per fortuna Foch inviò il IX corpo d'armata e la 31ª divisione del XVI. La sorte di Dixmude era legata a un filo!

Citiamo ora alcune righe del generale Brécard, addetto francese presso il Gran Quartier generale belga: «Un amalgama di truppe, dove stanno gomito a gomito belgi, fucilieri di marina francesi, senegalesi. Questa parte del campo di battaglia presenta una visione orrenda: i proiettili esplodono senza sosta, le case crollano avvolte da nubi di fumo, piove, l'odore è insopportabile, il rumore infernale. E tuttavia Dixmude tiene. Tutti si uniscono per chiudere ai tedeschi la via di Dunkerque. I belgi del generale Jacques, futuro barone di Dixmude, i fucilieri di marina francesi dell'ammiraglio Ronarc'h, e i battaglioni senegalesi, tutti hanno diritto alla nostra riconoscenza e alla nostra ammirazione».[14]

Dobbiamo ammetterlo: il proverbiale ottimismo di Foch ebbe ancora una volta ragione degli ostacoli. Ma a ciò aggiungiamo la fermezza di mio padre di fronte allo stato maggiore pronto ad abbandonare la partita.

Il diario di mia madre riflette bene l'atmosfera di quelle giornate angosciose: 24 ottobre: «Alberto parte alle nove per Furnes. La situazione non è delle migliori. I francesi sono entrati in azione soltanto ieri pomeriggio, perché le nostre truppe non erano più in grado di resistere. I tedeschi nell'ansa dell'Yser sono 10.000. Alberto è furioso contro i francesi, che non vogliono mai credere a quel che gli dice. Per tutta la mattinata tremendo cannoneggiamento dell'artiglieria francese. I tedeschi bombardano soprattutto la grande strada fra Nieuport e Dixmude, per impedire ai rinforzi di raggiungere le postazioni. Noi ci attardiamo sulla spiaggia. L'atmosfera è pesante e minacciosa. Non sentiamo più il cannone. Che succede? Rientriamo. Comincio a scrivere una lettera... Alberto rientra verso le diciannove. La situazione è molto, molto brutta. La testardaggine dei generali francesi provoca la ritirata da una linea difesa tanto duramente».

Pare proprio che lo spostamento della divisione di Grossetti verso Pervyse provocò terribili bombardamenti su Dixmude. La situazione della brigata belga che difendeva la testa di ponte era diventata insostenibile.

«I tedeschi avanzano da questa parte dell'Yser. Stasera siamo tutti abbattuti. Forse dovremo partire domani? E i poveri feriti di Furnes?»

25 ottobre: «Tre spaventose cannonate attorno alle otto. Si sentono sibilare i proiettili. Dal mare o da terra? Non so. Alberto parte alle nove e trenta per Furnes. Alle undici messa a La Panne. Alle quindici vado a Furnes, al pronto soccorso. Prendo con me Colienne [de Spoelbergh]. Quattordici e trenta, nuovi bombardamenti. Tutti i feriti trasportabili vengono mandati a Adinkerque, per ferrovia. Erano 9145. Molti muoiono durante il trasferimento. A Furnes molti casi gravissimi, qualcuno disperato. Un ufficiale francese soffre di peritonite; non c'è speranza. I pronto soccorso mancano del necessario. I medici amputano tantissimo».

26 ottobre: «Tempesta. L'ufficiale francese è morto durante la notte. Colienne è rimasta accanto a lui. Stamane tremendo bombardamento dei battelli inglesi. Si vede il fuo-

co. La situazione è gravissima. Dobbiamo andar via di qui. Alberto è arrivato da Furnes alle tredici per dire che si deve partire senza indugio. Saranno aperte tutte le chiuse, per inondare».

Il principale artefice di quella brillante manovra fu il comandante di stato maggiore, Nuyten, ed essa fu la replica della manovra olandese che nel 1672 a Muiden fermò l'esercito di Luigi XIV.

Il 26 ottobre mia madre annota: «Prima di tutto cerchiamo un alloggio a Waton. Non c'è posto. Tuttavia i proprietari ci offrono delle mele. Troviamo infine delle camere nella residenza del borgomastro di Proven. Per strada masse di truppe francesi, cacciatori d'Africa, dragoni, soldati dell'Africa francese ecc. Parto con Colienne per Poperinge, in cerca di un locale per il Field Hospital. Alla residenza il telefono è guasto, non c'è modo di comunicare ad Alberto dove siamo. D'Avreux parte in auto. Alberto resta per tutta la notte a Furnes».

27 ottobre: «Cannoneggiamento fortissimo, di mattina presto. Scrivo lettere a Leopoldo e a Curzon. Alberto arriva per un momento a Proven. La situazione è migliorata. Teniamo la linea della ferrovia fra Nieuport e Dixmude. Nel pomeriggio ci attardiamo nel parco e nell'orto. È seccante non avere nulla da fare... Il Field Hospital ritorna a Furnes. Melis e il chirurgo Derache vengono alle diciassette per parlare del pronto soccorso. Nel pomeriggio sferruzziamo calze per i soldati. La sera, prima di andare a letto, caccia alle mosche che invadono le camere».

28 ottobre: «Durante la notte e al mattino si sente forte il cannone. Poi si parte per La Panne, e non si torna più a Proven. Durante il tragitto il duca di Morny ci ha fermati per informarci che il principe di Battenberg, fratello della regina di Spagna, sarebbe stato ucciso».

Era giunto il momento di procedere all'inondazione progettata, che mirava a fermare l'avanzata nemica. Ultimo mezzo efficace, ma operazione fra le più delicate. Bisognava fare di tutto perché passasse inosservata ai tedeschi. Dovevamo fargliela in barba. Il Gran Quartier generale esitò, per tema di svelare il segreto. L'ordine fu dato il 29. Nella notte fra il 29 e il 30 il capitano Umé, il battelliere Geeraert e alcuni soldati del genio si recarono allo sfioratore di Noordvaart e aprirono le chiuse.

Per tre interi giorni l'elemento implacabile si sparse su quell'angolo di terra tanto eroicamente difeso. Settecentomila metri cubi d'acqua, venticinque chilometri quadrati. Si creò così un lago artificiale fra le dighe dell'Yser e l'argine della ferrovia Nieuport-Dixmude. Per Guglielmo II la battaglia era perduta.

Si seppe in seguito che il Kaiser era appena giunto a Thielt, al Gran Quartier generale del principe di Württemberg, per assistere di persona al crollo del fronte belga.

E la fiducia rinacque nell'esercito del re-soldato, dinanzi all'invasore al quale aveva appena chiuso col catenaccio la porta del Nord. Il ruolo di quella fortezza del Nord è stato paragonato al ruolo di Verdun. Non rivelano forse gli archivi della Reichswehr l'importanza attribuita dallo stato maggiore tedesco ai porti della Manica? La vittoria della Germania dipendeva in gran parte dalla riuscita di quell'operazione.

Il generale francese Brécard, durante quel tragico periodo addetto francese al Gran Quartier generale belga, scrive nelle sue *Memorie*: «È il re che agisce come capo dell'esercito, il giorno in cui dà alle sue truppe l'ordine di opporsi con la forza ai tedeschi. È lui che, quando le sue truppe hanno di fronte forze superiori, ordina la ritirata su Anversa. E sempre il re, per non vedere il suo esercito intrappolato nella piazzaforte, gli dà l'ordine di passare sulla riva sinistra della Schelda e di battere in ritirata, prima su Ostenda poi su Nieuport, così da congiungersi agli eserciti alleati. È ancora il re che resiste al suggerimento di guadagnare i dintorni di Dunkerque per mettere l'esercito belga al riparo delle fortificazioni della piazzaforte. È soprattutto lui, e lui solo, che dà l'ordine di fermarsi dietro l'Yser e organizzarvi la resistenza. I consigli del comando francese, che d'altronde rivelavano una stretta comunanza di dottrina, gli giunsero più tardi, quando la decisione era già presa. Sull'Yser il re fu veramente per tutto il corso della battaglia l'anima della resistenza. Scuoteva gli uni, e tutti animava della fiamma interiore e sacra che bruciava in lui. Ha ottenuto dai suoi soldati, come dai suoi ufficiali, uno sforzo del quale la storia imparziale serberà l'eterno ricordo».

Lo sbarramento dell'Yser, la linea Dixmude-Nieuport, si mostrò inespugnabile. Cominciò allora una lotta accanita attorno a Ypres. «Se il nemico fosse riuscito a forzare il nostro fianco sinistro l'intera armata britannica sarebbe stata aggirata, e avremmo perduto i porti della Manica» scrisse poi il maresciallo French.

I tedeschi si prepararono a passare alla seconda fase, la battaglia di Ypres. Il Kaiser volle assistere di persona a quell'operazione, che prevedeva decisiva.

Ma la massiccia superiorità numerica degli assalitori non prevalse contro l'indomabile tenacia degli alleati, soprattutto dei britannici. Nonostante le altissime perdite le truppe del maresciallo French e il XVI corpo d'armata francese mantennero vittoriosamente le proprie posizioni.

Il 13 novembre le battaglie di Fiandra erano terminate.

Agenda di mia madre. 29 ottobre: «Tremendo bombardamento, soprattutto da parte dei battelli inglesi. Prosegue per tutto il giorno. Seguiamo il tiro coi binocoli. È arrivato un nuovo battello da guerra. Al sole è magnifico. Il suo tiro è più forte di quello degli altri, fa tremare tutta la casa. Di sera tutto è illuminato dal fuoco dei cannoni. I tedeschi attaccano sempre, ma vengono respinti. Le inondazioni avanzano, fra l'Yser e la ferrovia. Alberto nel pomeriggio torna per un'ora, poi va ancora a Furnes, fino alle diciannove. Dall'Inghilterra portano un'auto con materiale di pronto soccorso. Incaricato della missione un cugino del duca di Norfolk. Lettere dei bambini».

30 ottobre: «Alberto parte per Furnes fra le otto e le nove del mattino, come tutti i giorni. Oggi è demoralizzato. I tedeschi stamane hanno ripreso Ramskapelle. Il bombardamento è molto forte, soprattutto fra le quattordici e le quindici. Si sente fortissimo e spaventoso il tiro dei battelli».

1 novembre: «Messa alle otto e trenta. Tutto è calmo, non si sente più nulla. L'acqua si stende fino a Pervyse».

«Il nemico è stato scacciato da tutta la zona dal più irresistibile degli elementi.»[15]

«Monsieur Savage Landor ci fotografa sulla spiaggia. Alle tredici e quindici i tedeschi hanno bombardato Furnes. Alle diciassette vado al pronto soccorso Santa Elisabetta. Va molto bene. Alcuni casi gravi, anche un volontario russo. Medici e suore di valore. I tedeschi hanno bombardato Ypres, uccisi alcuni ufficiali dello stato maggiore.»

2 novembre: «Alle sette, al villaggio, messa da morto. Alle otto e quindici giunge in visita il presidente Poincaré. Era accompagnato dal ministro della Guerra, Millerand, dal generalissimo Joffre, dal generale Duparge, dal colonnello Brécard e da de Broqueville, ministro belga della Guerra».

Avevano visitato il fronte belga. Poco dopo il generale francese d'Urbal fece pervenire al re una lettera fra le più lusinghiere: «Il successo ha coronato gli sforzi delle truppe di Vostra Maestà. Il nemico è in completa ritirata dinanzi ad esse...».

Il vero scopo di quella lettera era, in tutta evidenza, ottenere che l'esercito belga si unisse all'offensiva francese del 4 novembre, per occupare la linea dell'Yser dietro le truppe d'attacco. Mio padre non voleva che i suoi soldati estenuati dovessero inseguire il nemico attraverso il settore inondato. Tuttavia, per mostrare la propria buona volontà nei confronti degli alleati, acconsentì a che il suo esercito avanzasse per guadagnare la riva destra dell'Yser. Ma, ahimè, un contrattacco nemico gli costò 1200 uomini.

Il 2 novembre mia madre scrive: «Qui tutto è calmo. I battelli sparano più lontano. La maggior parte dei tedeschi ha ripassato l'Yser, lasciando molti morti e feriti nell'inondazione. Veniamo a sapere che a Ypres i tedeschi attaccano gli inglesi, la lotta è accanita. I tedeschi tentano di sfondare la linea. Alle sedici e trenta vado in auto con Melis a Furnes, a vedere i due posti di pronto soccorso. Molti feriti di Dixmude. A sera telefonano che a Ypres gli inglesi tengono».

3 novembre: «Alberto va a Furnes per qualche ora. Noi

facciamo una passeggiata sulle dune. Tempo meraviglioso e caldo. Alberto riparte per Furnes, dove consegna l'ordine di Leopoldo alla bandiera del VII di fanteria. Parla al reggimento che sfila davanti a lui. Un soldato viene qui, ha male all'occhio. Alberto e io usciamo al chiaro di luna. Riconquista di Lombardzijde. Il nostro esercito avanza a Ypres. La Turchia ha aperto le ostilità contro la Russia».

4 novembre: «Alle sette e trenta passeggiata sulla spiaggia. Nebbia fitta. Non si vede la casa, né il mare. Il soldato viene a far medicare il suo occhio. Dopo lo mando dal dottor Maistrien, a Furnes. Egli a sua volta lo manda a Calais. Lombardzijde è rioccupata dai tedeschi. Non è di grande importanza. A Ypres francesi e inglesi tengono. Nel pomeriggio piove molto. Ira di Alberto alla lettura dell'intervista di de Broqueville su "Le Petit Parisien" di oggi. Pazzesco, de Broqueville è folle d'orgoglio».

5 novembre: «Dalla nostra parte tutto è calmo. Il I reggimento belga delle guide è qui per acquartierarsi. Molti soldati francesi della milizia territoriale. Verso sera meraviglioso tramonto del sole e sorgere della luna. Quattro fucilate sulla spiaggia. Una palla ci sibila vicina. Gendarmi e ufficiali cercano di scoprire da dove sia venuta. Non si trova nulla. Forse qualcuno sparava ai conigli? A sera notizie dalla Russia, avanzano. A Ypres teniamo sempre bene».

6 novembre: «Passeggiata solitaria fino a Coxyde-Bains. Dalle otto alle dieci Alberto è andato a cavallo. Sul nostro fronte tutto è calmo. La battaglia continua davanti a Ypres».

7 novembre: «Un monitor [battello inglese da guerra] si ferma vicinissimo alla costa. Faccio foto: primo piano nostra cavalleria, e nell'acqua soldati armati di carabina. Un idroplano sulle onde. Per fotografarlo attraverso le pozzanghere su una bicicletta da gendarme. Il maggiore Gordon e mademoiselle Rossignon arrivano dall'Inghilterra. Regoliamo la questione dei profughi. Il principe Kudaciov è andato a Ramskapelle con l'addetto militare russo. Il secondo figlio del duca di Wellington e il cadetto di Lord Lansdowne sono morti a Ypres. Sisto e Saverio di Borbone, arruolati volonta-

ri nell'esercito belga, hanno avuto un incidente d'auto a Calais. Uno di loro, non sappiamo quale, è ferito».

8 novembre: «Alle sette e trenta con Alberto alla messa. Parto poi per Calais. Sisto è costretto a letto, forte commozione, per fortuna non grave, ma avrà bisogno di alcuni giorni di riposo. Sono entrambi tanto gentili. Poi vado a visitare due posti di pronto soccorso e la stazione dove arrivano i feriti, molto ben organizzata. Alle diciotto e trenta torno a La Panne con sidro e noci per Alberto. Accoglienza gentile. Mademoiselle Rossignon cena con noi».

9 novembre: «Un Taube getta una bomba sulla spiaggia, alle dieci, dove le truppe fanno esercizio fisico. Non tocca nessuno. Alle quindici parto in auto alla ricerca dei giovani Ysaye. Trovo il più piccolo, Théo, in una fattoria vicino a Wulpen. Il fratello, Gabriele, a quanto pare è a Calais. Difficile per la vettura arrivare a quella fattoria. Di là vado a Furnes, al Field Hospital, meno feriti, molte pallottole nei polmoni, un senegalese ferito. I soldati dell'Africa francese passano a cavallo sulla spiaggia, bello spettacolo. Ancora buone notizie dalla Russia».

10 novembre: «Prove di tiro dei fucilieri mitraglieri, dalle dune verso il mare. Numerosi esercizi sulla spiaggia. Piove. Alberto torna da Furnes, la situazione è mediocre. Violento attacco su Dixmude. Alle ventuno telefonano al Gran Quartier generale che Dixmude è ripresa dai tedeschi. Prigionieri due battaglioni di fucilieri di marina. A Ypres teniamo. Alberto è depresso ma si addormenta subito».

11 novembre: «Nulla di nuovo. Violenta tempesta. Una barca da pesca in pericolo, gli uomini chiamano aiuto. Delle guide vanno a cercarli. Il mare è scatenato. Alle diciassette il leader Vandervelde viene ricevuto da Alberto. Un po' più tardi parliamo con lui della questione dei profughi. La situazione attorno a Ypres è critica. I tedeschi stavano per sfondare a Saint Eloi. La testa di ponte è stata riportata sulla riva sinistra dell'Yser».

12 novembre: «La violenta tempesta continua. Questa notte a Dixmude c'è stato un attacco dei tedeschi, ma è stato respinto. A sera aspettiamo Verhaeren, ma per la tempesta

che imperversa arriverà soltanto domani. A Ypres situazione leggermente migliorata, ma duecento tedeschi sono ancora da questa parte del canale».

13 novembre: «Il vento è caduto, poi ricomincia la tempesta, piove. Attorno a Ypres la situazione si mantiene pericolosa. I tedeschi attaccano con violenza inaudita, in specie il reggimento della guardia. Tuttavia vengono respinti e subiscono molte perdite».

15 novembre: «Festa di Alberto. Vento glaciale, pioggia, neve. Nelle camere si gela. Morte di Lord Roberts a Saint-Omer. Era venuto a parlare ai soldati inglesi nelle trincee. Situazione buona. Gli ultimi tedeschi sono stati allontanati dal canale. L'attacco della guardia tedesca è stato respinto».

16 novembre: «Dormito male a furia di pensare al modo di sfuggire agli snob che vengono fin qui per vederci. Che peste! Alberto non osa neppure più andare a Furnes, tanto lo importunano».

Persone di ogni risma, talvolta notevolmente equivoche, avventuriere, vaghi addetti di missione, giornalisti, staffette ecc. arrivavano da Dixmude, da Nieuport e dalla frontiera francese per incontrare mio padre, congratularsi con lui, e soprattutto per poi vantarsi di avergli stretto la mano – con foto dimostrativa. Il prezzo della gloria. Alberto I entra nella storia, e persino nella leggenda, come «l'Eroe dell'Yser».

Le «Battaglie di Fiandra» si concludono con un equilibrio di forze, ma a prezzo di quale carneficina! Nulla di più sanguinoso dei combattimenti attorno all'Yser e a Ypres.

Alla metà di novembre del 1914, dopo tre mesi di resistenza accanita, l'esercito belga ridotto a 75.000 uomini si stabilizzò dietro l'Yser, preservando definitivamente «il piccolissimo pezzo di terra» che sarà cantato da Verhaeren.

La battaglia è finita ma...

Agenda di mia madre, 23 novembre: «Ypres brucia. I bei mercati! I tedeschi per incendiare hanno bombardato con granate dirompenti».

24 novembre: «A Ypres il bombardamento continua. Ypres brucia ancora».

## V

## LA NOSTRA VITA IN INGHILTERRA

Riportiamoci indietro di due mesi, al settembre 1914, momento in cui mio padre, preoccupato della piega drammatica presa dagli avvenimenti, mandò i tre figli in Inghilterra.

La nostra vita a Hackwood assunse, a poco a poco, un ritmo ordinato. La residenza nell'Hampshire, che ci avrebbe accolto per più di un anno, era circondata da un migliaio di ettari di foreste e prati. Il castello, costruito sotto gli Stuart, fu restaurato e ingrandito all'epoca di Giorgio II di Hannover, la cui statua equestre si erge davanti alla scalinata. Lord Curzon acquistò Hackwood nel 1906. Una delle ali fu messa a nostra disposizione. Le finestre davano sul parco.

Il giorno dopo il nostro arrivo le figlie del padrone di casa, Irene, Cinzia e Sandra, ci portarono a un'amaca sospesa fra due querce secolari. Ci sedemmo tutti dentro e, naturalmente, crollò. Risate irrefrenabili.

Alessandra, chiamata Sandra, la beniamina, aveva la nostra età. Il suo viso grazioso, alla Burne-Jones, era, come in molti inglesi, costellato di lentiggini. Il mio incontro con lei fu tempestoso, perché sollevai il suo cagnolino Bobby per la coda mentre Carlo gli dava un calcio a tradimento. Ella con voce secca mi fece comprendere che quelli non erano i modi!

La maggiore dei figli di Lord Curzon, Lady Irene, più tardi Lady Ravensdale, bruna opulenta, aveva il portamento di una Giunone. La sua risata, fragorosa e un pochino affettata, si sentiva da lontano. Di temperamento autoritario, era appassionata di politica benché avesse soltanto diciannove anni.

Cinzia, la più gentile, aveva sedici anni. Era alta e bella.

Leopoldo, appena dodicenne, se ne invaghì dal primo momento in cui la vide. Ella più tardi sposò Mosley, il leader fascista inglese.

I miei fratelli erano impegnati tutta la mattina sotto la ferula del comandante Nève de Roden. A me Miss Hammersley faceva fare dei dettati, ma data la sua grande ignoranza l'insegnamento era poco attendibile. Così mi inculcò una sola nozione di storia: la battaglia degli Speroni d'Oro, vittoria dei fiamminghi su Filippo il Bello e i suoi nobili cavalieri. Ascoltai con grande attenzione perché quel nome suonava gradevolissimo alle mie orecchie.

Con mia grande gioia mi permetteva di disegnare e dipingere per tutta la giornata. Negli album rappresentavo scene di guerra fra diavoletti e rane. Carlo, dotatissimo per il disegno, in seguito le abbelliva, mentre Leopoldo aggiungeva dei versi, farina del suo sacco. Inutile dire che i diavoletti dagli elmetti a chiodo erano sempre i vinti, mentre le rane, trasfigurazione degli alleati, trionfavano su tutta la linea.

Lo sport era l'impegno principale del pomeriggio, secondo l'abitudine inglese. I più grandi giocavano a golf e noi, i «piccoli», restavamo sulla terrazza a correre con le «motorette» (monopattini). Oh, il gran giorno in cui mi fu portato un pony! Amai l'odore del cuoio mescolato a quello della bestia sudata. Alla prima galoppata perdetti le staffe, ma rimasi in sella. Ben presto potei seguire a distanza una caccia coi cani.

Tutti i pomeriggi, alle cinque precise, il tradizionale tè, a cui non si poteva sfuggire. Una lunga tavolata presieduta da Lady Irene, che dirigeva con ostentazione lo *small talk*: instancabilmente narrava le follie del duca di Westminster, il fantasma di Hackwood che, ahimè, non intravvedemmo mai. Soccombevamo sotto un profluvio di toast, marmellate, creme, dolci e via elencando. Che contrasto con le restrizioni belghe! Uguale abbondanza regnava al breakfast, servito alle nove, per il quale ci riunivamo tutti in sala da pranzo.

Soltanto a tavola vedevamo Lord Curzon. Sedeva in poltrona, circondato da cuscini perché soffriva di una lombaggine cronica. In quei momenti distesi la sua conversazione era interessante e ricca di senso dell'umorismo. Evocava spesso i ricordi delle Indie, dove aveva trascorso molti anni. Talvolta parlava del tempo in cui era stato studente alla Public School di Winchester. Su suo consiglio, più tardi, in quella stessa scuola entrò mio fratello Carlo.

Un mattino Lord Curzon ci narrò il sogno che aveva fatto durante la notte: sotto la consolle della sala da pranzo erano stati messi dei preziosi bassorilievi della Grecia antica, e di colpo io e Carlo avevamo distrutto quei capolavori a pedate. Nel sogno aveva sofferto crudelmente, ci disse, di non poter fermare quell'atto di vandalismo. Il sogno mostra in quanta poca stima ci tenesse. E a dire il vero dopo il nostro arrivo avevamo discretamente rovinato e messo a soqquadro i suoi mobili, e persino insozzato le nostre camere con tubetti di pittura a olio. Ne era stato profondamente contrariato, tanto più ch'era un padrone di casa meticolosissimo.

Di sera, quando tutti dormivamo, faceva il giro del castello, con le scarpe in mano, ascoltando alle porte e vigilando a che tutto fosse in ordine. Nessun dettaglio gli sfuggiva. Quel piccolo lato maniacale era largamente compensato da grandi qualità. Aveva il culto del bello e dell'antico, ne parlava con amore e rispetto. Durante il periodo del suo viceregno le Indie ebbero i loro più bei musei.

Le notizie che giungevano dalla Francia erano buone. Joffre vinceva la battaglia della Marna. Io fui turbata dal bombardamento della cattedrale di Reims. Ci pensavo con tristezza. Ma ero persuasa, bambina ingenua, che dopo la guerra gli angeli avrebbero fatto risorgere la cattedrale in tutto il suo splendore. Soffrivo perché Sandra non se ne curava.

La domenica venivamo portati a Basingstoke per partecipare alla messa. Il curato, un originale, strigliava i bambini del coro, durante la funzione, tirando loro i capelli. Le nostre ridarelle lo rendevano furioso, e si voltava minacciandoci col dito. La santa messa diventava uno spasso.

A Hackwood eravamo più liberi che in Belgio prima della guerra. Miss Hammersley non pensava che al comandante de Nève, e noi ne approfittavamo per andare a passeggio nei boschi. Che incanto udire il cuculo e gli altri uccelli della foresta! Durante una scappata, con Leopoldo, alle prime nevi, ci divertimmo a costruire un igloo. Nel silenzio assoluto a un tratto apparve una cerva. Si fermò. Poi fuggì a grandi balzi. Scomparve fra gli alberi.

Lady Irene ci fece visitare un campo di prigionieri tedeschi. Fu molto impressionante vedere «il nemico da così vicino», rinchiuso, dietro i reticolati. Li si riconosceva dai berretti, tondi, identici a quelli dei soldati belgi ma con coccarde differenti. Mi fu detto che sulle fibbie dei loro cinturoni era inciso il motto «Gott mit uns». Le nostre sigarette e i nostri cioccolatini furono apprezzatissimi.

Ma tutti i nostri pensieri e le nostre azioni, nonostante fossimo giovanissimi, erano rivolti verso i nostri combattenti e i loro alleati. Ci turbavano le descrizioni dei poveri soldati sepolti nell'acqua e nella melma delle trincee. Quante sciarpe, cache-nez, *tommy-belts*, uscirono dalle nostre mani! Persino mio fratello Leopoldo sferruzzava, tanto coscienziosamente che un giorno Lord Curzon osservò che quel lavoro era più adatto a delle fanciulle... e subito de Nève tolse i ferri dalle mani di Leopoldo, che da allora si accontentò di srotolare i gomitoli di lana dell'incantevole Cinzia, che lo guardava intenerita.

Durante l'inverno del 1914, perlomeno nel periodo delle battaglie dell'Yser, ricevemmo poche notizie dai nostri genitori. Sapevamo ch'erano a La Panne, ultimo rifugio prima della frontiera francese. Anversa era caduta l'11 ottobre. Ci fu raccontata l'odissea dell'esercito belga e come mio padre alla testa delle truppe avesse raggiunto l'ultimo brandello rimasto libero di territorio nazionale, dietro l'ansa dell'Yser. Mi si stringeva il cuore, tanto più che avevo l'impressione di non vedere mio padre da una eternità. Il 26 novembre, in un momento di tregua, mia madre tornò in Inghilterra. Si fermò per pochi giorni.

Ecco le sue impressioni:

«...26 novembre, a Londra, pranzo con il re e la regina, a Buckingham Palace. Tema della conversazione: la guerra. Il re crede che i tedeschi terranno il Belgio come ostaggio contro l'Inghilterra. Re e regina amabilissimi e vivaci, entrambi loquacissimi».

27 novembre: «Parlo con Lord Curzon a proposito dei bambini. Pensa di mettere Carlo in un college. Passeggiata al chiaro di luna, con Popoll, nel parco di Hackwood. Tempo meraviglioso! Grande paura dei nostri ospiti, ci credevano perduti! Sir Luis Mallet, ambasciatore a Costantinopoli, da dove è appena tornato, cena con noi. Conversazione politica, molto interessante».

2 dicembre: «Partenza alle otto e dieci per Folkstone. Lord Curzon, Lalaing, ambasciatore del Belgio, e Gordon vengono alla stazione».

3 dicembre: «Porto la lettera della regina d'Inghilterra a Furnes, al principe Alexander de Teck, nel suo ufficio al municipio».

Una delle funzioni di Teck, fratello della regina Maria, era mantenere un canale di comunicazione fra i miei genitori e la corte d'Inghilterra.

Le visite di mia madre a Hackwood avevano non soltanto lo scopo di rivedere noi, ma le permettevano anche di comunicare al governo inglese il punto di vista di mio padre. Lord Curzon godeva di grande influenza al Foreign Office. Re Alberto se ne servì per insistere sull'importanza capitale della difesa a oltranza dello stretto di Calais. Si attendeva ingenti rinforzi alleati. Vinta la battaglia dell'Yser bisognava non dormire sugli allori. Insisteva anche sul mantenimento, ad ogni costo, del proprio comando e dell'indipendenza dell'esercito belga.

Mia madre, ogni volta che passava in Inghilterra, si preoccupava delle famiglie dei profughi, e visitava tutti i feriti belgi evacuati dal fronte. Un giorno, con lei, assistetti a una scena straziante: un giovane soldato agonizzava a causa di una perforazione intestinale, mia madre gli teneva le mani. Il povero ragazzo piangeva per la disperazione di morire lontano dai suoi.

Ella non si accontentava di dirigere da lontano quell'indispensabile impegno di carità, ma metteva tutta se stessa anche nei dettagli concreti. A volte passava ore da Harrod's, per scegliere quei piccoli doni che fanno piacere a chiunque. Trovo nella sua agenda, in data 10 dicembre 1916: «Scelte delle sedie per le infermiere, e un gioco di birilli per i medici dell'Océan».

Nel corso dei suoi brevi soggiorni mia madre portava sempre a Hackwood molta allegria, a dispetto delle fatiche dell'enorme lavoro con i feriti del fronte. Il carattere giovanile e il temperamento allegro le facevano inventare le burle più strampalate. E più gli avvenimenti diventavano penosi più cercava di creare attorno a sé una salutare atmosfera distesa.

Una sera de Nève fu mascherato da maharajah, e il viso gli fu dipinto con un tappo bruciato. Poi fu ficcato nel letto della contessa di Caraman. Lei cominciò a svestirsi, con grande imbarazzo del comandante, per prepararsi alla notte. Conclusa la toletta, rivestitasi con una camicia da notte, si diresse verso il proprio letto e a un tratto scoprì l'insolito ospite. Immobile, lo sguardo atterrito, cominciò a urlare: «Aiuto! Aiuto!». Tutti si precipitarono nella camera. Max de Nève fu felice di cavarsela con così poco.

Un'altra volta mia madre si divertì a travestire Cinzia da ufficiale dell'esercito belga. La vestì con l'uniforme di de Nève. Le mettemmo i baffi. La presentai a Lord Curzon come capitano Lancksweert. Non la riconobbe e disse: «Felice di fare la vostra conoscenza». Al dessert mia madre interrogò maliziosamente Cinzia. A un tratto Lord Curzon si degnò di posare lo sguardo sull'invitato, la riconobbe ed esclamò: «Oh, Cinzia!». Per una volta rise di cuore. Il che ci sorprese: il suo modo di fare era quasi sempre solenne e non privo di una certa affettazione esagerata di dignità.

Il nostro ospite aveva stima profonda per i miei genitori. In piena guerra, quando essi si recarono in aereo a Londra in occasione delle nozze d'argento di Giorgio V, egli rese loro un omaggio toccante, in Parlamento, insistendo sul fatto che erano «i primi sovrani approdati sull'isola per la via del cielo» e definendo mio padre «un re fra gli uomini, un uomo fra i re».

In occasione delle brevi apparizioni di mia madre a Hackwood Lord Curzon invitava personaggi in vista del mondo politico, come gli Asquith, Lord Balfour, Winston Churchill, Lord Roberts, il gran militarista che aveva sempre previsto la guerra, Lord Charles Lansdowne, e Lord Beresford, dalla risata contagiosa.

Nel diario di mia madre si legge: «Passeggiata nel parco con Lord Salisbury. Mentre la marina [Lord Balfour] gioca a tennis, la guerra [Lord Kitchener] gioca a golf, e Winston Churchill dipinge. Alle cinque e mezzo tè, poi conversazione con Lord Harding. L'arcivescovo di Canterbury arriva alle sei e mezzo. È un uomo raffinato e gradevole, ha sopracciglia grosse. Passeggio con lui nel parco. Miss Astor, americana, donna originale e divertente, imita tutti e dice cose straordinarie».

Lord Curzon invitava anche personalità del mondo dell'arte, in particolare Eugène Ysaye, che lasciava volentieri l'archetto per impugnare una racchetta da tennis e misurarsi con le fanciulle della casa. A volte aveva come avversario il celebre pianista Arthur Rubinstein che, agile e snello, prendeva più facilmente le *volées*.

Una notte si udirono strani rumori, come di qualcuno che sfondasse una porta. La mattina dopo Lord Lansdowne ci disse che era rimasto chiuso nei bagni dalle undici di sera alle sette del mattino, e non era riuscito a uscirne nonostante avesse sferrato vigorose pedate. A titolo di prova ci mostrò un pezzo di porta. Tutti risero di quell'avventura, abbastanza acre per colui che aveva negoziato l'«Entente cordiale».

Mia madre ogni volta era colpita dall'ottimismo che regnava in quel periodo fra le alte sfere britanniche. Personalità del governo e dell'esercito, come il generale Cowan, vivevano ancora nell'illusione che «la guerra sarebbe finita presto, per mancanza in Germania d'uomini, viveri e munizioni» – ella annotò le parole nella sua agenda.

A Hackwood, Elisabetta del Belgio non è mai stata dimenticata. Lord Curzon mantenne intatta la camera di lei e ancora oggi il nuovo proprietario, Lord Camrose, continua la tradizione di rispetto: mai nessuno alloggia in quella stanza.

Il comandante de Nève preferì i rischi della guerra a una società quasi esclusivamente femminile. Sollecitò e ricevette il richiamo al fronte. Miss Hammersley, disperata, gli imbottì le valigie di maglioni che aveva amorosamente lavorato ai ferri.

Dopo la partenza di de Nève, Leopoldo entrò a Eton e Carlo a Winchester. Lasciato a sé stesso il mio fratello più giovane provocò la collera di mio padre assistendo a una funzione anglicana a Westminster Abbey. Tutti i giornali riferirono l'avvenimento e nelle foto si vedeva Carlo affianco ai principi inglesi. Il che ferì i cattolici. Per il Belgio, era un fatto grave! Carlo non capiva il furore paterno, le funzioni anglicana e cattolica gli parevano identiche. A quel tempo non si parlava ancora di ecumenismo.

Quanto a me, lasciai Hackwood per il convento delle Orsoline di Brentwood, nella contea di Essex.

Quel convento mi piacque. La superiora, mother Clare, era intelligente e di larghe vedute. Volle darmi ella stessa lezioni di letteratura inglese. Io ricordo soltanto gli scarabocchi ch'ella permetteva che disegnassi nel frontespizio dei capitoli. I nomi di Tennyson, Dickens, Longfellow, erano perciò incorniciati da nani e fatine.

Abitavamo in una dipendenza chiamata la Grange. Miss Hammersley mi aveva accompagnato a Brentwood. Ella occupava una camera e un salotto che si affrettò a riempire di fotografie di tutti i visitatori di stirpe reale che aveva incontrato stando con noi. L'autorità della governante era più accaparratrice di quella delle buone Orsoline. Mi lasciava poco con le allieve, ch'erano tuttavia molto gentili con me.

Amavo soprattutto la compagnia delle irlandesi dagli occhi azzurri e dai capelli neri, affettuosissime e dotate di fertile immaginazione, retaggio degli antenati celtici.

I famigliari di alcune delle compagne morirono in guerra. Le due sorelle Mason persero i tre fratelli nell'inutile e sanguinosa battaglia dei Dardanelli (1915). A causa dell'educazione molto anglosassone le religiose e le allieve manifestavano poco il proprio cordoglio.

Fu in quel periodo che miss Hammersley, infatuata delle famiglie reali, mi parlò di un eventuale matrimonio con Umberto di Savoia, principe ereditario d'Italia. Avevo appena nove anni! Mi diede la fotografia di un giovane principe vestito da boy scout. Per quanto immaginassi già d'essere la sposa di quel principe affascinante, sovrano di un regno fiabesco... quando la madre superiora mi chiese quale fosse il mio ideale nella vita risposi: «To be a perfect beauty».

In quel periodo ricevevo più spesso notizie di mio padre: «...Devi essere saggia e lavorare con impegno. Quando si fa quel che si deve si serve il buon Dio e si è felici nella vita», mi scriveva il 15 settembre 1915, e aggiungeva: «...Qui nulla di nuovo, la guerra è terribile e va per le lunghe. È necessario pregare che cessi presto».

Una delle mie grandi gioie era andare a passare una giornata con Leopoldo, a Eton. Trovavo divertente la sua uniforme: pantaloni a righe, giacchetta corta, colletto rivoltato, e bombetta, o «tuba» per le grandi occasioni. Gli allievi vivevano in padiglioni di mattoni rossi, ciascuno diretto da un master. Mio fratello disponeva di una camera, di una stanza da bagno e di un salottino. Veniva servito da un *flag*, cioè un allievo più giovane. Lo maltrattava perché lo reputava troppo effeminato.

Trascorrevo le giornate a Eton mangiando caramelle, bevendo ginger beer e dicendo stupidaggini. Leopoldo, timido e chiuso, aveva sempre bisogno di qualcuno che lo distraesse, e lasciava agli altri lo sforzo di farlo uscire dal riserbo e dal mutismo. Non apprezzava molto Eton, e si era fatto pochi amici.

Nulla lo interessava di quella vita tipicamente inglese, a parte lo sport. A volte mi conduceva con sé a vedere una partita di football o di cricket sui *greens*.

Anche il duca di Gloucester, terzo figlio di Giorgio V, era allievo a Eton. Lo soprannominavamo *pig*, a causa dell'incarnato roseo.

Fummo invitati a Windsor Castle, nei pressi di Eton, dal principe di Teck, fratello della regina d'Inghilterra. La celebre fortezza di pietra grigia, un po' troppo restaurata dallo sfarzoso Giorgio IV, mi opprimeva. Invece il nostro ospite e la moglie Alice erano amabilissimi. I loro figli, Rupert e

May, avevano pressappoco la mia età. Ma noi bambine non andavamo un granché d'accordo, spesso dovettero separarci!

Fummo anche invitati a Claremont House, proprietà dei duchi di Albany,* dove morì in esilio Luigi Filippo. Si poteva scorrazzare per ore intere nello splendido parco. La vecchia duchessa di Albany mi era molto simpatica. I suoi centoventi chili le davano un portamento monumentale. Aveva sempre un'affascinante cuffietta di pizzo e dei mezziguanti neri. Fu comprensiva, quando le raccontai che non riuscivo a redarre una lettera da inviare a papa Benedetto XV per ringraziarlo dell'invio di un rosario di lapislazzuli... Con mio grande spasso mi raccontò che una volta i genitori le avevano fatto ricominciare per quaranta volte una lettera allo shah di Persia.

Nel cortile di Windsor Castle vidi la regina Alessandra [vedova di Edoardo VII] e l'imperatrice Eugenia, giunta da Farnborough per renderle visita. Miss Hammersley si estasiava per la loro bellezza e il loro portamento. Io invece vedevo soltanto due vecchie signore, una delle quali, la regina Alessandra, troppo truccata e coi capelli tinti di rosso. Tutte e due portavano immensi cappelli con piume di struzzo, e si aggrappavano agli ombrellini, tentennando il capo a ogni sobbalzo della carrozza.

Il primo settembre 1914 mia madre incontrò la regina Alessandra, che le donò una medaglia d'oro con l'effigie di un angelo custode, come protettore dai pericoli della guerra. Mia madre osservò, colpita, la bellezza dei tratti e la vita slanciata della regina Alessandra, della cui grande bellezza si è sempre parlato.

Una volta accompagnai mia madre a Buckingham Palace, per un pranzo non ufficiale. Durante il pasto re Giorgio disse a un tratto con voce forte: «È triste che il figlio di Rupprecht sia morto». Parlava di Luitpoldo, nipote di mia madre, colpito dalla poliomielite. Ella ignorava la notizia, e ne fu turbata. Non disse più parola.

* Leopoldo, duca di Albany, era il quarto figlio della regina Vittoria e il padre della principessa Alice di Teck.

Ricordo un altro pranzo a Buckingham, mentre era in corso la rivoluzione russa. Mia madre ebbe il coraggio di accusare gli inglesi di inerzia dinanzi al massacro della famiglia imperiale. Giorgio V rispose che un eventuale arrivo dei Romanov in Inghilterra avrebbe suscitato critiche, poiché la zarina era tedesca. La gaffe era voluta, mia madre incassò.

Mi spaventavano la vastità di Londra e la circolazione – pur se ridotta a causa della guerra. Accompagnavo spesso mia madre che amava passeggiare liberamente per le strade, tenendomi per il braccio. Si infilò persino nella *tube* [metropolitana]. Quel giorno gli *hop pickers* [coglitori di luppolo] tornavano dalla campagna con le gerle sulle spalle, urlando e imprecando nel loro terribile cockney per trovare posto a sedere. Ne venne fuori uno spaventoso pigia pigia.

Un altro giorno in una via di Londra fummo inseguite da un *clochard* ubriaco che ci minacciava col pugno. Quella fu l'unica volta che vidi mia madre spaventata. Per fortuna, grazie alla protezione di un policeman apparso provvidenzialmente potemmo riguadagnare senza problemi il Brown's Hotel, nostro alloggio abituale a Londra.

Là ebbi il privilegio di incontrare Rudyard Kipling. Mi erano stati letti brani de *I libri della giungla* che mi avevano incantato. Timido e paterno mi ascoltò raccontargli a modo mio le avventure della sua pantera Bagheera. I suoi occhi buoni mi fissavano da sotto le folte sopracciglia. Ahimè, non capii quel che mi disse, il mio inglese era agli esordi.

## VI

## «BRANDELLO DI PATRIA»
## LA PANNE

Se la grande offensiva tedesca era stata fermata dalle battaglie dell'Yser e di Ypres, e la via di Dunkerque era stata salvata, tuttavia la guerra continuava, atroce guerra di posizione, di reticolati, di trincee, sulla linea Nieuport-Dixmude-Ypres. Si doveva mantenere quel che era stato difeso tanto aspramente.

Nel suo carme *Brandello di patria* Verhaeren rievoca i miei genitori in quel periodo tanto crudele per il Belgio:

Ce n'est qu'un bout de sol étroit
Mais qui renferme et sa Reine et son Roi
Et l'amour condensé d'un peuple qui les aime.
Le Nord a beau y déchaîner le froid qui gerce et qui mord
Il est brûlant ce sol suprême.*

I miei genitori stavano per affrontare il tremendo inverno 1914-15. Chi meglio di Verhaeren avrebbe potuto celebrarne lo straziante rigore? Lo fece nel carme *Ghirlanda di dune*:

Le ciel, et la mer et leur ceinture d'ouragans
O vous les vents qui accourez du bout des mondes
O vous les vents hurleurs, les vents sifflants
Portant la grêle dans vos frondes
Depuis longtemps sont morts l'été, l'automne
Octobre est loin avec sa brume monotone
Avec son deuil de pourpre et de silence
Et maintenant voici,
Voici l'hiver sauvage et sans merci

* Non è che di terra una lingua affilata / ma dentro ha sovrano e regina / e di un popolo furia d'amor distillata. / E seppure lassù Settentrione scatena / il freddo che spacca, mordente, / la terra mia estrema è cocente.

Et les mois noirs qui recommencent.*

Agenda di mia madre: «Per tutto il giorno bufera e pioggia spaventose. I tedeschi bombardano Dunkerque, dove sono gli acquartieramenti francesi con un parco d'artiglieria. Per la mia festa Alberto mi ha donato un uccellino bellissimo. Alle ventidue tuona forte il cannone».

20 novembre: «Cinque gradi sotto zero. Tutto è bianco di neve, la spiaggia, le dune. Alberto è caduto da cavallo, si è contuso un po' la schiena sulla terra indurita dallo strato di ghiaccio. Il vento del nord taglia la pelle del viso. Il colonnello Brécard viene a pranzo. È un uomo simpatico. Per tutto il giorno si sente il cannone francese. I tedeschi continuano a bombardare Nieuport, Coxyde, Oostduinkerke e tutte le strade. Situazione immutata... Tutto è abbastanza calmo...».

Mia madre per «calmo» intendeva l'assenza di battaglie al fronte. I bombardamenti passavano quasi inavvertiti, erano diventati endemici.

21 novembre: «Tempo freddissimo. Forte cannoneggiamento verso Nieuport per tutta la giornata. Le dune sono come ghiacciai. Passeggiata solitaria. Tutte le erbe e le conchiglie sono cristallizzate. Alle tredici e trenta nuovamente i soldati dell'Africa francese passano a cavallo sulla spiaggia. Nessuna azione al fronte, eccetto il cannoneggiamento reciproco. Un battaglione del VI di linea ha fatto movimenti d'assieme sulla spiaggia con musica militare. Commovente vedere le tre compagnie, la quarta è rimasta sulla linea del fuoco».

23 novembre: «Gela. Nevischio ghiacciato. Alle undici e trenta i volontari ciclisti francesi vengono sulla spiaggia a salutarmi, arrivano da Nieuport. Uno degli ufficiali, Obert, è nipote della contessa de Grünne. Oggi tutto è calmo, non si sente neppure il cannone. Si dice che i tedeschi stiano por-

* E cielo e mare, cinti d'uragani, / E venti urlanti, sibilanti venti, / Che venite quassù da mondi lontani, / E grandine avete nei vostri sarmenti, / È tanto che estate e autunno son morti / Fuggito è ottobre, monotone nebbie, / Lutti di porpora e alti silenzi. / Ora, ecco, / ecco inverno indomato, immisericorde, / tornati i mesi negri, l'inverno che morde.

tando molta artiglieria davanti a Dixmude. Vogliono ricominciare da qui?».

8 dicembre: «Alle dieci Alberto mi conduce con sé a Pervyse e nelle trincee. Quando passiamo affianco ai cannoni francesi da 120, cominciano a tirare. Quando siamo arrivati alle trincee era appena salito in aria un pallone d'osservazione tedesco [*Drachen*]: significa un bombardamento. A Furnes ci fermiamo al pronto soccorso francese. Una granata vi cade poco dopo la nostra partenza, alcuni soldati colpiti».

18 dicembre: «Vado a Furnes col maggiore du Roy de Blicquy. Molti nuovi feriti, soprattutto pallottole nel ventre. Sul nostro fronte nulla di nuovo. Leggera avanzata a sud-est di Ypres».

22 dicembre: «Leopoldo arriva dall'Inghilterra».

Immagino facilmente la gioia dei miei genitori dopo una separazione tanto lunga. Mio fratello avrebbe trascorso molti mesi con loro. Aveva un carattere riflessivo e sensibile e poiché comprendeva tutta la gravità della situazione condivideva già le loro preoccupazioni e le loro responsabilità. Ebbe presto il privilegio di far parte del nostro valoroso esercito, nonostante avesse soltanto tredici anni.

Leopoldo fu dunque là per quel primo Natale di guerra.

Mia madre scrive: «...Improvviso un albero con rami di pino e candele comuni».

31 dicembre 1914: «A sera gettiamo piombini fusi nell'acqua. Alberto forma elmi da crociati e una cicogna. Leopoldo una testa di Repubblica francese, Galet pesci e uccelli ed io un liocorno».

L'immaginazione di mia madre amava interpretare taluni segni come premonitori: «Nel cielo una grande nube prende la forma dell'Italia... Un presagio?». In quel momento si sperava nel fausto intervento italiano affianco agli alleati.

L'anno 1915 comincia con un tempo lugubre. Pioggia e tempesta per tutto il giorno. Nulla di nuovo, gli stessi bombardamenti di ogni giorno.

Una data importante nei nostri ricordi: il 5 aprile. Leopoldo è promosso caporale del reggimento del XII di linea, pochissimo tempo prima decorato per il suo eroismo durante la battaglia dell'Yser.

A Leopoldo consegnarono un fucile, delle cartucce e uno zaino. La cerimonia si svolse sulla spiaggia davanti alla villa, alla presenza del valoroso colonnello Jacques, comandante del XII di linea, e di tutta la casa militare e civile. Il re pronunziò queste parole:

«...Mettendo mio figlio al seguito di questa unità sono felice di darvi un pegno della mia totale fiducia. Egli sarà fierissimo di appartenere a un reggimento i cui atti di coraggio e di dedizione al Paese formeranno una pagina gloriosa della nostra storia nazionale».

Poi, mentre risuonavano le note di *Sambre et Meuse*, Leopoldo sfilò con la sua compagnia.

Ora debbo fare appello ai miei ricordi di bambina di otto anni, per rievocare il periodo del primo soggiorno a La Panne. Tali reminiscenze frammentarie sono naturalmente sostenute dall'agenda materna.

In Inghilterra appresi con gioia che in occasione di una visita di Lord Curzon al fronte belga avrei rivisto i miei genitori. Ero felice, e fierissima di partire da sola con quel grande personaggio e con l'ufficiale d'ordinanza di mio padre, il maggiore Prudhomme, venuto espressamente dal fronte.

Il viaggio fu reso più delizioso dal fatto che non avevo la governante alle calcagna.

Per l'8 aprile, compleanno di mio padre, mia madre voleva donargli la gioia della mia visita.

Attraversammo la Manica su un cacciatorpediniere della Royal Navy. Lord Curzon sedeva sul ponte, con in testa un berretto a quadretti, e imbacuccato in un'ampia palandrana alla Sherlock Holmes. Il viaggio si svolse senza incidenti, benché fossero stati segnalati mine e sottomarini nemici nei paraggi.

A Calais attendemmo a lungo la vettura che doveva venire a prenderci. Chiesi a Prudhomme, sempre estremamente premuroso, di leggermi *Ventimila leghe sotto i mari*, che tenevo stretto sotto il braccio.

Dopo un po' Lord Curzon, infastidito, non resistette più e sbottò rivolto al lettore: «Non continuate, perché lei non ascolta».

«La piccola, come il padre, finge di non ascoltare ma non perde una parola del racconto» replicò Prudhomme. Quanto lusingò le mie orecchie di bambina quella frase elogiativa!

Finalmente l'auto arrivò. Quale non fu la mia sorpresa nel riconoscere l'alta figura paterna! Non riuscivo a crederci... mio padre in persona era venuto a prenderci. Mi tuffai, mi ci appesi al collo. Egli non manifestò apertamente la sua gioia, per quel riserbo che gli era naturale.

A La Panne trovai mia madre a letto, sofferente di angina. Ero tanto felice di rivederla! Mi abbracciò con tenerezza. E che gioia ritrovare anche Leopoldo! Per la prima volta lo vedevo vestito della divisa blu da caporale di fanteria, col kepì di lana, a visiera, e l'imponente baionetta appesa al cinturone. Tuttavia trovai che non avesse un'aria molto marziale, con quel viso da «fanciulla virtuosa» - come diceva di lui nostro fratello Carlo. Purtroppo questi non aveva potuto lasciare il collegio inglese, e mancò alla festa che ci riuniva tutti.

Un ricordo straordinario, come straordinari furono quei pochi giorni!

La villa, fra la sabbia, in riva al mare, era stata messa a disposizione dei miei genitori dai Maskens, famiglia di diplomatici belgi. Il seguito reale era installato in una villa vicina, chiamata «Terschneren». La casa militare e i gendarmi alloggiavano in una terza villa, la «Orban».

La semplicità di quelle abitazioni mi colpì. Che contrasto con il castello dei nostri ospiti inglesi! Dalla mia finestra vedevo le truppe esercitarsi. Facevano manovre sulla spiaggia, una vera cartolina di Epinal. Si distinguevano i francesi in calzoni rossi, gli spahis con mantelli e turbanti bianchi, caracollanti su cavalli arabi, i senegalesi, gli indu, i gurkas coi loro coltelli a lama curva alla cintura.

«...Meravigliosa contrapposizione di colori: il mare blu e bianco di schiuma, la sabbia gialla, e sul fondo un muro di nuvoloni neri come l'inchiostro. Verso sera un quarto di luna, cielo cremisi, centinaia di gabbiani in volo spiccano come su un drappo rosso», annota mia madre.

La villa dove abitavano i miei genitori, come tutte le costruzioni del litorale belga, era in mattoni rossi, con il classico tetto d'ardesia. Ai due lati del salone si aprivano grandi finestre: si vedevano nello stesso tempo il mare e le dune. In lontananza, al limitare del villaggio, si intravvedeva la vecchia casa dove Leopoldo I aveva passato la prima notte in terra belga, quando era giunto per prendere possesso del suo regno. Alberto si divertiva a dire: «Vorrebbero farmi uscire dal Belgio da dove è entrato mio nonno».

Al centro del salone un grande tavolo coperto di documenti, giornali, carte di stato maggiore. Là lavorava per ore il capo dell'esercito belga. Sentivamo lo stridio della penna e il raspare di un temperino, perché correggeva sempre i suoi scritti, cercando la frase e la parola precisa. Quando penetravamo in quella stanza aspettavamo che nostro padre decidesse di rivolgerci la parola - la maggior parte delle volte proseguiva il suo lavoro senza neppure accorgersi della nostra presenza.

Pranzo a mezzogiorno preciso, cena alle sette e mezzo. Prima dei pasti mio padre aveva l'abitudine di sedersi su uno sgabello, davanti al fuoco. Il maggiore Galet leggeva le notizie del fronte con voce forte e monotona nella quale si sentiva l'inflessione dell'Hainaut. Ascoltavamo quei comunicati in un silenzio raccolto.

Quando faceva bel tempo re Alberto si concedeva pochi passi davanti a casa, col maggiore. L'aveva conosciuto come professore alla scuola militare, poi Galet aveva abbandonato la cattedra perché le sue idee contrastavano con l'insegnamento ufficiale. Alberto I ne amava il carattere indipendente.

Nel 1912 Galet fu nominato ufficiale d'ordinanza del re, che non lasciò più per tutto il periodo di guerra. In seguito comandò la scuola militare, poi divenne capo di stato maggiore. Era calvo, di statura media, aveva dei grossi baffi che gli attraversavano il viso e lo sguardo attento dietro il pincenez. Era protestante convinto, cosa rara fra le persone che stavano attorno al re, e la discrezione in persona - ottima qualità, per un consigliere. L'espressione, in genere severa, ogni tanto si illuminava di un sorriso affascinante e quasi ingenuo. L'intelligenza non era priva di mordente, e aveva una punta di ironia che a mio padre non dispiaceva affatto. Galet amava dire che «gli stati maggiori sono società anonime introdotte nell'esercito!»

Dopo cena ci riunivamo nel salone, attorno alla grande lampada il cui paralume rosa ombreggiava i visi, mentre il boato del cannone faceva tremare i vetri. Verso nord-est il cielo fiammeggiava di bagliori: là era il fronte. La contessa di Caraman ritraeva a pastello quelle scenette famigliari, e ci riusciva con graziosissimo talento. Eseguì così una serie di quadretti che illustrano la vita quotidiana dei miei genitori durante quei quattro anni.

Nel corso di quelle serate Lord Curzon, che accompagnava mio padre al fronte per tutta la giornata, si sganasciava dagli sbadigli, e si mostrava felicissimo quando poteva andare a dormire. Un giorno fu condotto in prima linea, nel saliente di Dixmude. Ne tornò turbato.

Con mio gran dispiacere appena una settimana dopo l'arrivo dovetti tornare in Inghilterra.

Dal 1915 sia io che i miei fratelli, sempre residenti in Inghilterra, passammo a La Panne tutte le nostre vacanze estive, di Natale e di Pasqua. Ogni volta facevamo la traversata su un cacciatorpediniere della Royal Navy, protetto da due serie di fili antimine.

In una di quelle traversate ci accompagnarono Miss Hammersley e Madame Hymans, moglie del ministro belga. Si sistemarono il più vicino possibile al canotto di salvataggio e non lasciarono per un attimo la *life-belt* [cintura di salvataggio].

Quel giorno il mare era particolarmente scatenato. Madame Hymans resisteva a stento a un tremendo mal di mare. Grossi marosi spazzavano il ponte dov'erano sdraiati alla rinfusa soldati inglesi che dopo una licenza tornavano al fronte. La maggior parte stette male. Era veramente penoso l'odore di vomito e sigarette! La tempesta raddoppiò di forza e il nostro gruppo fu riunito nella cabina del comandante.

Il garbato maggiore Gordon, ex segretario del duca di Wellington, e in missione a quel tempo presso i miei genitori, era presente in tutte le traversate. Portava sempre con sé scatole di eccellenti *toffees* e di *short-bread*, specialità della sua Scozia natia. Tuttavia ci veniva raccomandato di non mangiare durante la traversata, poiché poteva sempre sopravvenire un inatteso bagno «forzato» nella Manica, provocato da una mina o da un sottomarino.

In inverno La Panne era spesso investita da raffiche di pioggia gelida. Le nostre camere erano riscaldate da stufe che ronfavano forte. Alzarci alle sette di mattina ci pareva duro: faceva freddo, non c'erano stanze da bagno: ci dovevamo accontentare di un mastello nel quale subito si raffreddava l'acqua portata dalla cucina. I servizi igienici lasciavano a desiderare, a tal punto che quando venivano i fognaioli con le loro pompe un odore fetido penetrava dappertutto.

Nei giorni di tempesta la villa e i suoi abitanti venivano messi a dura prova. Il 13 gennaio 1916 mia madre scrive nella sua agenda: «...Uragano. Il vento e la sabbia che vola a nugoli ci mettono sottosopra. Dobbiamo fissare assi davanti alle finestre, per evitare che il vento le strappi via».

Un'altra volta annota: «...Tornando dall'Océan [ospedale] trovate porte e finestre spaccate dall'uragano. Metà del muro attorno all'ingresso strappato via. Una gragnuola di vetro, dinanzi alla casa. Marea altissima, arriva fino alle dune».

In giornate del genere adoravamo guardare le grandi ondate spumeggianti che si infrangevano vicinissime alla villa. Rischiavamo di bagnarci, se non di inzupparci completamente.

Dal momento in cui la stagione lo permetteva facevamo i bagni. Mio padre, eccellente nuotatore, ci trascinava al largo. Talora le correnti erano tanto forti che facevamo una gran fatica a riguadagnare la costa. Due volte corremmo il rischio di non tornare più, enormi marosi si frangevano sopra le nostre teste, ricordo che sentendomi trascinata via dalla corrente mi aggrappai con tutte le forze alla spalla di mio padre.

I miei genitori andavano anche molto a cavallo, vuoi per

amore di quello sport vuoi per obblighi ufficiali. Talvolta partecipai cavalcando il piccolo purosangue «Bagheera».

Torniamo ora all'agenda di mia madre: «...Alle otto partenza a cavallo, accompagnati dal principe di Teck, fino a Saint Idesbad. Presentazione delle reclute del II, IV e VIII di linea. Alberto fa discorsi molto belli. Sfilata delle truppe. Leopoldo assiste alla cerimonia, lui pure a cavallo. Io cavalco "Muno". Dopo, grande galoppata contro il vento».

A La Panne, se l'inverno era estremamente rigido, l'estate era cocente, soprattutto in agosto. Il caldo, propizio alla proliferazione degli insetti, provocava epidemie. L'8 agosto 1915 mia madre aveva trentanove di febbre: «...Forti dolori dappertutto. Male terribile nel respirare. Nevralgia intercostale. Tremende emicranie. Pare sia un'intossicazione provocata dalle mosche che qui chiamano "pannites"».

L'indisposizione non impedì a mia madre di alzarsi per accogliere un gruppo di fucilieri di marina che le portavano un'antica statua di Sant'Anna, rimasta miracolosamente intatta sotto i bombardamenti di Nieuport. Nello stesso giorno assistette alla benedizione del mare, toccante e avita cerimonia celebrata in favore dei pescatori.

Fu sempre quel giorno che Jean Cocteau portò via il Cristo dalla chiesa di Nieuport (distrutta dai bombardamenti) per deporlo all'ospedale di La Panne. In seguito scrisse a Elisabetta del Belgio, rievocando quella toccante memoria: «...Conservo il ricordo della storia commovente del Cristo della chiesa distrutta di Nieuport. Lo portai a La Panne in uno dei nostri posti di pronto soccorso. Che memorie adorabili e stupende sotto il segno di Vostra Maestà!».

Nella bella stagione mia madre trascorreva ore intere dei rari momenti di svago in una casettina ai piedi delle dune, prossima a un boschetto dove gorgheggiava un usignolo. Là leggeva e scriveva, in solitaria pace. Erano ammesse poche visite di intimi come il principe e la principessa di Teck. Fu fatta un'eccezione anche per Pierre Loti.

Non conosco le impressioni di mia madre sul celebre scrittore che Carlo Bronne ci descrive «incipriato, e inarcante la bassa statura sui tacchi alti, fiero del ticchettio della sciabola da parata che portava per l'occasione».

L'autore dei *Desenchantées*, invece, pubblicò nella «Revue des Deux-Mondes» del 15 giugno 1918 il suo *Breve intermezzo di incanto in mezzo all'orrore*. Eccone alcuni estratti:

«Sua Maestà mi apparve delicatissima e giovanissima nell'abito semplice in maglie di seta blu, i capelli imprigionati in una sorta di turbante di garza anch'esso blu tenuto da una spilla dalla testa di zaffiro. Ma il blu che eclissava tutti gli altri blu era sempre quello dei suoi occhi limpidi.

«Fra boschetti stentati che di solito il mare tormenta è posata ora sulla sabbia la capanna reale. Tutto attorno una corona di fiori di primavera, soprattutto magre violaciocche che sono spuntate là soltanto a forza di buona volontà. Dentro la casuccia è un incanto di semplicità elegante e di tinte sobrie e raffinate; è interamente tappezzata di sete persiane blu, leggerissime, i cui grandi disegni ravvivati da un pizzico di rosa rappresentano portici di moschee.

«Unici mobili una scrivania senza cassetti e alcuni divani con cuscini di sfumature chiarissime, dagli strani disegni, anche semplicissimi ma mai visti».

Il quadro descritto da Loti è stato filtrato attraverso la sua fantasia di poeta. La descrizione del boschetto è trasfigurata dalla presenza di mia madre; egli non accettava di vederla muoversi in un mondo banale:

«Gli alberi gracili che sgorgano a ciuffi dal terreno sabbioso hanno statura d'arbusti, tre metri d'altezza, e ci danno ombra a malapena. Ma questo bosco è comunque adorabile, adorabile perché recinto, perché ha mantenuto l'aspetto selvatico, adorabile proprio perché piccolissimo, e tanto stento, tormentato dalle raffiche del vento che viene dal mare, e perché raro su quelle spiagge, e perché là spuntato eccezionalmente, come apposta per le passeggiate di una regina martire... Con semplicità e grazia giovanili la regina nel passare sposta con grande delicatezza i rami, per mostrarmi nidi d'usignoli. "Osservate" dice "come sono fidenti: hanno nidificato tanto in basso."».

Dopo quell'ora trascorsa nella casetta dalla tappezzeria blu Loti inviò a mia madre queste poche righe: «Mi rendo conto che sono stato della peggior futilità. Avrei voluto, e forse avrei potuto, dire a Vostra Maestà parole che l'avrebbero un po' interessata, a proposito della vertigine che le mie nuove convinzioni mi causano. Ma ho perduto dicendo banalità un'ora che non tornerà mai più».

In quella stessa casetta mia madre migliorava il suo fiammingo, con le lezioni di un maestro di La Panne, Monsieur Nostredam, che per la circostanza si abbigliava in finanziera e bombetta.

Anche noi prendemmo lezioni da quel brav'uomo. Di noi tre bambini soltanto Leopoldo parlava correntemente quella lingua tanto ricca ma tanto difficile.

Con i soldati, con i contadini, e in particolare con i pescatori, i miei genitori conversavano in fiammingo. Conoscevano tutte le sottigliezze di quel linguaggio rude, concepito dai discendenti dei primi abitanti dei *polders*.

Il pittore Claus, che spesso veniva da noi, mi divertiva tantissimo quando raccontava che per far marciare al passo i soldati fiamminghi si doveva gridar loro non «uno, due!» ma «boer pap, bier pap!».*

Un giorno, rannicchiata nel boschetto dove «gorgheggiava l'usignolo», e mentre vivevo intensamente l'avventura del *Capitano di quindici anni*, di Giulio Verne, udii a un tratto la voce di Briquet, il servitore: «Sua Maestà il re ha quasi finito di pranzare». Tratta bruscamente fuori dal mondo fantastico, tremante, raggiunsi la famiglia attorno alla tavola imbandita. Rischiavo un aspro rimprovero. Ma non accadde nulla, papà quel giorno aveva ben altre preoccupazioni... Nelle ore più cupe, quando i tedeschi scatenavano un'offensiva, oppure quando il comando alleato esigeva troppo dall'esercito belga, mio padre stava silenzioso. Nessuno osava parlare. In quei giorni l'atmosfera era pesante e difficile. Si sentiva soltanto il risucchio prodotto dal maggiore Galet nell'aspirare la minestra.

Non fiatava neppure il maggiore Jungbluth, se era presente e non come al solito in missione a Le Havre, osservatore o portavoce di mio padre. Lo vedo ancora, nel dopo pranzo,

* Zuppa di porri, zuppa di birra.

mentre fuma un grosso sigaro e stando rigido sulla sedia agita soltanto i piedini ben arcuati, proporzionati alla sua statura inferiore alla media.

Un giorno, a causa di un ritardo nell'arrivo di rinforzi britannici, mio padre, esasperato, durante il pranzo sospirò: «Ah, questi inglesi!». Tre parole che bastarono a far scoppiare in singhiozzi miss Hammersley. Mia madre lanciandole dolci occhiate tentò di alleggerire l'atmosfera.

Quando c'erano incursioni aeree su La Panne la mia tata era l'unica che si precipitasse nel riparo, la cantina di villa Maskens. Al minimo allarme si insediava là con tutti i suoi tesori stipati in una cesta da biancheria. E vi restava per ore. A ogni detonazione lanciavamo là dentro, attraverso gli spiragli, pezzi di shrapnel e schegge di granate raccattati fra le dune. Finì per scoprire l'inganno, ci minacciò di pene severe, e tuttavia non osò lasciare il rifugio. Una volta da lì vedemmo uscire una sorta di bestia antidiluviana. Era la cara Miss, con la maschera antigas. Riuscì a toglierla soltanto con l'aiuto del gendarme di servizio.

Per proteggere gli uomini dal famoso gas «senape» contenuto nelle granate esplosive l'esercito aveva confezionato delle maschere che furono chiamate «grugno di porco». Per metterle gli uomini dovettero radersi. E la moda seguì.

Quando miss Hammersley tornava in Inghilterra, per sorvegliare i nostri giochi veniva spesso incaricato il comandante Lancksweert, ufficiale d'ordinanza di mio padre. La contessa di Caraman, che per lui aveva un debole, lo soprannominò «il martire».

Nel laghetto in fondo al giardino avevamo fabbricato un trampolino di fortuna. Quando il brioso comandante vi mise piede, quell'arnese sprofondò. Vedo ancora i bei calzoni rossi da ufficiale delle guide completamente inzaccherati di fango. Il comandante non apprezzò affatto quell'avventura.

Talvolta aveva il pesante compito di occuparsi di noi un altro ufficiale, il comandante d'Avreux. Era un ottimo musicista, un eccellente pianista. Spesso suonava con mia madre. Era riservatissimo, ma sovente distratto. Lo mettevamo in crisi costringendolo a raccoglierci le more: praticamente lo spingevamo nelle macchie spinose; ne usciva col colletto sporco e cercando il pince-nez. Eravamo ben lontani dal sospettare che d'Avreux avesse l'intelligenza curiosa di uno scienziato e lo spirito di un eroe. Un giorno sparì misteriosamente. Più tardi si seppe che era stato ucciso mentre compiva una temeraria missione come osservatore.

Per una delle traversate Dover-Calais era con me la povera contessa d'Avreux, che tornava dalla Gran Bretagna per assistere alle esequie del marito. Nascosta in uno spesso velo da lutto piangeva in silenzio. La guardavo, stupita. Infatti per insegnarci a vincere i dispiaceri infantili ci ripetevano spesso che gli adulti non piangono mai.

A dire il vero i nostri migliori compagni di giochi erano i gendarmi: Gaspard e il suo braccio destro, chiamato «Fratellino». Si prestavano a tutte le nostre fantasie infantili. Ci aiutavano a fabbricare fionde, a fare fischietti e a dare la caccia ai conigli selvatici, soli abitanti delle dune. I conigli tagliavano la corda e sparivano nelle tane.

Durante le vacanze i miei fratelli continuavano a indossare le loro uniformi. Leopoldo quella blu cupo della fanteria. Più tardi, quando ebbe il grado di sergente, indossò la divisa color kaki, a imitazione degli inglesi. Quel colore fu poi adottato dall'esercito belga. Il berretto a bustina con la nappa d'argento gli stava benissimo. Carlo non smetteva la divisa da boy scout.

Per tutti noi il giorno di Pasqua rappresentava un momento di distensione. La mattina presto partivamo in cerca delle uova nascoste da nostra madre.

Ma una volta scoprimmo che Leopoldo era stato favorito: dietro la casetta mia madre aveva nascosto due uova tutte per lui. Carlo e io avevamo l'impressione che i nostri genitori fossero indulgenti soltanto con Leopoldo. Ne nascevano piccoli drammi che il più delle volte si traducevano in scherzi di dubbio gusto che egli sopportava con indifferenza altezzosa. Un giorno riempimmo la sua camera di sterco di coniglio. Un'altra sera trovò il letto pieno di cardi delle dune. Ma nel profondo eravamo fieri di lui quando lo vedevamo partire zaino in spalla per le trincee.

La gioia massima era accompagnare nostro padre nelle sue passeggiate. Usciva con qualunque tempo.

La scalata della «Grande duna» ci entusiasmava perché ne scendevamo di corsa, arpionati e trascinati dalle forti mani di papà. Avevamo l'impressione di volare! Quella duna, sensibilmente più alta delle altre, a quel tempo mi pareva una montagna immensa. Dalla vetta, con l'ausilio dei binocoli, si intravvedeva Dixmude. Mia madre scrive molte volte: «Passeggiata sulla "Grande duna" con Alberto e i bambini».

11 luglio 1917: «Passeggiata con Maria José sulla "Grande duna". Visto bombardamento di batteria fra Coxyde e Dunkerque. Due granate scoppiano proprio vicino a noi».

I miei genitori trascinavano su quella duna anche gli ospiti illustri: «...Alle due e mezzo passeggiata sulla "Grande duna" col pittore Claus».

Mia madre vi fotografò il celebre violinista Ysaye che suonava alcuni accordi nel vento.

A La Panne condivideva la nostra vita quotidiana una pecora gentile. Eccone il motivo: leggo nell'agenda di mia madre, in data 25 luglio (giorno del suo compleanno) 1916:

«...Alberto entra stamane nella mia camera da letto, seguito da una pecora bianca che ha un fiocco rosa [come gli agnelli di pace] - probabile allusione ai negoziati in corso per far cessare il conflitto - è il regalo di compleanno, assieme a un coniglio bianco e a un magnifico usignolo giapponese».

Alla fine il compito di occuparsi della pecora spettò a noi. Essa aveva il glorioso nome «Yser» e ci seguiva dappertutto. Un giorno penetrò nello studio di mio padre e divorò un dispaccio di Stato... Non se ne conobbe mai il testo. Mio padre, già molto innervosito per tutte le preoccupazioni della guerra, ebbe un accesso d'ira. Ma per fortuna tali stati d'animo in lui erano più esplosivi che durevoli.

All'età di undici anni fui preparata alla Prima Comunione. L'insegnamento religioso fu affidato a padre Bommelle, superiore del convento degli oblati. Era un uomo piccolo, completamente tondo, che parlava con speditezza. Non ascoltavo molto quel che mi diceva. Allora mio padre tentò di inculcarmi i principali elementi di catechismo. Ma la gioia di vedermelo accanto era tanto grande che m'impediva di fare qualunque sforzo d'attenzione.

Ero ancora nel collegio di Brentwood quando egli mi scrisse, il 20 febbraio 1916:

«...Preparati con cura alla tua Prima Comunione. È un grande giorno della vita. Io ricordo sempre la mia Prima Comunione come un avvenimento felice della mia esistenza».

Queste righe non mostrano con quanta serietà mio padre affrontasse le questioni religiose?

Poco tempo prima del giorno solenne mia madre ebbe qualche discussione accesa con Miss Hammersley a proposito del mio abito da comunicanda. Era stato fatto a Londra. Mia madre lo reputava troppo sfarzoso, visti gli avvenimenti. Me ne fu fatto uno più semplice.

Del giorno della cerimonia non dimenticherò mai la sensazione provata nell'essere vestita tutta di bianco, compreso il nastro di seta che tratteneva le calze.

La messa ebbe luogo il 15 agosto nella chiesa di Vinckem. In quel villaggio mia madre aveva istituito una scuola per i figli dei soldati.

Il decano di Ypres mi diede l'ostia santa. I canti furono belli e commoventi. Tuttavia la mia sola preoccupazione fu di non inciampare nel tappeto mentre mi dirigevo alla mensa eucaristica.

Dopo la messa distribuii immaginette ai bambini presenti, in ricordo di quella giornata memorabile. Ma non ebbi pace finché non ritrovai i miei conigli e la cara pecora, che nulla aveva da spartire con «l'Agnello mistico». Mi precipitai al suo inseguimento con tale impeto che il velo si impigliò nei rovi e si strappò completamente.

Quando le vicissitudini della guerra glielo permettevano mio padre ci portava a Dunkerque a visitare le navi della Royal Navy. Una grande attrazione fu un'immersione in sottomarino. Ci spingevamo l'un l'altro per guardare attraverso il periscopio. Ci avvincevano la piccolezza di quel sommergibile e i viluppi e tubulature dei suoi macchinari sprigionanti calore e odore d'olio.

Al ritorno la costa fu bombardata. Dovemmo attendere

sotto una pioggia di schegge di granata e di shrapnel la fine dell'incursione.

Ogni tanto nel tardo pomeriggio andavamo a Furnes. In seguito al trasferimento del Gran Quartier generale a Houthem, provocato dalla violenza dei bombardamenti, Furnes sembrava una città morta: l'erba spuntava fra il selciato delle vie deserte, regnava un silenzio opprimente. Amavo quella città che aveva conservato un'impronta ispanofiamminga, con la piazza principale a pignoni e la torre quadrata. Vi salivamo per guardare la pianura che si stendeva fino alle linee nemiche. Solo pochi contadini ostinati coltivavano ancora le loro terre.

Quelle immagini richiamano irresistibilmente il ricordo di Emile Verhaeren:

Veuves, debout au long des mers
Les tours de Lissewege et de Furnes
Pleurent, aux vents des vieux hivers
Et des automnes taciturnes
Elles règnent sur le pays
Depuis quels jours, depuis quels âges
Depuis quels temps évanouis
Avec les brumes de leurs plages?
Et vous demeurez là, seules au vent nocturne
Vous les tours, les tours gigantesques, les tours
De Nieuport, de Lissewege et de Furnes,
Sur les villes et les hameaux flamands
Au-dessus des maisons vieilles et basses
Vous carrez votre masse
Tragiquement.*

* Vedove in piedi lungo i mari / Torri di Lissewege e di Furnes / Piangono ai venti dei vecchi inverni / e degli autunni silenti. / Da quali giorni, da quali ere, / da quali epoche dimenticate, / regnano su questa terra, / sulle sue spiagge annebbiate? / Voi sole state, al vento notturno, / voi torri, gigantesche torri, / di Nieuport, di Lissewege e di Furnes, / alte su villaggi fiamminghi e città, / tranquille state ai venti, / sulle vecchie e basse case, / state tragiche e imponenti. [16]

# VII

# «BRANDELLO DI PATRIA» L'OSPEDALE OCÉAN

Mio padre spesso dovette attendere mia madre, che indugiava presso i feriti, dimenticava l'ora dei pasti, talvolta arrivava quando si era al dessert. Egli la accoglieva in silenzio. Era sempre preoccupato per la salute di lei. La rivedo: aveva sulla testa una sciarpa di seta trattenuta da un nodo che ricadeva sulle spalle. Non portava mai la cuffietta da infermiera, non voleva usurpare il ruolo, anche se passava giornate intere nei cameroni d'ospedale, con la sua presenza galvanizzando le energie e stimolando tutti. Quanti soldati le dovettero buona parte della loro guarigione?

Risale a quel tempo il bel busto dello scultore Vinçotte: l'artista ha immortalato Elisabetta del Belgio, ed ella ha proprio i capelli tenuti in quel suo modo tanto indovinato e personale.

Nell'ottobre 1914 i feriti della battaglia dell'Yser venivano curati soltanto dopo essere stati trasportati in qualcuno degli ospedali disseminati fra Calais, Furnes, Adinkerke ecc. Molti di quei combattenti sfortunati morirono per mancanza di soccorsi tempestivi. Era indispensabile modificare la situazione. Bisognava creare in territorio belga un centro ospedaliero diretto da un corpo medico competente.

Il 25 agosto 1914 mia madre scrive: «Visita al pronto soccorso, manca il necessario. I medici amputano molto... Bisognerebbe avere qui un capo chirurgo che abbia esperienza di guerra. Decido di far venire Depage».

La scelta non poteva essere migliore. I miei genitori conoscevano Depage da lunga data, e lo stimavano. Aveva fatto le sue esperienze come medico militare nella guerra dei Balcani, negli anni 1912 e 1913. Se si deve credere agli astri, la splendida collaborazione fra il sovrano e il grande chirurgo fu favorita dal cielo. La sera stessa dell'arrivo di Depage a La Panne mia madre annota nella sua agenda: «Depage arriva alle sei. Resta a cena con noi. Meraviglioso chiaro di luna, si vedono anche Venere e Marte».

Depage era un uomo dotato di una volontà ferrea. Nessun ostacolo poteva fermarlo, se doveva praticare la sua arte. E la regina, con l'energia e la tenacia che le erano proprie, lo sostenne con, e contro, tutti.

Egli come prima cosa dovette sovraintendere a tutta la situazione sanitaria del fronte. L'impegno era schiacciante. Vi si mise d'impegno dal 31 ottobre 1914.

Mia madre, che conosceva lo stato di ognuno di quegli ospedali, lo accompagnò a ispezionarli. Depage approvò pienamente il piano di trasformare l'hôtel de l'Océan di La Panne in un immenso ospedale militare, in modo da mettere al servizio dei feriti tutte le risorse della tecnica chirurgica.

«...Alberto e io andiamo a vedere l'hôtel de l'Océan, che viene preparato a diventare l'ospedale Depage», scrive mia madre il 24 novembre.

Non era facile mettere in funzione una struttura tanto grande. Mancava tutto, persino il riscaldamento che potesse permettere di affrontare i rigori dell'inverno. Il chirurgo si mosse di persona, fino a Londra, e dopo molte richieste alle autorità e alla Croce Rossa finì per ottenere il materiale necessario a quell'opera notevole.

«Depage torna dall'Inghilterra. Arriva qui. Ha sistemato ogni cosa col maggiore Gordon per avere tutto quel che è necessario per il pronto soccorso. Soprattutto il riscaldamento. Depage è meraviglioso.»

L'ospedale cominciò a funzionare dal dicembre 1914. In quel momento aveva milleduecento letti. Alla fine della guerra più di tremila. Il regolamento dei servizi di sanità, per gli ospedali del fronte, autorizzava un massimo di duecento letti. Ma Depage se ne infischiava assolutamente di quei regolamenti anacronistici, e nessuno osò opporsi alla sua nuova struttura. È anche vero che molti temevano i suoi santi furori, e che nessun essere umano poteva resistere alla sua voce tonitruante.

Quel terriero, del quale mio padre molto apprezzava la rude sincerità, mi faceva pensare a un grosso orso, massiccio e dai gesti bruschi. Si associava alla nostra vita di famiglia e noi bambini lo amavamo molto. Mia madre non temeva gli uomini di quel genere, anzi possedeva l'arte di ammansirli. La collaborazione discreta e quasi giornaliera di lei fu per lui un apporto prezioso.

Ecco una delle giornate di mia madre, a caso dalla sua agenda:

«...Pomeriggio, in auto con Depage a Sint-Gans-Molen, poi a piedi per vedere il pronto soccorso mobile installato da Depage per l'operazione di laparatomia. Conferenza all'Océan del dottor Duval sull'estrazione di corpi estranei dai polmoni».

«...All'Océan, assistito operazione di cancrena. Visto il dottor Depoorter, gravemente ferito dinanzi a Dixmude. Mi dice che sta per morire, mi chiede: "Scriva a mio padre che sono deceduto nel compimento del dovere..."»

Qualche giorno dopo:

«Il dottor Depoorter sta meglio, da quando gli hanno amputato la gamba...».

Depage s'era circondato di una squadra di eccellenti chirurghi. Fra gli altri: Derache, Debaisieux e Van der Velde. Quest'ultimo, sempre cortese e sorridente, faceva gli onori di casa. Era il contrario del suo capo burbero e impaziente.

Talvolta mia madre segnalava con grandissima precisione i pericoli provocati dalla negligenza sanitaria:

«...All'ambulatorio-riposo Santa Elisabetta, l'8 dicembre 1914. Un centinaio di soldati, in gran parte malati: influenza, angina, enterite, reumatismi articolari, un caso di orecchioni, un morbillo di sei giorni, una scarlattina di una settimana. E il medico militare addetto non tien conto del pericolo di contagio».

Sul piano umano mia madre apprezzava di Depage la semplicità d'animo. Egli, dal proprio canto, condivideva i gusti poetici e la fresca spontaneità della sovrana. Leggo nell'agenda:

«...Trovato con Depage un nido di usignolo, nel piccolo bosco dietro la villa. Passeggiata con lui e Leopoldo. Saliamo sulla "Grande duna". Veduta magnifica, tramonto rosso fuoco. Straordinario effetto di storni che si radunano. Ci paiono fumi di shrapnel».

Depage, melomane raffinato, nonostante il lavoro massacrante trovava il tempo per organizzare riunioni musicali:

«Alle otto musica da Depage. Madame Croiza canta, suonano Monsieur Wagner e Monsieur Hekking, pianista e violoncellista. Sono entrambi di Nieuport. Suona anche un giovane pianista fuoriclasse, Figon, caporale al faro di Nieuport».

Legami d'amicizia ancora più forti unirono la regina e il grande chirurgo dopo che i tedeschi il 7 maggio 1915 silurarono il *Lusitania*. Madame Depage era fra i passeggeri. Rientrava dall'America, dove aveva raccolto fondi per i feriti.

«Trascorsa un'orribile notte senza sonno, sempre col pensiero al naufragio del *Lusitania*. Mattinata inquieta, pensieri incessanti. Il nome di Madame Depage non figura su alcuna lista ufficiale. Non c'è più speranza.»

Il granduomo crollò. Mia madre ne fu il massimo sostegno e lo incoraggiò a proseguire nel suo compito. Il corpo della povera Marie Depage fu ritrovato, e una tomba provvisoria raccolse le spoglie in cima a una duna isolata.

Ogni tanto accompagnavo mia madre all'ospedale Océan. Mi impressionavano orribilmente le urla dei feriti al momento della medicazione. Ma non osavo manifestare alcun sentimento, per paura che mi venisse proibito di andare in quei luoghi di sofferenza.

Durante la grande offensiva del 1918 fui fiera di potermi rendere utile preparando fasciature per la sala operatoria. Mi fu anche permesso di portare camice e velo da infermiera. Quando seppi che l'aviatore Willy Coppens, al quale dovevamo numerosissime vittorie, era stato amputato di una gamba, volli assolutamente vederlo. Ho il ricordo di un uomo giovanissimo, pallido, che soffriva atrocemente. Mi tese la mano ringraziandomi. Ero felice di aver visto un eroe. Mio padre lo decorò con la medaglia d'oro e gli diede un titolo nobiliare.

I tedeschi lanciarono i primi gas asfissianti, e tutte le misure prese si rivelarono inefficaci dinanzi alla virulenza di quelle nuove sostanze tossiche, corrosive e soffocanti. Molti soldati ebbero i polmoni completamente bruciati. Leggo nel diario di mia madre: 22 aprile 1915: «Primi gas asfissianti nei dintorni di Ypres».

26 aprile 1915: «Inglesi e francesi fermati dai gas asfissianti che i tedeschi diffondono tramite nubi. Si fa l'analisi delle buste protettive trovate sui prigionieri. Constatato iposolfato di soda come protezione contro i loro vapori di cloro».

Il dottor Nolf, che dopo la guerra fu nominato medico della casa reale, si specializzò nella cura dei gassati. In seguito molti furono mandati a Nizza.

La fama dell'Océan aumentò a tal punto che scienziati, chirurghi, specialisti di tutte le nazionalità affluivano per visitarlo, e anche per lavorarvi. Il dottor Alexis Carrel vi trascorse una settimana per insegnare a sei medici francesi il nuovo sistema di trapianto.

22 marzo 1916: «Carrel e Tuffier chiedono a Depage di creare a La Panne un laboratorio scientifico, e di accettare la presidenza delle conferenze che si terranno a Parigi».

Il 17 luglio arrivò all'Océan un medico americano inviato dalla Fondazione Rockfeller «per esaminare il rimedio che desensibilizza le ferite».

Per distrarre i feriti la regina organizzava all'Océan feste, concerti, spettacoli e conferenze. Ho ancora la memoria di quei Natali commoventi, celebrati nel salone ch'era stato decorato in modo graziosissimo dalle infermiere, con ghirlande di carta e drappi tricolori. Centinaia di feriti stavano là nei loro pigiami di flanella. Molti invalidi e amputati erano in barella, altri si appoggiavano su stampelle, altri infine, a volte ciechi, avevano la testa avvolta di bende. L'atmosfera era vibrante di patriottismo.

Il futuro direttore del teatro de La Monnaie, Corneille de

È certo che i giovani sposi desideravano ardentemente restare «finalmente soli».
Ma dovettero pazientare ancora...
(I giovani sposi Alberto di Fiandra e Elisabetta in Baviera)

Enrichetta aveva molte affinità col fratello Baldovino... Giuseppina condivideva i gusti di mio padre: detestava la caccia e non aveva alcuna predilezione per l'equitazione e la danza... (Enrichetta e Giuseppina, sorelle di Alberto I)

Quel giorno mi parve che tutte le persone che avvicinavano i miei genitori li trattassero con una deferenza del tutto particolare. Avevo tre anni. La tata mi spiegò che... stavano per ricevere una corona. (La coppia reale, Alberto I e Elisabetta)

Invidiavo e ammiravo i capelli lisci e lunghi delle cugine, i miei erano corti e crespi...
(Maria José nel 1910)

Aspettavamo con impazienza il ritorno di mio padre dalle sue scalate. Tornava con la pelle brunita dal sole, avendo ogni volta perduto il pince-nez, col colletto aperto, un gran fazzoletto attorno al collo, la piccozza in mano...
(Alberto I, re alpinista)

*In alto*: «I suoi spostamenti non avevano la bella regolarità dei viaggi di un uccello migratore, erano piuttosto il turbinio di uno spirito perduto che va a caso nel cielo, più non trova il nido e non è regolato da alcuna disciplina...»
(Elisabetta, imperatrice d'Austria, zia e madrina di Elisabetta del Belgio)
*Sopra*: Mio fratello Carlo e io eravamo le pesti della famiglia. Leopoldo aveva già un'intelligenza più concreta. Ricordo che col fratello cadetto partivamo in segreto, candela in mano, per esplorare i formidabili sotterranei del castello...
(Leopoldo, Maria José e Carlo, nel 1913)

All'educatrice temutissima succedette Miss Hammersley, una brava inglese sentimentale e ignorante. Non mi pareva vero di non essere più costantemente sgridata...
(La regina Elisabetta e Miss Hammersley)

Dalla mia stanza sentivo un continuo viavai di vetture. Tutti parevano tetri. Non mi si raccontava nulla. Il solo Leopoldo si prese la briga di spiegarmi che i soldati belgi venivano mandati alla frontiera per fermare i tedeschi...
(La Grande Guerra, Alberto I e Elisabetta in trincea)

*Sopra*: Mio padre, preoccupato della piega drammatica presa dagli avvenimenti, mandò i figli in Inghilterra.
(Nel parco del castello dell'Hampshire, i tre principini con Lord Curzon e famiglia)
*A sinistra*: Mia madre si divertì a travestire Cinzia da ufficiale dell'esercito belga.
Le mettemmo i baffi. La presentai a Lord Curzon come capitano Lancksweert.
Non la riconobbe...
(Cinzia Curzon, travestita, e il capitano de Nève)

*Nella pagina accanto, sopra*: A La Panne condivideva la nostra vita quotidiana una pecora gentile. Eccone il motivo: leggo nell'agenda di mia madre: «Alberto entra stamane nella mia camera da letto, seguito da una pecora bianca, è il regalo di compleanno...»
(Maria José e la pecora)
*Sotto*: Alla fine il compito di occuparsi della pecora spettò a noi. Un giorno penetrò nello studio di mio padre e divorò un dispaccio di Stato. Mio padre ebbe un accesso d'ira...
(La pecora, Maria José e Leopoldo)

Nelle sue memorie il generale Foch scrive: «Il re viveva con la regina a La Panne, e veniva tutti i giorni al Quartier generale, al presbiterio di Houthem. In quel modesto ridotto continuava a battere il cuore del Belgio. Là stava il focolare di energia...»
(Alberto I a La Panne)

Fu in quel periodo che Miss Hammersley, infatuata delle famiglie reali, mi parlò di un eventuale matrimonio con Umberto I di Savoia principe ereditario d'Italia. Mi diede la foto di un giovane principe vestito da boy scout...
(Maria José e Miss Hammersley)

Per quanto immaginassi già d'essere la sposa di quel principe affascinante, sovrano di un regno fiabesco... quando la madre superiora mi chiese quale fosse il mio ideale nella vita risposi: «To be a perfect beauty».

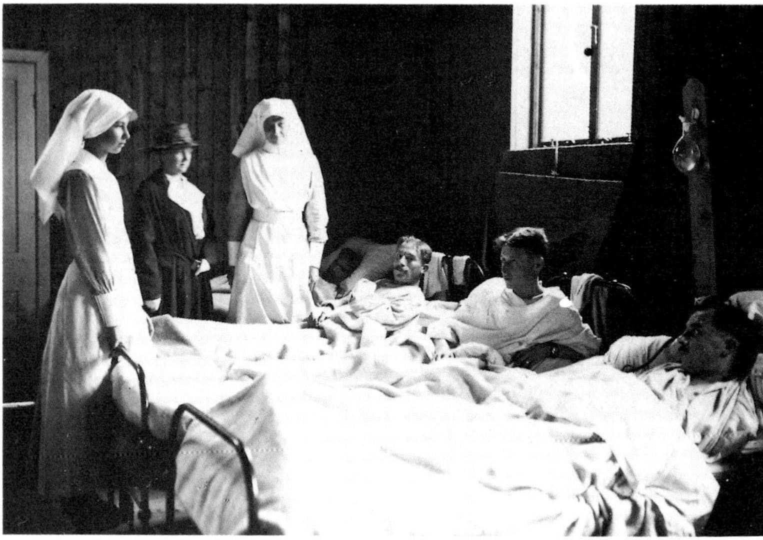

*In alto*: Durante la grande offensiva del 1918 fui fiera di potermi rendere utile preparando fasciature per la sala operatoria. Mi fu anche permesso di portare camice e velo da infermiera...
(Maria José all'ospedale Océan)
*Sopra*: È noto che Foch si recava spesso al fronte belga, a sentir lui per incitare mio padre alla resistenza. Il re, pur essendo infastidito da quell'atteggiamento, nondimeno ammirava il coraggio e l'indomabile volontà del generale.
(Maria José e il generale Foch)

La prima escursione fu a Venezia. Il freddo rigido di quell'inverno aveva gelato la maggior parte dei canali. Potemmo tuttavia andare in gondola sul Canal Grande. Dalle strette viuzze emanava fetore di cloaca. La città era deserta.
(Maria José fra Umberto e Iolanda di Savoia)

Udii a un tratto la voce di Briquet, il servitore: «Sua Maestà ha quasi finito di pranzare». Tratta bruscamente fuori dal mondo fantastico, raggiunsi la famiglia attorno alla tavola imbandita. Rischiavo un aspro rimprovero. Ma non accadde nulla...
(Maria José a La Panne nel 1918)

*In alto*: L'entusiasmo era al culmine. Una marea di fazzoletti bianchi, di drappi tricolori, di banderuole, si agitava alle finestre, e su tetti, lampioni, alberi, chioschi... Al termine di quel commovente percorso facemmo una sosta dinanzi al Parlamento...
(La famiglia reale dinanzi al Parlamento, a Bruxelles liberata)
*Sopra*: «È una fanciulla pura e innocente come il biancore della neve», diceva di lei Selma Lagerlöf. Una mattina di novembre Astrid venuta dai mari del Nord sbarcò ad Anversa. Leopoldo le andò incontro sulla passerella e la strinse a lungo fra le braccia...
(Astrid e Leopoldo)

*Sopra*: Astrid aveva ricevuto una educazione semplicissima, quasi borghese. Il padre era stato rovinato dalla guerra. Ella non parlava una parola di francese, ma colmò presto la lacuna. Il primo figlio fu una bambina... (Astrid e Giuseppina Carlotta)

*In alto, a destra*: Fin dalla giovinezza fui allevata nell'idea che un giorno avrei sposato Umberto. Tale prospettiva aveva assunto nella mia mente di fanciulla la forma di un sogno dorato, di una fiaba. Mia madre nutriva la mia speranza. (Maria José fantastica dinanzi a un ritratto di Umberto)

*In basso*: Alla fine degli studi la mia cultura generale lasciava a desiderare. Mio padre si mise d'impegno, con coscienza e costanza, per colmare le mie lacune. «Ci si aspetta molto dai principi» diceva «ma spesso la loro vita è pigra, perché gli si facilita troppo il compito...»
(Maria José si esercita col violoncello)

Il 7 settembre 1930 Astrid mise al mondo un maschio che fu chiamato Baldovino in ricordo del fratello di mio padre. Il giovane principe ricevette nella culla dalle fate l'intelligenza del padre e il cuore della madre...
(Leopoldo, Giuseppina Carlotta, Alberto I, Baldovino, Astrid)

In quel momento l'Italia era in piena prosperità economica e il fascismo alimentava nel popolo il gusto del fasto e dei festeggiamenti. Un matrimonio principesco si inseriva bene nella linea di quella politica...
(I Savoia e la famiglia reale del Belgio)

La nobiltà torinese, profondamente legata alla casa Savoia, si rovinava in balli per il suo principe. La società era divisa in due clan: quelli che erano per il vermouth non andavano dai produttori di Fiat, e viceversa...
(Maria José, al centro con i fiori all'altezza del petto, fra nobili e gentiluomini di corte piemontesi)

Umberto e io avevamo spostato la nostra residenza da Torino a Napoli. Non era soltanto un mutamento di cornice; tutta la vita era diversa nel Mezzogiorno solatio. Le persone, più espansive, esprimevano con esuberanza la loro simpatia...
(Maria José nelle acque del golfo di Napoli)

All'avvento di Hitler, Einstein lasciò la Germania. Per qualche tempo soggiornò in Belgio, dove i miei genitori ebbero il privilegio di incontrarlo. Fu allora che nacque l'amicizia che li legò...
(Einstein nel parco reale di Laeken)

Nessun essere sparisce completamente, egli sa che la sua fine non lo trascina immediatamente verso l'oblio, quelli che lo seguono conservano la testimonianza della sua vita...
(Quattro generazioni, di madre in figlia: Maria José di Braganza, Elisabetta del Belgio, Maria José e Maria Pia di Savoia)

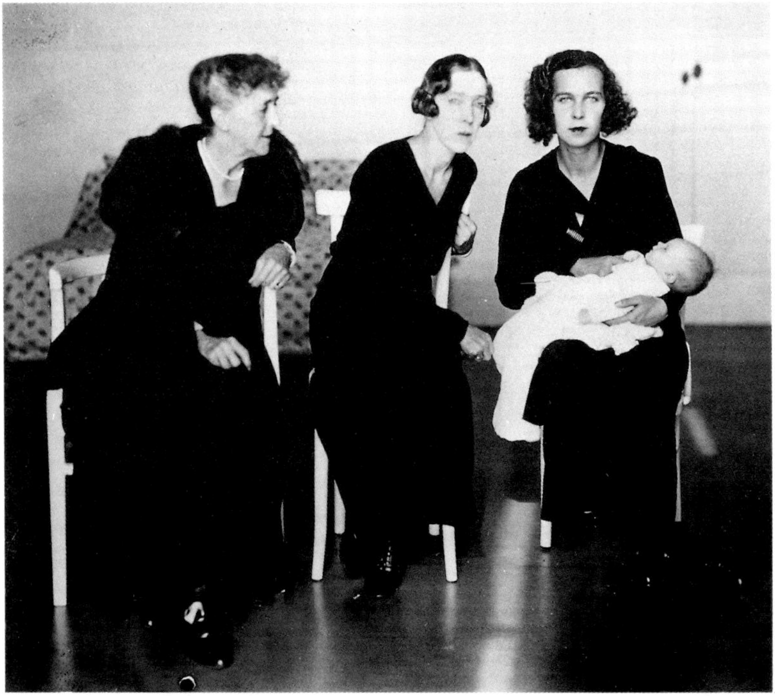

Thoran, a quel tempo sergente nell'esercito belga, aveva formato un'orchestra di soldati che una volta eseguì con brio la *Danse macabre* di Saint-Saëns alla presenza del compositore.

Alcuni anni dopo, rievocando quel ricordo, Thoran scrisse a mia madre: «Due miracoli realizzati dalla Regina: la nascita in piena bufera di una falange musicale formata da elementi di valore, e la rivelazione in noi umili soldati di sensibilità artistica e gusto insospettati».

Innumerevoli artisti andarono a suonare all'Océan. Fra essi Eugène Ysaye e il fratello Théo, pianista. Madame Croiza, che si distinse cantando Mozart. L'americana Loë Fuller, che danzò nei suoi veli multicolori. Furono allestiti spettacoli teatrali: *Le Cloître*, di Verhaeren, *Le Médecin malgré lui, Les Ombres*, di Barrère. Ottime compagnie giungevano espressamente da Parigi.

La regina incoraggiò una pleiade di pittori, la maggior parte dei quali combatté valorosamente, che rappresentarono l'infinita desolazione dei campi di battaglia: Wagemans, Meunier, Thiriar, Houben, Claus e soprattutto Alfred Bastien, che gravemente ferito immortalò *L'inondazione delle piane dell'Yser*. Mia madre chiese loro di decorare il nuovo salone delle feste dell'Océan. Il giorno dell'inaugurazione, il 19 gennaio 1917, Albert Leroux eseguì le sue opere al pianoforte, con la collaborazione di alcuni cantanti di Parigi. Le arti dovevano contribuire al lenimento della grande disperazione degli uomini.

## *Amici e personalità*

La presenza dei miei genitori a La Panne aveva trasformato quella modesta località in un luogo d'incontri. Capi di Stato, principi, scienziati, artisti, militari, arrivavano continuamente a render visita ai sovrani belgi.

È noto che Foch si recava spesso al fronte belga, a sentir lui per incitare mio padre alla resistenza. Il re, pur essendo infastidito da quell'atteggiamento, nondimeno ammirava il coraggio e l'indomabile volontà del generale. Ne apprezzava il parlar schietto e la dirittura dei propositi. Amava che gli argomenti venissero esposti con sincerità, anche se non sempre era d'accordo con quel che veniva affermato.

Nelle sue *Memorie* Foch scrive: «Il re viveva con la regina e i principi in una villa in riva al mare, a La Panne. Il re veniva tutti i giorni al Gran Quartier generale, insediato allora nel presbiterio di Houthem. In quel modesto ridotto continuava a battere il cuore del Belgio. Là stava il focolare di energia che avrebbe permesso di tenere testa per quattro anni a un nemico formidabile e di ripartire nel 1918 alla conquista della terra natia. Quello resta ai miei occhi il monumento della grandezza di un Paese trionfante sotto la guida cavalleresca del suo re».[17]

Foch amava i bambini, ci divertiva con la sua allegria e le sue battute folgoranti.

Il generalissimo Joffre era rassicurante, forse perché aveva pancia grossa, fame da lupo, bonarietà e calma. Mio padre ne apprezzava le grandi qualità, quelle qualità che permisero la vittoria della Marna. Tuttavia Joffre era di un ottimismo estremistico che esasperava Alberto I. Nel gennaio 1915, momento poco propizio a suscitare entusiasmo, il generalissimo disse al re: «Dobbiamo ottenere un successo decisivo sul campo di battaglia. Non credo a un terzo inverno di guerra. Quest'estate sarà decisiva».

Del tutto diverso era il presidente Poincaré. Mio padre e lui stavano assieme per ore a visitare il fronte o a discutere di spinose questioni militari e politiche. Avevano profonda stima reciproca, e quasi sempre erano d'accordo sulle grandi linee.

Fasciato in abito blu, «alla Mao» ante litteram, il presidente aveva un linguaggio affettato e un atteggiamento cerimonioso e goffo. Tale mancanza di naturalezza poteva venire a noia, anche a giudizio di mio padre che ben di rado ci comunicava le sue impressioni personali, e che non si peritò di mettere a dura prova le gambette corte del presidente, durante una delle loro visite al fronte.

Trovo nell'agenda di mia madre, in data 2 agosto 1915:

«...Alle otto e trenta Alberto parte per Loo, dove incontra il presidente Poincaré. Assieme visitano la seconda linea di difesa dell'esercito belga, lungo il canale, e salgono sulla torre della chiesa gotica. Poi vanno a Forthem, Steenkerke e Furnes, dove nuovamente salgono su una torre. Pranzo a La Panne, il presidente è loquacissimo e cortese, più vivace delle altre volte».

Per i miei genitori Poincaré fu sempre amico leale e devoto. A un certo punto alcune calunnie tedesche, che accusavano i miei genitori di tradimento, si insinuarono negli eserciti belgi e alleati, e si diffusero persino nelle vie di Parigi. Poincaré reagì immediatamente. Andò a La Panne a trovare i sovrani, prendendo a pretesto la festa nazionale belga, e a proposito della campagna diffamatoria commentò indignato: «Neppure i migliori vengono risparmiati».

Quel 22 luglio 1917 egli giunse in visita a La Panne. Poi ne riferì nelle sue *Memorie*. La descrizione offre un'immagine vivida dell'atmosfera che regnava in quel periodo:

«Il re ci aspetta sulla spiaggia. Lo raggiungo e gli esprimo gli auguri della Francia e miei per la festa nazionale belga. Sulla spiaggia una compagnia schierata con le spalle alle onde ci rende gli onori. Il re mi invita a passarla in rivista con lui. Saluto con emozione la bandiera belga. In quel paesaggio marino, dinanzi all'immensità del blu, sotto il cielo luminoso, la semplicità del re in esilio diede a quella cerimonia militare una grandezza inusitata. La compagnia è schierata fino a un piccolo passaggio tracciato nella duna, di fronte alla modesta villa affittata dal re per restare con la regina in un angolo del Paese invaso, il più vicino possibile alle loro truppe. Mi avvio per quello stretto sentiero di sabbia e intravvedo subito l'affascinante regina vestita di chiaro in cima ai pochi gradini della piccola scala che conduce dalla duna alla grande baia del salotto. La principessa Maria José, molto alta, sta con la contessa di Caraman affianco alla madre. La regina ha la croce di guerra francese. Il re sull'uniforme ha, oltre alla croce di guerra, la medaglia al valor militare e la croce della Legion d'onore».

Il 21 maggio dell'anno precedente, mentre infuriavano i

bombardamenti, il presidente aveva consegnato la croce di guerra a mia madre.

Poincaré continua: «Entriamo nella villa. E la tristezza mi assale al vedere ancora una volta quel salottino modestamente ammobiliato che forse fra otto giorni sarà incendiato dalle granate». L'allusione è a un progetto britannico di sbarco sulle dune Nieuport-Ostenda, del quale mio padre e il generale Anthoine, comandante della nuova armata francese, erano tutt'altro che paladini.

«Alberto dice che ha paura che l'offensiva degli inglesi a Nieuport vada incontro a un disastro. Lo spazio di sbarco è troppo stretto, sarà una carneficina spaventosa», annota mia madre il 18 luglio 1917.

Re Alberto scrive: «Ho spesso nuotato lungo la costa. Con certi venti è impossibile nuotare controcorrente. E poi i tedeschi non avranno che da far saltare la duna per pochi metri di larghezza. Il mare entrerà e inonderà tutta la pianura davanti agli inglesi».

Villa Maskens fu ancora una volta risparmiata. Ahimè, sarà completamente rasa al suolo dai bombardamenti della seconda guerra mondiale.

Poincaré, sempre a proposito della visita del 22 luglio 1917, aggiunge: «Passiamo nella sala da pranzo. La regina, come sempre quando la conduco a tavola, mi fa sedere al centro e si siede alla mia destra. Il re si sistema alla mia sinistra. Léon Bourgeois a destra della regina. La principessa e madame de Caraman-Chimay a destra di Bourgeois, che divide amabilmente la propria conversazione fra madre e figlia. Sento che è affascinato».

Anch'io ero affascinata da Léon Bourgeois, un vecchio signore dalla grande barba bianca e dal contegno solenne. Era ministro del Lavoro e della Previdenza Sociale, e sarebbe diventato uno dei promotori della Società delle Nazioni.

Veniva a la Panne anche il maresciallo John French, comandante in capo delle truppe britanniche in Francia (1914-15). Un ottimismo quasi ingenuo lo trascinava a minimizzare le forze nemiche e lo pose più di una volta in situazioni critiche. Mio padre ne ammirava la flemmatica solidità, sebbene si rifiutasse categoricamente di fornirgli anche un solo battaglione.

Nel dicembre 1914 mia madre scriveva: «...Sir John French viene a pranzo, col principe di Teck, col proprio vicecolonnello Bridges, e col generale Lampton. Sir John dice che gli inglesi attaccheranno dopodomani e tenteranno di avanzare a sud di Ypres. Egli crede che saremo a Bruxelles fra due mesi, e che questo segnerà la fine degli Hohenzollern...».

La forma mentis abbastanza semplicista di French stupì mia madre, soprattutto quando egli espresse con candore il sogno di demolire da cima a fondo la cattedrale di Colonia.

Nel 1915, dopo i sanguinosi combattimenti della Somme, French fu sostituito dal maresciallo Douglas Haig. E nondimeno Sir John ricevette il titolo di conte d'Ypres; gli fu concesso dalla corte di Saint James, che non s'era neppure data la pena di chiedere l'assenso al re dei belgi.

Quanto al vice del maresciallo French, il colonnello Bridges, lo ammiravamo tantissimo perché era allegro, pieno di vitalità e molto bello. Ferito alla battaglia di Mons, gli avevano dovuto amputare una gamba, il che non gli impediva di praticare con destrezza l'equitazione, il nuoto, la danza e il tennis. Anche la contessa di Caraman si estasiava dinanzi a quel bell'esemplare della razza britannica.

Furono numerose le visite a La Panne del re d'Inghilterra e di suo figlio David, principe del Galles e futuro Edoardo VIII. La prima dopo la battaglia dell'Yser, il 4 dicembre 1914. Nella piazza di Furnes il sovrano inglese passò in rivista un battaglione. Mia madre scrive:

«Re Giorgio accede al salone del municipio, dove consegna a Alberto l'ordine della Giarrettiera. La cerimonia è molto toccante».

Per l'occasione mio padre, colonnello onorario degli Scots Guards, indossava l'uniforme con colletto e cravatta kaki. Quella divisa gli stava molto bene. Giorgio V aveva un cappotto corto che metteva in evidenza la gracilità delle gambe strette nelle mollettiere. Aveva il berretto d'ordinanza e in mano teneva un bastone da passeggio. Da vicino vidi il suo colorito congestionato, gli occhi grigi un po' globulosi e la barbetta castana che ne accentuava la rassomiglianza col cugino Nicola II. Le sue frasi erano sempre interrotte da tremendi accessi di tosse. A tavola condiva il cibo con grandi pizzichi di pepe rosso che lo faceva bere e tossire maggiormente.

Mio padre testimoniò sempre simpatia verso il re d'Inghilterra. Reputava ch'egli conversasse con buonsenso ed equilibrio.

Il principe del Galles, «cocco delle signore», aveva l'aspetto di un monello. Piccolo, biondo, col viso grazioso, colorito e il naso all'insù, aveva sempre un berretto inclinato impertinentemente sull'orecchio. Le sue osservazioni giudiziose denotavano ch'era più maturo di quanto pareva.

Agenda di mia madre, 4 giugno 1916: «Il principe del Galles, tornato tre settimane fa dall'Egitto, è ora a Poperinge. Dice che se gli inglesi subiranno a Ypres un attacco paragonabile a quello di Verdun non potranno resistere. Ritiene anche che le trincee di Ypres non siano ben fatte».

Il seguito del sovrano inglese comprendeva anche il maharajah di Bikanir, che divertiva molto mia madre; racconta nell'agenda: «Mi mostra come ci si deve mettere il turbante. Esce con me in corridoio e rifà il suo turbante davanti allo specchio».

Miss Hammersley, senza alcun ritegno, passava il proprio tempo a fotografare quegli illustri personaggi.

Spassosissima fu la visita a La Panne della moglie del Primo ministro inglese, Lady Asquith, che teneva ad avere un proprio ruolo specifico. Venne in missione per conto della Croce Rossa. Indossava un bizzarro abito a righe gialle e nere, che faceva pensare a un bruco primaverile. Durante la cena apostrofò il domestico con grandi esclamazioni, perché le cambiasse il piatto che non le pareva abbastanza caldo. La sconvenienza dei suoi *jokes* era incredibile. Faceva arrossire Leopoldo e sorridere il personale. Mio padre si divertiva a quella petulanza ch'era talvolta comicissima.

Un giorno, l'11 luglio 1915, vidi nel salotto di villa Maskens un giovanottone in uniforme serba. Aveva un aspetto goffo, circospetto, e lo sguardo triste dietro spesse lenti montate in oro. Si esprimeva con frasi laconiche. Era il principe Giorgio di Serbia, della dinastia dei Karageorgevitch, venuto per visitare il fronte e insignire mia madre di una onorificenza.

Una causa comune ravvicinava le due piccole nazioni che combattevano eroicamente per sopravvivere.

Chi avrebbe potuto prevedere che alcuni atti violenti, come per esempio buttare giù da una finestra uno dei suoi ufficiali, avrebbero costretto il timido Giorgio di Serbia a rinunciare al trono in favore del fratello cadetto, il futuro re Alessandro?

La Serbia, che era all'origine del conflitto, subì dal 10 novembre 1915 il giogo austro-bulgaro-tedesco. Il Paese era interamente occupato, salvo una striscia lungo l'Adriatico, dove si erano ritirati i resti del suo esercito. Quel crollo era stato provocato dall'entrata in guerra della Bulgaria affianco agli imperi centrali, nell'ottobre 1915.

Il 24 settembre 1915 mia madre annota: «Telegramma cifrato da Sofia: la Bulgaria mobilita. Re Ferdinando, che non è mai stato trattato bene dall'Inghilterra, sarebbe ora ben capace di vendicarsi; tanto più che l'imperatore Francesco Giuseppe è sempre stato il solo ad avere qualche riguardo verso il re dei bulgari».

30 settembre 1915: «Lord Grey decide di minacciare la Bulgaria per farla smobilitare. L'Inghilterra si agita a vuoto».

1 ottobre 1915: «La situazione dei Balcani diventa sempre più incomprensibile. Come uscirne? Gli inglesi e i francesi vogliono mandare 150.000 uomini a Salonicco».

10 ottobre 1915: «Presa di Belgrado».

11 ottobre 1915: «Il "Times" rivela il trattato segreto fra la Bulgaria, la Turchia e gli imperi centrali [pare che quel trattato sia stato un colpo da maestro di Guglielmo II e di re Ferdinando di Bulgaria]. Si ha l'impressione che l'Inghilterra si sia mossa molto male».

Il Foreign Office, naturalmente, non era informato. Nessuno poteva più salvare lo sventurato esercito serbo.

Mia madre annota ancora, il 10 novembre 1915: «Continua l'invasione della Serbia, tutte le città sono prese».

11 novembre 1915: «Notizie dai Balcani, il governo greco annuncia che se gli alleati saranno respinti in Grecia, i greci li disarmeranno».

Triste esito della disastrosa politica balcanica degli alleati.

Dopo l'estate del 1915 vennero spesso a La Panne i principi Sisto e Saverio di Borbone-Parma, discendenti diretti di Luigi XIV, e cugini di mia madre dal ramo Braganza. In quanto principi del sangue non potevano servire nell'esercito francese, perciò si erano arruolati sotto la bandiera belga, nel VI reggimento d'artiglieria di Lampernisse. Le loro visite erano frequenti, e il loro spirito burlone pieno di allegria e di gioia di vivere mise un po' di sale nella vita tanto austera di La Panne.

Agenda di mia madre, 14 novembre 1915: «Nel pomeriggio arrivano Sisto e Saverio, in una specie di carretto trainato da un solo cavallo. Hanno comprato ortaggi, per fare gli auguri ad Alberto!».

Un altro giorno fecero uno scherzo alla contessa di Bardi, nata Braganza, zia di mia madre: «Sisto e Saverio fanno la posta a zia Aldegonda sulla via per la chiesa, e le piombano addosso fingendosi soldati ubriachi... Lo scherzo è riuscito».

Anch'io mi rallegravo al vederli. Mi piacevano le loro figure slanciate e armoniose nelle uniformi kaki e la vivacità tutta meridionale del loro comportamento. Mi trascinavano in corse folli sulle dune e mi offrivano delle sigarette. Pur non facendo altro che tossire fingevo di apprezzarle.

Ma la missione che poco dopo fece parlare di loro ebbe maggiore importanza di queste facezie.

Mia madre apprezzava specialmente l'intelligenza di Sisto, il cui profilo caratteristico la faceva pensare a una medaglia del Pisanello.

Fra gli artisti citerò Saint-Saëns, che a La Panne trascorse alcuni giorni. «Straordinariamente giovanile e vivace per i suoi ottantaquattro anni», scrive mia madre il 15 settembre 1918. A sera suonava una delle sue composizioni al piano del salotto e la commentava con un certo compiacimento con la sua voce nasale. Lo sento ancora mentre tenta di memorizzare un tema indocinese udito durante un viaggio in Estremo Oriente: faceva molta fatica a riprodurlo sulle nostre tastiere.

Il suo viso non esprimeva nessuna bontà, neppure apparente, ma una grande cortesia frutto di buona educazione. La sua sensibilità seppe tuttavia cogliere i molteplici aspetti della personalità di mia madre: «Il coraggio nella grazia» scrisse «e l'eroismo nella dolcezza, l'alta intelligenza nella semplicità, la fermezza virile sotto un'apparenza fragile e timida: così è la deliziosa regina dei belgi. Ella tutto conosce, a tutto s'interessa: alla natura, come uno scienziato, all'arte, come un'artista, alla sofferenza come una suora di carità».

Non so se Maeterlinck venne a La Panne, ma ho scoperto che mentre era in atto l'assedio di Anversa scrisse al re dei belgi questa lettera:

«Sire, non resisto più! La mia inazione mi tormenta. Avrei voluto arruolarmi in Francia, perché stavo là e la causa è comune. Ma mi è stato detto che non avevo alcuna speranza. Sono in troppi e vedo uomini, che hanno dieci anni meno di me, mandati indietro a migliaia. Ma forse lassù avete bisogno di soldati? Noi qui ignoriamo se l'assedio sarà lungo e micidiale. Se credete lo debba essere, volete accettarmi nei ranghi del vostro eroico esercito? Credo che da Le Havre mi sarà abbastanza facile raggiungere Anversa. Non vi sarei molto utile. Non ho alcuna istruzione militare, ma sono un buon tiratore, e di rado a cinque centimetri mancherei il tedesco... Farete di me quel che vorrete. Ciò che mi interessa è condividere i pericoli che correrete, e che si sappia quanto ciascuno dei vostri sudditi vi ama, vi ammira e vorrebbe darvi la sua vita. Prego Vostra Maestà di accettare gli omaggi di tale profonda ammirazione. Maeterlinck, Abbazia di Saint-Wandrille, Seine Inférieure, 4 ottobre 1914».

Ignoro quale sia stata la risposta del re a questo vibrante slancio patriottico.

Non so se fu a La Panne che mio padre conobbe Henri Bergson. Il grande pensatore ha scritto: «Sarà permesso a un professore di filosofia aggiungere che d'ora in avanti ci sentiremo più fieri d'essere filosofi? Il re Alberto si è dato agli studi filosofici. Deve loro qualcosa della sua forza d'animo e del suo idealismo? Lo vorrei, perché in tal caso la filosofia raccoglierebbe un po' della gloria di lui. Due volte nel corso della storia essa ha brillato su un trono. Un tempo ispirò lo stoicismo di Marco Aurelio. Oggi sorride con affetto all'eroismo semplice e sublime di re Alberto».[18]

Quanti omaggi affluirono a La Panne?

Mio padre ebbe anche una *Berceuse héroique*, composta da Debussy in memoria della battaglia dell'Yser. Le reminiscenze della *Brabançonne* purtroppo non ne fanno un capolavoro.

*The King Albert's Book*, apparso nel 1914, riunì i nomi illustri di Bergson, Anatole France, Kipling, Ibanez, Johan Bojer, Paderewski... Tutti vollero collaborare a quella narrazione concepita in forma d'epopea.

A La Panne si vedeva spesso un personaggio enigmatico, d'età incerta, che camminava con passi felpati affianco ai miei genitori e aveva uno sguardo lontano dietro lenti spesse montate in oro. Era Monsieur Lagrange, professore alla scuola militare, matematico, astronomo e musicista, forse l'unico che capisse le leggi di Brück, tutte basate su sapienti calcoli. Mia madre spesso con lui suonava, o affrontava gli argomenti più ardui. Se il cielo era stellato, assieme studiavano il corso degli astri. Amico di Galet, e come lui protestante, era tanto riservato che raramente si udiva il suono della sua voce. Mi faceva pensare a un essere astratto, disincarnato.

Non devo dimenticare il generale Leman, grande difensore dei forti di Liegi dal 4 al 15 agosto 1914. Dalla prigionia scrisse al re: «Non ho consegnato né la fortezza né i forti. Avrei dato volentieri la mia vita, ma la morte non mi ha voluto...».

Mio padre gli rispose:

«Rinchiudendovi risolutamente nel forte di Loncin durante l'attacco a Liegi dell'agosto 1914 voi avete dato un grande esempio. L'atto eroico di un capo non è mai perduto ma forma la tradizione del sacrificio, accresce la forza patriottica, resta la massima manifestazione del dovere di chi comanda. Vi esprimo l'ammirazione che mi ispira la vostra indomabile energia. Alberto».

Anche il nemico seppe rendere omaggio all'eroismo del generale belga. Infatti il generale tedesco von Kolewe, dopo aver fatto tributare gli onori militari ai sopravvissuti del forte, riconsegnò a Leman la sciabola, come segno d'ammirazione.

I tedeschi lo liberarono nel 1917 perché ferito grave. Al ritorno dalla prigionia venne a La Panne a trascorrere qualche giorni coi miei genitori.

Fisicamente era molto handicappato: aveva subito l'amputazione di molte dita dei piedi, e i polmoni erano rovinati in seguito all'asfissia.

Lo vedevo di frequente. Gentilmente si lasciava fotografare. La sua semplicità e la sua serenità sorprendevano. Non parlava mai del proprio passato, soltanto la fissità dello sguardo rivelava che aveva subito un trauma. Ripeteva spesso la fine delle frasi e cercava le parole, come tormentato da un incubo tremendo che teneva sigillato in fondo al cuore.

Un grande amico dei miei genitori, anche lui spesso ospite a La Panne, era il pittore Emile Claus. Lo vedo ancora, seduto nel salotto della villa, mentre narra storielle gustose sulla guerra e gli abitanti di quella regione. Ricordo uno dei suoi racconti:

«Una vecchia contadina continuava nonostante i bombardamenti a lavorare nel proprio campo. Quando le fecero notare i pericoli che correva rispose con la grandezza delle anime semplici: "Non l'hanno dichiarata a me la guerra", e riprese tranquillamente il lavoro».

Emile Verhaeren arrivò nel momento culminante della battaglia di Ypres, il 13 novembre 1914. Mia madre annota:

«Ore undici, arriva Emile Verhaeren, commosso di trovarsi in Belgio. Il pomeriggio va in auto con Alberto a Pervyse. Alle quattro Vandervelde viene da me per l'organizzazione dei profughi. Verso le sei Verhaeren torna dal fronte e ritrova Emile Vandervelde, che ho trattenuto perché egli lo veda. Conversazione interessante, fra i due amici, a proposito del socialismo».

Il poeta da giovane, assetato di giustizia, era stato un fervente rivoluzionario. Così era nata la sua amicizia col leader belga.

L'anno successivo seconda visita del poeta, il 3 agosto 1915:

«...Passeggiata verso Coxyde, sulla spiaggia, con Verhaeren. Ci fermiamo in raccoglimento sulla tomba di Marie Depage. Al ritorno sorpresi da una pioggia torrenziale. Ci rifugiamo in una barca, sulla sabbia, e tiriamo la vela sulle nostre teste. Malgrado ciò ci inzuppiamo. Verhaeren non ha nulla per cambiarsi. Mette un vestito preso dal deposito militare. All'una e trenta con Galet e Alberto va a Forthem. Camminano su tutta la linea della II divisione. Verhaeren ha indossato il cappotto di Briquet [usciere], un berretto di X... e un impermeabile di Alberto. Il giorno dopo Alberto sulla spiaggia passa in rivista l'artiglieria della VI divisione. Poi l'artiglieria sfila. Verhaeren, Depage e io guardiamo da vicino. Alle dieci visita all'Océan. Depage mostra tutte le installazioni a Verhaeren. Poi ospedale di Cabour che Derache, allievo di Depage, ci fa visitare».

5 agosto: «Partenza di Verhaeren alle otto e trenta».

Non sarebbe più tornato a La Panne. E quale fu la tristezza dei miei genitori, quando seppero della sua morte!

Uno stupido incidente ferroviario, nella stazione di Rouen, gli aveva stritolato le gambe. Egli non sopravvisse alla doppia amputazione.

Le sue spoglie mortali furono deposte nel cimitero di Adinkerque, in quella Fiandra da lui cantata con lirismo tanto vigoroso.

Mia madre assistette all'uffizio funebre e quello stesso giorno annotò:

«...Madame Verhaeren e sua nipote erano tanto affrante che a malapena riuscivano a camminare. Che sfortuna! Tutti i nostri amici se ne vanno così».

Un semplice plotone rese gli ultimi onori. Fra il pubblico fu notato André Gide.

## VIII

## SOLE TOSCANO E NEBBIA FIAMMINGA

Fu nel convento inglese che seppi con gioia mista a sorpresa che stavo per lasciare le Orsoline d'Inghilterra per un collegio fiorentino.

Partii per raggiungere mia madre a La Panne, da dove dovevamo partire per l'Italia.

Il 2 marzo 1917 mio padre, che adorava guidare, ci condusse fino a Parigi. Uno strato di ghiaccio e la melma avevano reso le strade quasi impraticabili. Il che non ci impedì di fare un picnic nella foresta di Eu.

A Parigi ritrovammo la contessa di Caraman, nel bel palazzo di Rue d'Astorg che apparteneva alla sorella, la celebre contessa Greffulhe, amica di Proust, diventata nell'opera del grande romanziere duchessa de Guermantes.

Le due sorelle, principesse di Caraman-Chimay, divertivano molto mia madre. Erano delle originali piene di fantasia e amiche delle lettere e delle arti. Davano a intendere volentieri che il loro temperamento autoritario e il loro sangue caldo derivavano da... Napoleone! Mondanissime, un po' intriganti, frequentavano gli ambienti politici e intellettuali che anche mia madre amava frequentare.

Ghislaine de Caraman era la dama d'onore preferita dalla regina Elisabetta. Il che talvolta faceva nascere delle gelosie. Alla corte del Belgio la soprannominarono «Mazarino».

Quanto alla bella contessa Greffulhe, persona temibile se mai ve ne fu una, il suo salotto offriva talvolta lo spettacolo di vere diatribe ideologiche; ella amava contrapporre avversari politici o letterari.

A quel salotto mio padre preferiva quello della contessa

Anna de Noailles, nata Brancovan, che egli apprezzava perché capace di risposte spontanee. Dal canto suo la poetessa consacrava un'ammirazione calorosa a mio padre, ammirazione che si concretizzò in un ritratto a pastello nello stile di Foujita. La pittura era il passatempo preferito di Anna de Noailles. Quel ritratto è rimasto incompiuto? Che ne è stato?

Eravamo dunque a Parigi quando ci separammo da mio padre che riguadagnò il fronte mentre mia madre e io prendevamo il treno per Modane, accompagnate dalla contessa di Caraman e dal colonnello Doutrepont.

Esultavo: partivo alla scoperta del Paese dei miei sogni.

Forse mia madre aveva un presentimento? Teneva a che io imparassi l'italiano. E inoltre il medico aveva raccomandato il sole per la mia salute. Ma alla frontiera trovammo ad attenderci soltanto neve e ghiaccio.

Re Alberto aveva concesso a mia madre di trascorrere tutto il mese a Firenze. Non prevedeva la grande alleata per prima del 10 aprile 1917.

La sera del 3 marzo eravamo a Genova. Passeggiata indimenticabile, in fiacre, nelle vecchie strade.

Il 4 a Firenze, all'albergo di Gran Bretagna. Risveglio straordinario, dalla finestra intravvidi le pittoresche case dalle persiane verdi, sul Lungarno, e il loro riflesso nelle acque del fiume. Per prima colazione arance di Sicilia, enormi e sugose. Mia madre mi puliva con cura gli spicchi; li divoravo con delizia.

Attorno alle dieci del mattino andavamo a piedi al museo degli Uffizi. Amavo tantissimo le viuzze tortuose, lo schiocco di frusta dei fiaccherai, il Ponte Vecchio con le sue botteghe d'orafi, i venditori di limoni... E gli Uffizi (ex uffici di Cosimo de' Medici) con le loro inestimabili collezioni.

Mia madre scrive nella sua agenda:

«La piccola s'interessa molto ad alcuni dipinti, le fa grande impressione soprattutto l'*Annunciazione* di Simone Martini. In un quadernetto scrive quali sono i quadri che le piacciono». (Avevo undici anni.)

Nei giorni seguenti accompagnai mia madre per chiese,

palazzi, musei, e non mi annoiavo. Tornavamo per rivedere i capolavori già visti, agli Uffizi e a palazzo Pitti. *Il Concerto*, di Giorgione, oggi attribuito al Tiziano, mi aveva colpito – in particolare l'espressione pensosa del clavicembalista.

Mi incuriosiva tantissimo il grande affresco della Cappella degli Spagnoli, dov'è il cinese dalla lunga treccia, dicono sia uno schiavo che Marco Polo portò con sé dal Celeste Impero. Mi abbagliava il bel corteo dell'*Andata dei Magi a Betlemme*, di Benozzo Gozzoli, nella cappella Riccardi.

Mia madre rimaneva per ore a contemplare quelle grandi opere. La vedo ancora, immobile, il capo sollevato, mentre guarda gli affreschi del Ghirlandaio a Santa Maria Novella. In quei momenti non le si doveva parlare. La infastidivano le guide e anche i professori di storia dell'arte; li fuggiva, rifiutando di ascoltare i loro discorsi eruditi. Spesso ripeteva: «La bellezza non ha bisogno di commenti. Si impone. Troppe spiegazioni uccidono la freschezza delle impressioni».

Con un semplice gesto della mano, una riflessione pertinente, una intensità speciale dello sguardo, mi faceva facilmente condividere la sua ammirazione e le sue emozioni. Da quel momento imparai ad amare l'arte del Quattrocento. Più tardi compresi quella sorta di fascinazione che potevano esercitare su mia madre una Lucrezia Tornabuoni o una Isabella d'Este immortalate dai pennelli prestigiosi di un Ghirlandaio o di un Mantegna. Mi piace credere che nel suo ruolo di sovrana ella non dimenticò mai quelle visioni e cercò inconsciamente di conformare ad esse il suo contegno.

Rientrando dalle visite ai musei tappezzavo di riproduzioni la mia camera d'albergo. Ritrovavo con gioia gli sfondi d'oro dei maestri senesi e fiorentini. Che uomini dovevano essere stati quegli artisti! Dissi a mia madre che non avrei sposato altri che un genio come Giotto. Invece confesso che non capivo l'entusiasmo che ella manifestava per gli affreschi del Masaccio nella chiesa di Santa Maria del Carmine. Perché quegli sventurati Adamo e Eva erano riprodotti su tante cartoline?

Sotto una pioggia fine e tiepida vedemmo per la prima volta il duomo, il battistero, l'incomparabile campanile.

Venne più volte a trovarci il principe Giovanni Borghese, cugino acquisito della contessa di Caraman. Si giocava agli aliossi, gioco spassosissimo. Il principe, non molto bello ma vivace e arguto, mi piaceva più di sua moglie Alice, alta, creatura un po' piagnucolosa che la contessa paragonava alla *Notte* di Michelangelo.

Il sole si mostrò pochissimo, durante quel meraviglioso soggiorno. Molta pioggia... Talvolta l'Arno si ingrossava minaccioso e scorreva in enormi ondate ocra.

E la guerra continuava. Il professor Carlo Cesaro, ispettore della Sanità militare della Toscana, fece visitare alla regina dei belgi numerosi posti di pronto soccorso e ospedali. Fu il professore che la informò del discorso di Bonar Law, cancelliere dello Scacchiere, che annunciava la rivoluzione russa e l'abdicazione dello zar Nicola II. Ma due giorni dopo, il 18 marzo, Bonar Law ritrattò. Nell'assieme le notizie erano contraddittorie, benché non tardassero ad essere confermate. Cesaro raccontò anche il fermento degli italiani a causa della ritirata tedesca dal fronte orientale. Essi temevano un attacco sul proprio fronte.

Il 22 marzo mia madre mi portò al Poggio Imperiale, all'istituto per fanciulle conosciuto col nome Santissima Annunziata. Ci sarei rimasta, come collegiale, fino all'estate 1919. Da Porta Romana un doppio viale di cipressi centenari conduce a quell'ex residenza dei duchi di Toscana. Il collegio ha mantenuto fino a oggi il fasto dell'epoca dei granduchi: saloni sontuosi, decorati di affreschi del secolo XVIII, muri tappezzati di sete cinesi, dormitori con letti a baldacchino. Le vasche da bagno, di marmo, hanno ancora rubinetti di bronzo a collo di cigno. Il giardino fu disegnato da un allievo di Le Nôtre. Vittorio Emanuele II, la cui madre era granduchessa di Toscana, vi soggiornò da bambino. Una targa commemorativa, in una delle classi dell'istituto, ricorda l'incendio che per poco non privò l'Italia del suo primo re – e la dedizione della nutrice, che per salvarlo morì fra le fiamme.

Al nostro arrivo ci accolse una piccola signora secca dai capelli brizzolati e dal sorriso di circostanza. Sentii subito che aveva la mano di ferro sotto il guanto di velluto. Era la direttrice, la signora Patrizzi, originaria di Trieste. Manifestava grande riservatezza, nelle parole come nei gesti.

Insegnanti e allieve, tutte riunite in un grande salone, ci fecero una profonda riverenza. Il portamento estremamente giovanile di mia madre indusse a credere di primo acchito che la nuova recluta fosse lei... Fatte le presentazioni la direttrice pronunciò alcune parole di elogio all'indirizzo dell'eroico Belgio e dei suoi valorosi sovrani. Tutte applaudirono.

Mia madre lasciò l'Italia portando con sé una bracciata di rami d'olivo.

Per me cominciava una nuova vita. Non parlavo una parola di italiano. Ero incuriosita dalla uniforme delle allieve, veste grigia dalla gorgiera bianca inamidata e cintura di colore diverso a seconda della classe. Entrai in classe preparatoria, cintura verde, ma dovetti battermi per poter portare il grembiule nero regolamentare, che la direttrice reputava troppo poco regale.

La nostra sorvegliante di classe era la signora Puccini, assolutamente non imparentata col celebre musicista. Alta, magra, i capelli nerissimi. La chiamavo «il gatto nero» e la trovavo di una severità eccessiva. A ogni piè sospinto esclamava: «Gli italiani son buoni soltanto a far festa».

La ricreazione delle prime classi trascorreva in un prato dal quale si ammiravano le colline coperte d'olivi, tipicamente toscane. Il refettorio, immenso, aveva il soffitto a volta decorato di affreschi. Eravamo dieci per tavolo. Il primo pasto fu penoso... Non riuscivo a inghiottire la mia enorme porzione di risotto. Come dessert castagnaccio, sorta di passata di castagne, non zuccherato. Era la guerra, il cibo era razionato.

Il corso di storia mi interessava anche se l'insegnante era obesa, aveva la voce stridula ed emanava effluvi di capra. Mi appassionai alla lotta dei comuni del nord Italia contro Federico Barbarossa e al dissidio fra guelfi e ghibellini.

La matematica mi disgustava, la letteratura mi attraeva. Una maestra fiorentina dall'eloquio purissimo, la signora Falossi, ci leggeva versi di Carducci. Mi piaceva tantissimo

*I cipressi*, ispirata dal meraviglioso paesaggio di Bolgheri, in Toscana.

Nella mia classe eravamo in quindici. Le compagne più simpatiche erano la montenegrina Bossilka Schaulich, nipote della regina Elena d'Italia, e la Chiozza, un'alta bionda di Trieste, nonché alcune altre. Certe, per quanto gentili, mi parevano un po' troppo conformiste. A proposito e a sproposito dicevano: «Da noi si fa così».

Deplorevole era anche la mentalità di talune insegnanti: il loro nazionalismo gretto e aggressivo preannunciava già il fascismo di Mussolini, e di D'Annunzio, bardo rivendicatore. Secondo loro tutto doveva essere in italiano, bisognava abolire le parole straniere: tram, coiffeur e via elencando. Gli eccessi sciovinisti giungevano fino al punto di inglobare in una grande Italia la Corsica, Nizza e la Tunisia! Ero irritata dal loro tono arrogante ed esaltato, con quei perpetui «Noi, noi, noi!» che sotto Mussolini sarebbero diventati uno slogan assillante.

Il contegno delle insegnanti talvolta lasciava a desiderare. Per esempio: una maestra, seduta al nostro fianco al refettorio, aveva la spiacevole mania di pulirsi i denti con una ciocca di capelli. Appena completata la pulitura li metteva nella crocchia.

Invece avevo un debole per il buon Pasquale, coi capelli grigi che incorniciavano un viso inciso col bulino e scurito dal sole. Era a un tempo giardiniere e portinaio, mentre il vecchio Ezechiele, in finanziera e cappello a cilindro, faceva funzioni di cocchiere. La vettura di servizio al Poggio era tanto vetusta che un giorno perdette il pianale.

Amavo molto anche la vecchia Augusta, cameriera al piano. Era all'istituto da circa quarant'anni, e acconsentiva a tutti i miei capricci. Mi piacevano anche Argentina, la portinaia, e Celestina, la cuoca, che ogni tanto, favore eccezionale, mi passava da uno spiraglio un uovo sodo.

La gentilezza del carattere italiano, e il suo squisito «garbo», termine intraducibile, mi procuravano una gran gioia di vivere. Mi integravo in quell'ambiente, e mi adattavo con facilità. Molto presto arrivarono le vacanze.

Un ufficiale belga della gendarmeria, il maggiore Blanpain, venne a prendermi. Quel brav'uomo grande e grosso, dal colorito roseo, non mi rifiutava nulla. Ne approfittai per fargli comprare del cioccolato, mentre il treno partiva, nella stazione di Modane, ed egli perdette il suo kepì. Lo ritrovò intatto... l'anno successivo!

Raggiunsi i miei genitori nelle Fiandre, ai Moëres, a dodici chilometri dal mare, in una casa di campagna chiamata «Sainte Flora». Si trattava di una residenza assolutamente provvisoria, i miei genitori non avevano del tutto abbandonato La Panne. Ma in quel periodo il maresciallo Haig considerava La Panne un luogo troppo esposto alle operazioni militari di terra e di mare.

Sainte Flora, circondata di prati e frutteti, con i caratteristici filari di pioppi, era tuttavia a tiro del cannone tedesco a lunga gittata, i cui spari ci assordavano. La nostra sistemazione era più rudimentale persino di quella di villa Maskens. I bagni erano nel cortile e le porte, traforate, permettevano di intravvedere i piedi degli occupanti. I privilegiati avevano ognuno la propria chiave per recarsi nel primo gabbiotto, che era fornito di un sedile... La contessa di Caraman dipinse la sua chiave color oro. Il che non le impedì una volta di chiudersi tanto bene che poi non riuscì a sbloccare il chiavistello. Fu il maggiore Blanpain che andò a liberarla, richiamato dagli strilli.

Non dimenticherò mai l'estate del 1917 in quell'angolo delle Fiandre, e le grandi distese coi coltivi che ondeggiavano alla brezza. Passeggiavamo spesso, sul finire del giorno. Quando attraversavamo i villaggi, vecchi contadini che fumavano la pipa ci guardavano. Mio padre si rivolgeva loro con qualche parola in fiammingo. I bambini dai capelli biondo stoppa e dall'aria placida si serravano attorno a noi. Mio padre mi diceva: «Stringi loro la mano».

Una volta, in una bella notte d'agosto, uscii sola con lui, in un sentiero in aperta campagna; camminava così in fretta che facevo fatica a seguirlo. La luna illuminava l'alta sagoma e ne proiettava l'ombra sulle messi. A un tratto, a una svolta del sentiero, apparve una piccola cappella lucente di biancore, silenziosa e bella. Mi sentii trasportata in un altro mondo. Il giorno dopo vi tornai. Che delusione! Il mistero era scomparso. Una cappella qualunque, con un interno banale: un vecchio altare malandato sosteneva un crocefisso affiancato da due candelabri traballanti.

In settembre la nebbia si stendeva sui prati e sommergeva la fattoria.

Pur fra tante preoccupazioni mio padre amava darmi qualche informazione storica, quando aveva qualche momento di libertà. Mi ritorna in mente una lettura sull'abdicazione di Carlo V, seguita da un dettato sullo stesso argomento. Mi sentivo una persona importantissima, a star seduta nello studio paterno. Purtroppo i numerosissimi errori di ortografia mi riportarono in fretta all'umiltà.

Alla fine di settembre mia madre dovette mettersi a letto. Il cattivo stato delle strade di Fiandra ci aveva privato di un atteso fratellino... A me dissero soltanto che la mamma era indisposta; benché avessi undici anni credevo ancora che i bimbi nascessero sotto i cavoli.

Il 29 settembre re Vittorio Emanuele d'Italia venne a vedere i soldati belgi. Al ritorno da un giro al fronte con mio padre, giunse a Sainte Flora. Fui colpita dalla sua bassa statura: ero già più grande di lui! La sua semplicità e la sua cordialità mi misero subito a mio agio; posò di buon grado davanti alla mia macchina fotografica, dopo essersi messo sull'attenti.

Mentre era al fronte una granata gli scoppiò vicinissima. Lo spostamento d'aria gettò nel fango delle trincee l'aiutante di campo italiano. Venne a casa completamente infangato; e pareva un po' stordito. Vittorio Emanuele, in una situazione analoga sul fronte d'Italia, mentre si sollevava aveva avuto la prontezza di spirito di esclamare: «Cocorico!».

Nell'ottobre 1917, quando tornai al Poggio, la situazione militare in Italia non era più brillante che in Francia. Il crollo di tutto il fronte, con la disfatta di Caporetto (28 ottobre), per poco non aveva consegnato il Veneto agli austriaci. In classe le maestre singhiozzavano dicendo che il nemico si avvicinava. A sentirle si poteva credere che Firenze fosse in pericolo. I comunicati annunciavano 2000 morti e 200.000 prigionieri – senza contare i disertori. Gli ospedali traboccavano di feriti. Gli allarmisti mettevano in giro la voce che alcuni fuggiaschi di Caporetto, laceri e disarmati, erano stati scovati persino in Sicilia. Ma per fortuna il fronte italiano si stabilizzò.

All'incontro di Peschiera, l'8 novembre, il re Vittorio Emanuele, in accordo con gli alleati, stabilì sul Piave la linea del fronte. Quella data storica fu immortalata da un artista mediocre in una cromolitografia di circostanza che il mio futuro suocero finché visse tenne a villa Savoia, nella sua austera camera da soldato.

L'anno successivo, 1918, al Poggio si presentò un gentiluomo della corte d'Italia, il conte Solaro del Borgo. Mi annunciò che il re e la regina d'Italia avrebbero voluto avermi loro ospite a Battaglia, nei dintorni di Padova.

Prima della partenza il conte si precipitò in un negozio per comprarmi abiti più adeguati che non la divisa da collegiale. Mi portò un cappotto e un cappello blu, coi quali mi sentii un po' vestita in abito domenicale.

Giungemmo a Padova in treno e con una vettura proseguimmo per la stazione termale di Battaglia. Da lontano intravvedemmo i vapori biancastri delle fonti. L'auto si fermò dinanzi alla villa reale. Scesi e subito mi abbracciò una donna alta e forte, che indossava grossi indumenti di lana blu. Era la regina. La sua tenuta campagnola mi deluse. Affianco aveva una copia più giovane e più snella, la figlia maggiore Yolanda, e un ragazzo di tredici anni vestito alla marinara: era Umberto, e quella fu la prima volta che lo incontrai.

La regina Elena aveva fatto mettere nella mia camera una magnifica scatola di caramelle. La vuotai in men che non si dica, a rischio di una indigestione.

La futura cognata Yolanda venne a cercarmi per la cena. E nel salone ebbi la sorpresa di reincontrare i miei genitori, che si sarebbero fermati anche loro qualche giorno a Battaglia.

Il giorno dopo i due re visitarono il fronte. Il generale

Diaz, successore di Cadorna, aveva rinnovato i quadri dell'esercito. Mio padre annota nei suoi *Taccuini di guerra*:

«...Rivista e sfilata di quattro battaglioni di bersaglieri, di una batteria e di uno squadrone. Visita dell'aviazione. Gli ufficiali superiori e generali sono giovani e in gamba, hanno carattere. Le truppe hanno un bell'aspetto. Così pure l'aviazione».

7 febbraio: «Visita del settore del Pasubio, in alta montagna. Si superano i duemila metri d'altitudine. Non è luogo da grandi operazioni. Notiamo bei lavori di strade e comunicazioni. Al ritorno, vicino a Santa Caterina, assistiamo a una esercitazione d'attacco da parte di un battaglione d'assalto, l'impressione non è granché».

8 febbraio: «Visita del fronte, dal Piave all'Adriatico. Passiamo in rivista un distaccamento di marinai. Pare poco disciplinato».

9 febbraio: «Visita del settore di Asiago, a mille cinquecento metri d'altitudine. Su questo territorio la fanteria e l'artiglieria di campagna possono manovrare dappertutto. È un settore d'attacco, comprendiamo le operazioni degli austriaci nel 1916. L'impressione generale è che l'esercito italiano sia più disciplinato del nostro; le truppe si presentano meglio. Le truppe italiane sembrano capaci di battersi perfettamente, se bene impiegate».

In quei giorni la regina Elena, mia madre, Yolanda, Umberto e io facevamo i «turisti». La prima escursione fu a Venezia. Il freddo rigido di quell'inverno 1918 aveva gelato la maggior parte dei canali. Potemmo tuttavia andare in gondola sul Canal Grande. Dalle strette viuzze emanava fetore di cloaca. La città era deserta. Vi mettevano un po' di vita soltanto i piccioni di piazza San Marco. Visitammo la basilica. Sacchi di sabbia proteggevano l'ingresso. I famosi cavalli di bronzo, ornamento della facciata, erano stati trasportati a Roma. Di fronte al grande portale era caduta una bomba austriaca, ma una fortuna straordinaria volle che non esplodesse e si limitasse e spezzare pochi lastroni. Il miracolo fu attribuito a San Marco.

Avevo avuto la cattiva idea di mettere nelle calze una

provvista clandestina di noci e mandarini, e all'improvviso le giarrettiere cedettero, proprio nel cuore della basilica: i preziosi frutti rotolarono dappertutto. Mia madre si adirò. Umberto cominciò a sghignazzare. I ciambellani si precipitarono a quattro zampe per raccogliere i frutti.

Durante i giorni successivi, in auto scoperta nonostante il rigore della stagione, esplorammo i dintorni. Umberto e io, seduti sugli strapuntini, non scambiavamo una parola. Purtroppo non si scendeva mai dall'auto, eccetto che per i picnic, per i quali i ciambellani scartavano pacchetti e aprivano thermos. La regina Elena scattava continuamente foto. Accanto a lei si dava da fare un ufficiale di marina dai modi severi. Era Bonaldi, precettore di Umberto.

A sera a Battaglia ritrovavamo i due re. Un giorno la conversazione toccò l'argomento D'Annunzio. I sovrani lo avevano incontrato al fronte. Mia madre avrebbe molto gradito conoscerlo e chiese alla regina Elena se fosse possibile incontrarlo. Ella rispose: «Oh no! Non è interessante». Il re fece una smorfia e disse: «Non è persona raccomandabile». Si cambiò argomento di conversazione.

La regina d'Italia e mia madre... le rivedo, entrambe sedute sul canapè del salotto. Una era massiccia, alta, di ossatura possente. Aveva capelli e occhi nerissimi, sguardo fisso, gesti lenti: il contegno maestoso d'una icona. L'altra piccola, gracilissima, bionda, quasi evanescente, graziosa e sorridente, aveva movimenti vivaci e agili. Che contrasto! La prima pareva robusta, placida, priva di qualunque altro argomento di conversazione che non fosse se stessa e la sua famiglia. La seconda era colta, raffinata, accorta. Tuttavia dalla regina Elena emanavano una forza rassicurante e una bontà vera, dispensata senza restrizioni né preferenze. Parlava a lungo e con compiacimento delle sue attività caritatevoli al Quirinale e tra i feriti gravi del fronte.

Tornata al Poggio raccontai le mie avventure «al fronte». Per abbellire la narrazione inventai pericoli immaginari. Avevo dodici anni.

Un po' per volta le impressioni di Battaglia sfumarono,

ma conservai gelosamente nel mio banco la foto di Umberto con una cornice d'argento.

L'inverno fu rigido, il razionamento più severo che mai. Talvolta come dessert ci veniva servito soltanto un piatto di fave crude. L'istituto era poco riscaldato e i corridoi erano così gelidi che ci passeggiavamo stringendo piccoli «scaldini» e con la testa imbacuccata in uno scialle nero. Molte allieve si lamentavano di quelle restrizioni di cui non comprendevano il senso. Alcune soffrivano di geloni.

Ma la brutta stagione non dura mai a lungo, in Toscana. Presto i giorni presero ad allungarsi e cominciammo a sentire l'avvicinarsi della primavera. Le gemme spuntavano dappertutto, i lillà profumavano, le colline si coprivano di iris dai colori smaglianti. Il tutto sotto un cielo imperturbabilmente blu.

Tuttavia la situazione militare e politica s'incupiva. Alla fine della primavera i tedeschi, approfittando di una cesura nell'esercito francese, penetrarono attraverso lo Chemin des Dames verso Soissons e la Marna. La «Caporetto dei francesi» dicevano, non senza qualche soddisfazione, gli italiani. Non dimenticherò mai con quanta emozione Mademoiselle Lerède, nostra insegnante di francese, brandendo un giornale ci annunciò l'avanzata dei tedeschi verso Parigi... Ancora una volta i miei pensieri andarono ansiosamente ai miei genitori. Per fortuna un contrattacco francoamericano fermò il nemico a settantacinque chilometri dalla capitale.

Fra coloro che venivano a trovarmi al Poggio una delle più assidue era la duchessa d'Aosta. Di lei mi intimidivano la figura alta e snella, il portamento altero e la parrucca bianca. Avrei dovuto conoscerla meglio per poterne apprezzare le grandi doti di coraggio e di generosità. Ella, nata Orléans, aveva sposato il duca Emanuele Filiberto di Savoia-Aosta, che durante la battaglia del Piave divenne l'eroe della III armata. I suoi vibranti proclami lo resero popolarissimo soprattutto negli ambienti che poi sarebbero diventati fascisti. Ne derivò una certa rivalità fra il duca e suo cugino, il re d'Italia.

Un anno esatto dopo Caporetto l'esercito italiano guidato dal generale Diaz marciò alla vittoria di Vittorio Veneto. Le strade si empirono di bandiere, dappertutto risuonò l'inno del Piave.

Si sentiva che il crollo del nemico era prossimo. I miei genitori mi richiamarono al loro fianco in Belgio.

La partenza dal Poggio fu commovente. Molte mie compagne, che tenevano gelosamente le foto di re Alberto e del cardinale Mercier, me le mostrarono con entusiasmo. Il Belgio martire aveva un gran posto nelle anime e nei cuori.

Nel prato delle nostre ricreazioni fu piantato un cipresso in memoria dei due anni che avevo trascorso alla Santissima Annunziata. Delicata attenzione.

# IX

# I TENTATIVI SEGRETI PER LIMITARE LO SPARGIMENTO DI SANGUE

Come abbiamo già visto, alla guerra di movimento del 1914 succedette nel 1915 la guerra di posizione, con sanguinose offensive malpreparate che non portarono ad alcuna rottura del fronte nemico. Fu ancora più atroce il 1916 con le sue battaglie di logoramento. Il 1917 vide avviarsi la grande svolta del conflitto mondiale. Il Reich intensificò al massimo la guerra sottomarina, affondava più navi di quante la Gran Bretagna riuscisse a costruirne.

In Francia la situazione militare era brutta. Gravissime rivolte mettevano in pericolo l'esercito. In Inghilterra e in Italia gli scioperi paralizzavano lo sforzo di guerra. Quasi tutti i belligeranti cambiarono governo e comandi militari.

In Belgio il barone Beyens, ministro degli Affari esteri, cedette le proprie funzioni a Broqueville, l'uomo delle situazioni difficili. «Quindici cambi di governo non produrranno un capitano, e la causa di tutto il male è l'assenza di un capace uomo di guerra... La direzione generale della guerra è in mano a incompetenti», afferma mio padre nei suoi *Taccuini di guerra*.

In Francia per fortuna Pétain sostituì Neville e in qualche modo riassestò una situazione molto compromessa. Cosciente dell'immensa spossatezza di entrambi i contendenti, Pétain disse: «Non è ancora giunto il momento della pace, ma se fra qualche mese il nemico facesse offerte in tal senso, le dovremmo esaminare con attenzione».[19]

A Londra il «Daily Telegraph» pubblicò il pensiero di Lord Landsdowne, che profetizzò l'annientamento del mondo civile nel caso in cui il massacro non fosse cessato.

Mio padre commenta: «Grande scandalo fra i militaristi ad oltranza, ma bell'atto di coraggio da parte di un uomo di Stato esperto e sagace...».[20]

Per tutto il corso della guerra, fin da principio, sia gli avversari che i Paesi neutrali avevano fatto vari approcci in direzione della pace. La maggior parte dei Paesi neutrali aveva cercato di avviare veri negoziati. Altre iniziative, suscitate dal nemico, avrebbero voluto provocare divisione e confusione fra gli alleati. Tal genere di tentativi sarebbe andato avanti fino alla primavera del 1918, collezionando una serie di insuccessi.

Già nel 1914 fu energicamente respinta una prima proposta del Kaiser ad Alberto I. Il Kaiser tornò vanamente alla carica promettendo di dare al Belgio la Fiandra francese...

Mia madre scrive nella sua agenda il 19 gennaio 1915: «Il generale French comunica a Foch che i tedeschi hanno chiesto le condizioni di pace agli inglesi. Ma gli inglesi hanno risposto che questo non è il momento della pace».

Nell'aprile 1915 il presidente Wilson per spirito umanitario inviò in Europa il proprio uomo di fiducia, il colonnello House, sorta di eminenza grigia, perché sondasse le intenzioni dei belligeranti e verificasse se il terreno era propizio a eventuali approcci di pace. Secondo le informazioni raccolte la Germania avrebbe accettato di evacuare i Paesi occupati, in cambio di un forte indennizzo.

House allora propose a mio padre niente meno che la vendita del Congo. Assicurava che francesi e inglesi avrebbero accettato la creazione nel cuore dell'Africa di una grande colonia tedesca formata dal Congo Belga e dai possedimenti portoghesi. Ovvero il risarcimento del debito di guerra a spese del Belgio e del Portogallo! Mi pare inutile insistere sullo stupore indignato di re Alberto dinanzi a quella proposta. Per fortuna l'attiva partecipazione dell'armata belga del Congo, comandata dal generale Tombeur, vincitore sui tedeschi a Tabora, segnò la fine dei tentativi del colonnello House.

D'altronde i sondaggi fatti nell'ottobre 1916 da Philippson, banchiere di Bruxelles, permettevano di arguire che il nemico, molto scoraggiato, avrebbe negoziato una pace che riconoscesse l'indipendenza del Belgio e restituisse l'Alsazia-Lorena alla Francia. Ma Lloyd George, avvisato di quelle indagini, subito proclamò, usando come tribuna il «Times», che l'Inghilterra («nel momento in cui il suo sforzo comincia a pesare sulla bilancia») si opponeva a qualunque tentativo d'approccio del nemico.

Re Alberto dal canto suo dichiarò il 19 dicembre 1916 ai suoi ministri andati a trovarlo a La Panne:

«...Lungi da me l'idea di una pace disonorevole. Preferirei combattere fino all'ultimo respiro piuttosto che rientrare in un Belgio umiliato o asservito. Ma dichiaro che nelle attuali circostanze il governo non può nascondersi né chinarsi alla fatalità. Di fronte ai neutrali e al mondo civile dobbiamo mantenere la forte posizione procurataci dalla causa per cui siamo entrati in guerra. Anche se costretti a continuare la lotta, è nostro interesse conoscere le condizioni di pace offerte dal nemico e valutare se siano concordi con i nostri fini legittimi e ragionevoli».

Molti non credevano più a una vittoria totale degli alleati. Gli Stati Uniti non erano ancora entrati in guerra. Eventualmente mio padre avrebbe potuto considerare una pace di compromesso, ma a suo giudizio non era ancora giunta l'ora di negoziare: «Quando il nemico ha appena fatto grandi conquiste, non è il momento di trattare con lui. Ma quando l'effetto morale sarà scomparso... allora sarà saggio definire gli scopi da raggiungere», scriveva nei suoi *Taccuini di guerra*.

Il 18 dicembre 1916, alla vigilia della rottura delle relazioni diplomatiche con la Germania, Wilson tentò un ultimo passo per porre fine alle ostilità. Invitò tutti i belligeranti a esporre gli obiettivi che si prefiggevano dalla guerra. Gli alleati risposero che ritenevano di non potersi associare ai voti di ristabilimento della pace formulati dalla Santa Sede e da Paesi neutrali quali la Svizzera, la Spagna ecc.

Papa Benedetto XV aveva trasmesso agli alleati l'informazione che la Germania sarebbe stata pronta a riconoscere l'indipendenza del Belgio e l'integrità del Congo e a pagare onorevoli riparazioni. Ma Londra e Parigi reputarono prive di qualunque sincerità tali offerte e rifiutarono categoricamente di prenderle in considerazione. Era infatti l'ambasciatore di Germania a Washington, il machiavellico conte di Bernstorff, che aveva chiesto al Vaticano di fare nuove proposte di pace, al fine di mostrare al popolo tedesco che il rifiuto degli alleati, che inevitabilmente sarebbe seguito, non lasciava alla Germania altra alternativa che continuare la guerra.

Qui aggiungiamo che l'atteggiamento del Vaticano si modificò in senso favorevole agli alleati grazie all'influenza personale di re Alberto. Al principio del conflitto infatti Benedetto XV sosteneva gli austrotedeschi perché temeva l'azione persuasiva dell'ortodossia dei russi nei Balcani.

A dire il vero gli obiettivi della guerra erano diversi per ciascuno dei belligeranti: l'Inghilterra combatteva l'egemonia tedesca sul Continente, la Francia intendeva riprendersi l'Alsazia-Lorena, l'Italia il Trentino e Trieste. Dal canto suo la Germania voleva assicurarsi il Belgio come pegno contro la Gran Bretagna.

Mio padre dichiara:

«...Qualunque sia la procedura scelta dagli alleati per la loro risposta [definire gli obiettivi che si prefiggevano dalla guerra], noi non possiamo identificare la nostra risposta con quelle delle grandi potenze. I nostri obiettivi sono diversi da quelli degli alleati. Il Belgio è un Paese neutrale, occupato per tre quarti dal nemico, e combattente affianco agli alleati per riconquistare la propria indipendenza. Dopo aver giocato un gran ruolo nella lotta, il Belgio dovrebbe poterne giocare uno nella pace».[21]

Gli alleati temevano la risposta belga. La ferma politica di neutralità di re Alberto era vivamente criticata, perché male interpretata nel timore di una pace separata, «che apparirebbe come un mutamento d'atteggiamento del Belgio e farebbe dubitare della coesione degli alleati», spiegava il capo del Quai d'Orsay, Philippe Berthelot.

Mia madre annotava nella sua agenda il 28 dicembre 1916: «Alberto riceve Berthelot, giunto da Londra con una lettera di Lord Curzon per fare pressione affinché Alberto non invii note separate. Alberto resta fermo...».

Il 22 gennaio 1917 Wilson aveva ancora l'illusione di poter conciliare i differenti «obiettivi della guerra» dei belligeranti, al fine di arrivare a una «pace senza vittoria». Ma dieci giorni dopo ruppe le relazioni diplomatiche con la Germania. Una delle cause della rottura fu l'intensificazione della guerra sottomarina. Era ancora cocente il ricordo del siluramento del *Lusitania*.

L'opinione pubblica americana si orientava verso una partecipazione al conflitto. E Washington fu influenzata in direzione dell'intervento anche dalle pretese esorbitanti degli «obiettivi di guerra» del Reich.

Il 2 aprile 1917 gli Stati Uniti dichiararono guerra alla Germania. Ma le loro truppe sbarcarono in Europa soltanto alla fine dell'anno. Secondo mio padre il momento opportuno per fare la pace sarebbe stato quello in cui tutti i rinforzi americani avessero raggiunto il fronte. «Il nemico sarà pieno di inquietudine. Bisogna fare la pace quando vi teme di più, e spesso vi teme di più prima di una grande campagna offensiva che non dopo.»[22]

I principi Sisto e Saverio di Borbone, fratelli dell'imperatrice Zita, furono incaricati dal cognato, l'imperatore Carlo d'Asburgo, di fungere da intermediari fra l'Austria, che chiedeva le condizioni di una pace separata, e i governi alleati.

Carlo d'Asburgo, successore di Francesco Giuseppe (deceduto il 21 novembre 1916) aveva compreso che per salvare la monarchia austroungarica doveva ritirarsi al più presto dal conflitto.

Il vecchio imperatore «ricco di quelle buone intenzioni delle quali è lastricato l'inferno» [definizione di Poincaré], aveva lasciato all'erede una successione disastrosa. Per di più la pressione del Reich indisponeva l'esercito austriaco. Era necessario liberarsene.

I Borbone-Parma avevano dunque il compito di avvisare Londra e Parigi che l'Austria avrebbe favorito il ritorno dell'Alsazia-Lorena alla Francia e avrebbe riconosciuto l'integrità del territorio belga, a condizione che la si aiutasse a uscire dal conflitto mondiale – il tutto senza mettere in allarme l'alleata Germania.

Beata ingenuità! La Germania era ancora in grado di farne «lastricati infernali». Le aspirazioni di Guglielmo II, sempre sicuro della vittoria, vi si sarebbero opposte di certo. E non avrebbe lasciato l'Alsazia-Lorena e il Belgio in nessun caso, neppure se in cambio gli avessero dato la Polonia.

Sotto il sigillo del massimo segreto il 31 marzo 1917 Sisto consegnò a Poincaré il testo della lettera indirizzatagli dall'imperatore Carlo. Eccone alcuni passi: «Sosterrò le giuste rivendicazioni francesi in merito all'Alsazia-Lorena. Quanto al Belgio, deve tornare alla sua sovranità mantenendo l'assieme dei suoi possedimenti africani. Quanto alla Serbia, deve tornare alla sua sovranità con un accesso equo e naturale al mare Adriatico...».

Non una parola sull'Italia.

L'imperatore concludeva: «Dopo avere esposto le mie idee ti chiederei di espormi a tua volta, dopo averne riferito a Francia e Inghilterra, l'opinione di queste potenze, così da preparare un terreno d'intesa sulla base del quale potrebbero essere intraprese trattative ufficiali e si potrebbe giungere alla soddisfazione di tutti».

Letta la missiva Poincaré obiettò: «Queste amabilità sono certo sincere, ma se l'imperatore crede a quel che scrive, e cioè che il suo esercito sia forte e i suoi successi clamorosi, è poco probabile che ci proponga condizioni di pace soddisfacenti per noi. E in ogni caso non ha la forza di farle accettare dalla Germania, e ciò infirma immediatamente le sue proposte ufficiose».[23]

Il principe Sisto insisté sulla riservatezza di quei colloqui, dicendo che, nel caso fosse stata tradita, la Germania avrebbe di certo costretto l'Austria a inviare truppe sul fronte francese.

Fu in quel momento che mia madre, al ritorno da Firenze, dove mi aveva accompagnato al Poggio, e con i rami d'olivo toscani, simbolo di pace ch'ella guardava con speranza, si fermò a Parigi per incontrare il presidente Poincaré.

Leggo nella sua agenda in data 3 maggio 1917: «Tè alle

cinque con Monsieur e Madame Poincaré. Il presidente mi parla a quattr'occhi, mi chiede se ho visto Sisto [ella aveva incontrato Sisto alle due, proprio prima del colloquio con Poincaré] e mi dà una lettera per Alberto».

Ecco quel che a proposito di quella conversazione scrive Poincaré nelle sue *Memorie*: «Madame Poincaré ed io incontriamo la regina, poiché ella ne ha espresso il desiderio. Trascorriamo un'ora con lei. È sempre semplice, affascinante, determinata. Ella mi prega di scrivere un biglietto per spiegare al re che il principe Sisto in questi ultimi giorni è stato trattenuto a Parigi. "Dato che è mio cugino," ella spiega "preferisco non dover esser io a giustificarlo dinanzi al re." In serata invio il biglietto richiesto, nel quale spiego al re che il principe è stato impegnato in conversazioni un po' lunghe che non gli hanno permesso di riprendere immediatamente il proprio servizio militare».[24]

Alberto I era scettico sull'esito finale di quella missione e voleva che i due Borbone-Parma rientrassero in Belgio per riprendere il loro servizio nell'esercito.

Temeva le indiscrezioni. In una piccola nota scritta a mia madre le consiglia di non incontrarsi troppo con Sisto e Saverio.

Ho anche ritrovato una nota di Sisto consegnata in quei giorni a mia madre, e relativa alla missione di lui in Italia: «Incontro con Sonnino a Saint-Jean-de-Maurienne. L'Italia chiede il Trentino, Trieste, la costa dalmata e tutte le isole adriatiche. Per di più essa chiede alla Francia il nord della Siria e una parte dell'Asia Minore. Proposte assurde».

Ma è necessario aggiungere che mentre avveniva l'incontro a Saint-Jean-De-Maurienne, aveva luogo un passo ufficioso del governo italiano a favore di una pace separata, unito a una proposta che limitava le pretese italiane al solo Trentino. Il passo fu fatto da re Vittorio Emanuele e dal generale Cadorna, all'insaputa di Sonnino, per timore di una rivoluzione in Italia. L'imperatore Carlo non accettò, la risposta fu rimandata.

Quando fu sondata l'opinione del governo italiano sulle proposte austriache, Boselli e Sonnino insorsero dichiarando che l'Italia era entrata in guerra unicamente per ottenere i vantaggi che l'imperatore Carlo le rifiutava.

Alcune settimane dopo un'offensiva austrotedesca fece crollare, ahimè, il fronte italiano.

Clemenceau, che succedette a Ribot nel novembre 1917, manifestò il proprio malcontento al vedere il principe Sisto continuare gli incontri con Lloyd George. «Tigre», proprio come il re dei belgi, reputava che a quel punto non si dovesse pensare ad altro che a battersi.

Qui si conclude la missione Borbone-Parma. I sondaggi presso Francia e Inghilterra non fecero sortire alcuna soluzione e l'imperatore Carlo dovette rinunciare al proprio progetto, che avrebbe probabilmente salvato l'integrità del territorio austroungarico – egli infatti progettava di instaurare una federazione danubiana.

Clemenceau, come il predecessore Ribot, sosteneva il piano Masaryk-Benès, che mirava a creare una Cecoslovacchia indipendente, smembrando l'impero austroungarico. In quella soluzione la Francia vedeva non soltanto un indebolimento del pangermanesimo, ma anche uno strumento per estendere la propria influenza in quella regione. Clemenceau era memore della frase di Bismarck: «Chi ha la Boemia ha l'Europa centrale».

Nell'aprile 1918, con l'Austria ancora prigioniera della Germania, il cancelliere Czernin, preoccupato delle reazioni tedesche nel caso venissero rivelati gli approcci dell'imperatore Carlo, in un discorso proclamò di essere stato costretto a rifiutare offerte di pace francesi: «Clemenceau» disse Czernin «prima dell'inizio dell'offensiva sul fronte occidentale mi fece chiedere se sarei stato pronto ad accettare dei negoziati, e su quali basi. Risposi immediatamente che ero pronto, a condizione che anche Berlino fosse d'accordo».[25]

In tal modo i ruoli venivano capovolti. Clemenceau, infuriato, dichiarò subito a tutta la stampa che il cancelliere era un infame bugiardo e, come prova a sostegno delle sue parole, pubblicò la lettera dell'imperatore, datata 24 marzo 1917. Il caso scoppiò come una bomba e gettò i protagonisti nel più crudele imbarazzo.

Leggo nell'agenda di mia madre in data 13 aprile 1918: «...Divulgazione della lettera dell'imperatore d'Austria a Sisto; tramite Clemenceau, sui giornali! Che distruttore, quel Clemenceau! Dove ci condurrà ancora? Che infamia ha compiuto! L'atto di Clemenceau è una pugnalata alla schiena dello spirito cavalleresco dei francesi. La polemica attorno alla lettera dell'imperatore d'Austria diventa sempre più aspra, prende anche il posto del caso Bolo-Caillaux. Il presidente Poincaré, venuto in visita, mi parla di quella famosa lettera e dice che è stato Czernin a cominciare, Clemenceau ha dovuto rispondergli. Dopo pranzo ricomincia e me ne parla per più di un'ora».

Il che mostra quanta importanza il presidente attribuisse a quell'incidente diplomatico.

A proposito dello stesso episodio Poincaré racconta nelle *Memorie*: «Durante la cena dico una frase discreta alla regina Elisabetta, a proposito del tentativo del principe Sisto. La sento subito chiudersi, come una sensitiva sfiorata da mano maldestra. Dopo pranzo riprendo l'argomento, a quattr'occhi, in un angolo del salotto. Mi trovo nell'obbligo di dirle col massimo riserbo possibile che la pubblicazione [della lettera dell'imperatore] è stata decisa da Clemenceau a mia insaputa. "Ah!" mi dice la regina "avevo subito immaginato che voi foste estraneo a quella pubblicazione. Trovo sia stato un atto deplorevole. E vi assicuro che nel dirlo non penso a mio cugino. Le considerazioni di famiglia possono ben venir trascurate in un momento come questo. Per quanto riguarda Sisto mi limito a dirvi che mi sembra impossibile chiedergli altro che il silenzio. Non lo si può costringere a testimoniare contro il cognato"».

In quella faccenda l'atteggiamento di mia madre fu dettato da sensibilità femminile e dalla speranza (ammettiamolo: un po' utopistica) di limitare lo spargimento di sangue. Mio padre giudicava la situazione con maggiore realismo.

Altri tentativi di negoziato ebbero luogo anche nel 1918, stavolta da parte tedesca. Uno fu la missione di Töring, cugino di mia madre. Personalità belghe del Belgio occupato, come la principessa de Mérode e il barone Coppée, funsero da intermediari, ma non vi fu alcun successo.

Mio padre si mostrava scettico, come abbiamo visto. A suo parere tutti quei patteggiamenti venivano fatti troppo alla leggera, e senza base solida.

Il 22 dicembre 1917, durante una visita a Poincaré, espresse il suo pensiero: «...Broqueville mi ha più volte parlato di tentativi di pace fatti dai tedeschi, ma non sono al corrente dei dettagli. Madame de Mérode è una donna onestissima, ma del tutto digiuna di politica. Il barone Coppée è un onorevole industriale belga, amico di Monsieur de Broqueville. Ignoro del tutto quel che può aver detto Laucken [delegato del ministero degli Affari esteri del Reich presso il governatore tedesco in Belgio]. Ma non credo verosimile che nell'attuale situazione la Germania sia disposta a fare accettabili offerte di pace. Se tuttavia il Kaiser volesse ripensarci dovrebbe capire che non c'è possibile offerta di pace che non preveda la restituzione integrale dell'Alsazia-Lorena alla Francia. Se avesse realmente la comprensione dei bisogni dell'umanità, e se avesse il senso del diritto, offrirebbe tale restituzione».[26]

Nel maggio 1917 la conferenza di Stoccolma riunì i socialisti di tutti i Paesi, che volevano fermare quell'inutile guerra provocata a loro parere soltanto dalle dispute dei governi borghesi. I socialisti della seconda Internazionale avrebbero desiderato che nessuno vincesse la guerra e si auguravano il ritorno a una situazione di equilibrio fra i due contendenti. Essi intrapresero sondaggi di pace, ma essendo divisi fra socialisti classisti e socialisti nazionalisti temevano di fare il gioco dei Soviet. Il governo francese, allarmato, rifiutò i visti ai propri delegati.

Camille Huysmans, segretario della seconda Internazionale, si rivolse al suo capo di Stato, re Alberto, e gli chiese che ne pensasse. Fu sorpreso, e non poco, di trovare il sovrano d'accordo a che egli si recasse alla conferenza di Stoccolma dove sedevano socialisti tedeschi e austriaci. «Sarete un utile testimone», gli disse il re.

Quando Huysmans tornò, i compatrioti lo tacciarono di tradimento, di essersi venduto alla Germania. Egli sopportò quelle ingiurie con coraggio e dignità. Per dieci anni mai rivelò a chicchessia ch'era stato il re a incoraggiarlo, sotto promessa di silenzio, ad assistere all'appuntamento di Stoccolma. Soltanto nel 1927 mio padre lo sciolse dal segreto e spiegò dinanzi a testimoni le vere circostanze del viaggio del leader socialista.

La guerra si protraeva, implacabile, nonostante tutti i tentativi dei belligeranti di giungere alla cessazione delle ostilità. Non credo di tradire il pensiero di mio padre se affermo che malgrado la sua calma determinazione di raggiungere integralmente gli obiettivi perseguiti dal Belgio, non teneva affatto a vedere il nemico totalmente schiacciato. Temeva che in quel modo si sarebbe suscitato in Germania uno spirito revanscista che avrebbe potuto presto provocare una nuova conflagrazione. Reputava infatti che una sconfitta totale della Germania e dell'Austria non fosse di giovamento all'Europa e al mantenimento di una pace duratura.

«La lotta fra Inghilterra e Germania ricomincerà fra vent'anni» scriveva «e allora avrà come teatro l'universo.» Pronostico ahimè quanto profetico!

Noi bambini naturalmente eravamo in disparte, ignari di tutto quel fermento della diplomazia segreta che ai nostri genitori aveva già dato tante preoccupazioni.

Io avevo vagamente sentito parlare nel nostro ambiente della missione di Sisto e Saverio. Ma ero una bambina, mi era impossibile immaginare una pace che non comprendesse una sconfitta completa degli «elmi a chiodo».

Vivevamo in un clima di patriottismo intenso, interamente teso verso la vittoria finale. Quell'atmosfera vibrante, entusiasta, esaltante, in Francia si manifestava in modo un po' differente. I belgi combattevano per ristabilire la propria neutralità; i francesi volevano cacciar via dal proprio territorio il nemico, animati dallo spirito revanscista degli anni che avevano seguito la guerra del 1870. Alcuni scrittori del principio del secolo avevano creato quello stato d'animo ridando onore al militarismo nazionalista. Il nazionalismo di un Maurice Barrès e di un Charles Maurras aveva influenzato un'intera gioventù. Una letteratura epica della guerra esaltava il combattente che si sacrifica per la patria.

Anche altri belligeranti avevano i loro bardi nazionalisti. In Serbia, piccolo Paese interamente invaso dal nemico, il poeta Milutin Boith, morto ventiquattrenne, raccoglieva i compatrioti con un grido disperato: «Lottare fino alla vittoria, oh vittoria, non vogliamo che te... Riprendi, o Serbia, il dominio del tuo destino...».

In Italia D'Annunzio, poeta e guerriero, interventista fra i più focosi, esaltava le prodezze degli eroi.

Uno sciame di giovani piloti belgi, acrobati temerari, superavano sé stessi nel cielo di Fiandra: Thieffry, Jacquet, Willy Coppens e molti altri. Quegli eroi fraternizzavano con i commilitoni britannici Mannock, Mac Cudden ecc., e francesi, fra i quali Guynemer, il cui nome rimarrà leggendario.

Tuttavia il temperamento belga, più placido, era meno sensibile ai grandi slanci epici. I belgi per natura non sono guerrieri. Pierre Nothomb, letterato di tendenza ultranazionalista, afferma che i suoi compatrioti dormivano da anni nel limbo dell'indifferenza, e che credevano in tutta semplicità d'essere in eterno votati alla pace famigliare. Ma nell'ora decisiva i belgi, sia valloni che fiamminghi, seppero raccogliersi attorno al loro re per difendere con accanimento il suolo violato della patria.[27]

I miei genitori, che vissero giorno dopo giorno quei tragici avvenimenti, nel profondo e autentico patriottismo che li animò mantennero una «semplicità» restia a qualunque esaltazione ultranazionalista e sciovinista.

Fu per la forza delle cose che una leggenda si appigliò alle loro persone, contro la loro volontà.

La storia ha donato a mio padre il titolo di «Re Cavaliere». Mai nulla lo stupì più di quel titolo. A chi glielo tributava diceva: «Diventa fastidioso». E Verhaeren diceva molto giustamente di Alberto I: «Né la fama né la gloria lo traviano. Non si crede l'eroe che è».

## X
## ULTIMI SFORZI NEMICI E GRANDE OFFENSIVA DEGLI ALLEATI

La defezione della Russia, seguita al crollo dell'impero degli zar e formalizzata con la pace separata di Brest-Litovsk del 3 marzo 1918, mise in una situazione difficile la coalizione degli alleati. La Romania, rimasta sola alle prese con gli imperi centrali, capitolò. Non avendo più nemici a est il Reich poté raddoppiare gli sforzi a ovest. Nella primavera del 1918 alle 172 divisioni franco-belga-britanniche, fiaccate dalle dure battaglie del 1917, Ludendorff oppose 192 divisioni di fanteria tedesca in ottima forma, e lanciò una serie di offensive grandi e piccole, che sperava decidessero il conflitto prima dell'arrivo massiccio delle truppe americane.

L'offensiva nemica si sviluppò su un fronte di settanta chilometri, che andava da Croiselles a La Fère. Cominciò con tremendi tiri d'artiglieria sostenuti dall'aviazione che mitragliava le colonne dell'esercito britannico in ripiegamento.

I miei genitori non lasciarono La Panne. Per seguire le angosce e i tormenti di quel periodo periglioso, durante il quale si vedranno infine esaurirsi una dopo l'altra le micidiali offensive del grande stratega teutonico, torno all'agenda di mia madre.

21 marzo: «Scatenata offensiva tedesca contro il fronte inglese. Alle due bombardamento infernale, ripetuto alle cinque del mattino, dal mare e da terra, su La Panne e Adinkerque. Mille granate su Dunkerque. Per tutto il giorno tiro in dispersione continua su tutti gli acquartieramenti, sull'ospedale di Vinckem, dappertutto, nei campi, nelle strade... Il maresciallo Joffre e signora vengono a trovarci. Alberto dice che se sul fronte occidentale ci sarà una catastrofe, Cle-

menceau e Lloyd George dovranno esserne ritenuti responsabili».

Fin dal 1917 gli alleati si erano dati governi forti: in Inghilterra Lloyd George, in Francia Clemenceau, in Italia Orlando. Spettava loro la responsabilità delle grandi decisioni militari.

Dieci divisioni nemiche attaccarono il punto di congiunzione fra gli eserciti inglese e francese, nel settore fra Oise e Schelda al fine di separare i due eserciti. La V armata britannica fu polverizzata.

«In certi punti gli inglesi arretrano di diciotto chilometri, chiedono l'aiuto dei francesi. Duemilacinquecento prigionieri, presi quattrocento cannoni.»

24 marzo: «Ieri Parigi bombardata dai cannoni 420 a lunga gittata [era il primo tiro della Bherta]! La notizia arriva qui nel pomeriggio. Messa a La Panne, a Saint Joseph. Tiri in tutte le direzioni. Continua notte e giorno. Il Gran Quartier generale francese ha lasciato Compiègne per Provins. I parigini, demoralizzati e sconvolti, lasciano la capitale. Clemenceau li rassicura con la sua presenza e la sua calma».

25 marzo: «Notte di bombardamenti dalle retrovie. Alle tre del mattino dai Moëres il cannone della marina inglese comincia a sparare ogni cinque minuti. Notizie poco rassicuranti: i tedeschi avanzano verso Noyon. Galet ritiene che gli inglesi penseranno di certo soltanto alla loro base di Boulogne e rifiuteranno di difendere Parigi».

26 marzo 1918: «I tedeschi continuano ad avanzare. Sono arrivati a Noyon, Roye, Chalnes, Bapaume, e alla valle d'Ancre. Quarantacinquemila prigionieri, ora, e presi mille cannoni. Bombardamento di Parigi, ogni quarto d'ora una granata».

27 marzo: «La situazione pare molto critica nel punto di congiunzione fra truppe inglesi e francesi».

28 marzo: «Attacco di dieci divisioni nemiche sul fronte di Arras. I tedeschi arrivano a Montdidier e Pierrepont. I francesi in tutta fretta fanno un concentramento della loro riserva per proteggere Parigi».

30 marzo: «Dopo due giorni i tedeschi hanno ripreso l'of-

fensiva su tutto il fronte, ma senza risultati notevoli. Galet dice che è finita qui».

31 marzo: «Da tutti gli ospedali è stata evacuata la maggior parte dei feriti. Il Gran Quartier generale ha paura che i tedeschi ci isolino tagliandoci il contatto con le retrovie».

1 aprile: «I tedeschi ancora all'offensiva, ma pare che la grande avanzata si sia fermata».

2 aprile: «I fronti paiono stabilizzati. Non ci sono più notizie importanti. Alberto dice che con Foch e Clemenceau ora bisogna aspettarsi un'offensiva francese. I tedeschi hanno fatto un errore grave: il 28 e il 29 marzo si sono fermati, poi hanno attaccato con dieci divisioni il blocco inglese invece di proseguire l'attacco di Montdidier, dove la riserva francese non era ancora arrivata».

Il 26 marzo Clemenceau, i generali Wilson, Pétain e Haig, e il delegato di Lloyd George, Lord Milner, riuniti alla conferenza di Doullens, avevano incaricato Foch di coordinare l'azione degli eserciti alleati sul fronte occidentale. Bisognava al più presto consolidare la congiunzione fra francesi e britannici. Che catastrofe se il nemico fosse riuscito a dividere i due eserciti!

I tedeschi preparavano una nuova offensiva, stavolta in Fiandra, verso Ypres, per accerchiare le truppe belghe e britanniche e impadronirsi della costa. Lo sforzo principale dell'operazione doveva essere compiuto (come testimonia il racconto dello stesso Kronprinz) dal raggruppamento di armate bavaresi comandate da Rupprecht, cognato di mia madre...

La situazione per l'ennesima volta diventava gravissima. A buon diritto mio padre si mostrava molto pessimista. Lo possiamo constatare dalle note dell'agenda.

8 aprile: «...Festa di Alberto. Dice: "Sono persuaso che avremo ancora una catastrofe sul nostro fronte. Dalle nostre retrovie sono state ritirate tutte le riserve, e non siamo preparati al nuovo sistema di attacco dei tedeschi. Il nostro Gran Quartier generale è troppo limitato per capirlo"».

9 aprile: «Forte attacco nemico a sud di Armentières e fino a La Bassée, in specie contro i portoghesi».

Il Portogallo, entrato in guerra per la causa alleata nel

1915, aveva mandato al fronte un gruppo di armate che, poste in Fiandra affianco ai britannici, furono quasi interamente distrutte.

«...I tedeschi hanno fatto 6000 prigionieri inglesi e portoghesi e hanno preso cento cannoni.»

10 aprile: «I tedeschi hanno attaccato fra Ypres e Armentières».

11 aprile: «Secondo le notizie Armentières è stata abbandonata dagli alleati. Più di 10.000 prigionieri nel saliente di Ypres. Pare che gli inglesi spostino indietro la loro linea principale. Non è tuttavia una vera grande offensiva, dato che abbiamo di fronte soltanto dodici divisioni tedesche, e cinque di riserva in seconda linea, su trentadue chilometri. Il nemico è avanzato per una profondità di nove chilometri. Mandiamo i nostri bagagli in Inghilterra e a Hardelot».

Per l'ennesima volta i miei genitori temevano di dover lasciare La Panne.

14 aprile: «In auto a Merckem. Numerose granate sul posto di gendarmeria, a cinquanta metri da noi. Tornati in auto da Noordschoote. Vento tanto forte che fatichiamo ad attraversare le passerelle sulle inondazioni».

16 aprile: «Bailleul e il Ravelsberg presi dai tedeschi che hanno raggiunto la linea di colline a est del monte Kemmel».

17 aprile: «Alle undici e trenta arriva il presidente Poincaré accompagnato dal generale Duparge. Conversazione noi tre soli, il presidente, Alberto ed io, sulla situazione militare, il comando supremo di Foch ecc. Alberto ascolta senza rispondere. Alle due e mezzo arriva il generale Foch. Conversazione a tre: Alberto, Foch e Poincaré».

Il vero motivo di quella visita era ottenere che l'esercito belga venisse posto sotto il comando diretto di Foch. Il presidente Poincaré, da abile avvocato qual era, aveva preceduto Foch per perorarne la causa. Ma non ebbe successo.

La Panne era troppo esposta ai bombardamenti, il re riceveva le visite ufficiali ai Moëres.

Poincaré scrive nelle *Memorie*:[28]

«Mi reco alla nuova residenza del re, è un vasto podere situato in terreno piatto, con una villa da abitazione più spaziosa di quella di La Panne ma ancora più nuda, e tristemente ammobiliata. Il re mi è venuto incontro sulla strada. Mi conduce alla casa fra due ali di truppa, al suono della *Marsigliese*. Mi introduce direttamente al pianterreno, in una sala nella quale non ci sono altri mobili oltre poche sedie e un pianoforte, e dove la regina mi accoglie con grazia. Spiego che tengo a discorrere un po' col re, nelle circostanze gravi che attraversiamo. Restiamo soli, il re, la regina ed io, per una mezzora. Presento le cose in modo da valorizzare i vantaggi dell'unità e suggerire al re, senza chiedergli nulla esplicitamente, che sarebbe utile completare la nostra opera con la subordinazione dell'esercito belga al generale Foch. Ma il re resta cortesemente impassibile, fa orecchie da mercante. Dice che ha giurato di vigilare personalmente sul destino del suo esercito, e perciò non può lasciarne il comando. Assicura d'altronde che sarà felicissimo di seguire i consigli del generale Foch, per il quale nutre grande ammirazione. Acconsente a che vi sia un legame diretto fra il proprio Quartier generale e Foch, ed è tutto. Nel frattempo arriva Foch che si unisce alla conversazione. Dopo la partenza di Foch il re mi dice: "Vedete, voi mi avete chiesto in questi giorni [era in verità un desiderio imperativo di Foch] di mettere le mie divisioni della riserva agli ordini del generale Plumer [inglese]. Non posso farlo. Non sarebbe conforme al mio giuramento, e del resto un esercito scompaginato non servirebbe più a nulla, esso ha bisogno di vicendevole sostegno"».[29]

Subito dopo quel colloquio mia madre si recò in Inghilterra con un messaggio di re Alberto per Lord Curzon. Il 20 aprile ella ebbe una lunga conversazione a quattr'occhi col futuro ministro del Foreign Office. Secondo le poche note laconiche dell'agenda l'argomento fu anzitutto la questione «della costa, nel caso in cui i francesi ripiegassero a sud della Somme».

Il messaggio del re esponeva la situazione delle forze alleate e nemiche: 145 divisioni alleate, 202 divisioni tedesche, e definiva il ruolo e la posizione dell'esercito belga:

«...Gli avvenimenti dell'ultimo mese hanno vieppiù accentuato la superiorità militare del nemico. Ammiro senza riserve il coraggio mostrato dalle truppe britanniche, ma il vigore della loro resistenza contro forze molto superiori ha ineluttabilmente ridotto la loro gagliardia. Ho la ferma intenzione di difendere a oltranza le posizioni tenute dall'esercito belga. Esse sono le ultime in territorio nazionale, e coprono verso est i porti dello stretto di Calais, come le posizioni delle armate britanniche proteggono gli stessi porti verso sud-est. Il recente proclama del maresciallo Haig ("Con le spalle al muro ciascuno di noi ha il dovere di battersi fino alla morte") mi autorizza a credere che anche le armate britanniche difenderanno a qualunque costo le posizioni che coprono i porti della Manica. Abbandonare le coste dello stretto significherebbe consegnare alla Germania ciò che è stato oggetto delle sue brame fin dal principio della guerra. Gli interessi del Belgio e quelli della Gran Bretagna coincidono dunque nel fare della regione che copre la costa l'oggetto di una resistenza disperata».

A quel messaggio del 19 aprile il governo inglese rispose dando al re dei belgi la garanzia formale che i propri eserciti avrebbero difeso a oltranza la costa, e mai avrebbero avuto l'ordine di ripiegare dietro la Somme.

In quel periodo cupo finalmente due belle notizie: il 24 aprile viene respinto un attacco tedesco su Cambrai. Fu la prima storica battaglia di carri armati. I tank britannici bloccarono i blindati nemici.[30]

Nello stesso giorno la flotta britannica mise a segno un'incursione nel ridotto inespugnabile di Zeebrugge, bloccando in porto i sottomarini tedeschi. La Germania perdeva uno dei suoi principali sbocchi navali. Tuttavia la situazione in Fiandra continuava ad essere estremamente critica.

Mia madre scrive, il 26 aprile: «Stamane contrattacco francese per riprendere il monte Kemmel, senza esito. Gli inglesi ripiegano su Ypres, ieri hanno evacuato Saint Eloi e Woermezeele. Sessantacinquemila prigionieri, soprattutto francesi del XX corpo. Situazione estremamente grave».

28 aprile: «Alle sette e quarantacinque fortissimo bombardamento sugli inglesi, dalle parti dei monti dei Cats. Le no-

stre finestre tremano per il fuoco tambureggiante di laggiù. Per tutta la notte e per tutto il giorno *Trommelfeuer*. Più nessuno può dormire».

5 maggio: «Dopo una pioggia tiepida spuntano i lillà».

8 maggio: «Alberto in aeroplano, in uno Spad, con il luogotenente Crombez. Sono saliti a Houthem, hanno sorvolato Ypres, Dixmude, Nieuport, Croxyde, Furnes, e sono tornati a Houthem. Hanno raggiunto i tremilacinquecento metri di altitudine, durante un attacco tedesco».

9 maggio: «Notte di aerei. Una gran quantità passa sulle nostre teste; vanno a Dunkerque. Lanciano cinque torpedini non lontano da casa nostra. Ventisette vetri rotti per il contraccolpo. Una torpedine cade a centocinquanta metri dalla villa. Un frammento di granata entra nella mia camera dalla finestra. Tutte le linee telefoniche distrutte dalle granate».

Re Alberto venne a sapere che gli ambienti francesi progettavano il ripiegamento di tutta l'ala sinistra degli eserciti franco-britannici dietro la Somme. Mandò subito un secondo avvertimento a Lord Curzon, chiarendo per l'ennesima volta gli obiettivi della guerra.

«...Richiamo la vostra attenzione sul fatto che, se l'Inghilterra e la Francia in questa campagna difensiva hanno obiettivi di guerra comuni, tuttavia i loro eserciti hanno scopi separati. L'esercito britannico deve difendere la costa e in particolare i porti della Manica. Scrivo in merito a questa questione perché essa riguarda gli interessi vitali del Belgio e l'azione del suo esercito. È possibile che gli alleati non abbiano la forza per difendere nello stesso tempo i due obiettivi. Sarà perciò abbandonata la costa o una parte di essa per impiegare tutte le forze nella difesa della Francia minacciata in direzione di Amiens, Parigi o Reims? Spero che il governo britannico abbia precisato le proprie idee attorno a questo punto capitale. In tale circostanza sorgerebbero di certo violente discussioni fra i comandi. Io credo fermamente sia nostro interesse comune difendere la costa con la più tenace energia, anche se fossimo costretti a resistere nella stretta lingua di terra lungo il mare, che potrebbe essere protetta da inondazioni estese da Dunkerque a Calais. L'alternativa fra difendere la costa e ritirarsi verso sud potrebbe porsi subito a causa della presa di Amiens o di una avanzata su Parigi. Il destino del Belgio più che mai è intimamente legato al destino dell'Inghilterra, l'azione dell'esercito belga all'azione dell'esercito britannico. Quel che sento e vedo in certe alte sfere politiche e militari mi fa temere che in un momento critico prevalgano tendenze pericolose. Perciò considero un dovere scrivervi in tutta fiducia. Alberto».

Restava da persuadere il generale Foch.

Nel frattempo gli inglesi riuscirono a fermare l'offensiva tedesca.

22 maggio: «Il generale Foch viene ai Moëres a consegnare delle decorazioni. Rivista del IX di linea. A mezzogiorno viene a pranzo da noi con due ufficiali, il colonnello de Stiker e il capitano Bardo».

Il nemico concesse un altro di quei momenti di requie che alla lunga gli sarebbero stati fatali. Secondo Foch l'errore di Ludendorff, il cui esercito aveva ancora una grande superiorità numerica sugli avversari, fu di avere fatto pause, talvolta lunghissime, dopo le offensive vittoriose, lasciando così al nemico il tempo di riprendersi e di ricostituire le proprie forze.

Ma il 27 maggio Ludendorff ottenne un nuovo magnifico successo: sfondò all'improvviso la difesa francese allo Chemin des Dames. In poche ore passò l'Aisne in cinque punti. Avanzata di venticinque chilometri. Soissons cadde. Sessantacinquemila prigionieri. Parigi nell'angoscia. Il Parlamento reclamò le dimissioni di Foch. Clemenceau lo difese energicamente e lo salvò.

Il 3 giugno l'offensiva tedesca fu fermata dalla riserva di artiglieria pesante organizzata dal generale Foch. Un nuovo attacco nemico fu arrestato allo stesso modo il 9.

A metà giugno si entra nella fase in cui i due schieramenti tendono ad equilibrarsi. L'apporto dell'America stava finalmente cominciando a pesare sulla bilancia. Già da tempo gli effettivi degli alleati erano diminuiti seriamente, soprattutto fra i britannici, che avevano perduto 42.000 uomini e 14.000 ufficiali durante le offensive del 21 marzo e del 9 aprile.

D'altra parte i francesi avevano decifrato la tattica di Ludendorff, «quel meraviglioso procedimento d'attacco basato sulla sorpresa, che il generale impiegò uniformemente senza mutarlo mai, rendendosi infine schiavo della propria strategia».

«Grosso errore» dice Foch nel suo *Memoriale*: «Bisogna saper modificare il proprio piano, e al momento opportuno adattarlo alle circostanze. È quel che sempre faceva Napoleone».

Qui una volta di più il genio latino, flessibile e inventivo, si oppone allo spirito germanico, rigido e metodico.*

Il Consiglio superiore di guerra si riunì a Versailles il 3 luglio 1918, nel momento in cui gli eserciti alleati si preparavano a riprendere l'offensiva in Francia. Possiamo leggere nell'agenda di mia madre, in data 29 giugno, una nota che contraddice quel che certi storici hanno riferito: «Il generale Rouquérol porta lettera ad Alberto: invito di Clemenceau al Consiglio di Versailles».

Mio padre evitò di andare di persona ma delegò il suo capo di stato maggiore. Tale scelta urtò un po' «Tigre». Si discusse della questione dell'esercito belga, che preoccupava vivamente Foch. Egli scrive nelle sue *Memorie*: «Poiché era prevedibile che le divisioni belghe sarebbero state chiamate a partecipare attivamente a quell'offensiva, sarebbe stato auspicabile che esse fossero, come le altre divisioni alleate, sotto il mio comando. Non si poté approdare a tale esito perché il luogotenente generale Gillain, capo di stato maggiore dell'esercito belga, fece appello alla Costituzione del suo Paese».

Se il re avesse accettato, come si auguravano gli alleati, di partecipare a offensive premature, sarebbe tornato nel suo Paese con un fantasma di esercito. Ecco perché il 18 luglio 1918 rispose ancora una volta «no» a ogni richiesta di quel genere. Accettò tuttavia la proposta che l'esercito belga fa-

* Oggi viene generalmente riconosciuto che nel luglio 1918 Ludendorff aveva una netta superiorità di fanteria e di artiglieria, ma nel contempo non aveva aviazione, carri, cavalleria. Era dunque nell'impossibilità di sfruttare il suo successo.

cesse una serie di «colpi di mano» al fine di impegnare importanti contingenti tedeschi e in tal modo alleggerire il compito degli alleati.

Perciò fu grazie al re, e al re soltanto, che l'esercito belga nonostante perdite pesanti non partecipò alle offensive premature e talvolta azzardate nel corso delle quali perirono tanti eroici soldati francesi e britannici.

Affrontiamo ora la fase ultima e decisiva della guerra.

L'offensiva del 15 luglio, scatenata da Ludendorff su un fronte di ottanta chilometri, fra Château-Thierry e Massiges, avrebbe dovuto dividere in due gli eserciti alleati e far cadere Parigi. Essa fallì.

L'iniziativa passò ai francesi e agli americani, sulla Marna, con la X armata del generale Mangin. Il 18 luglio la situazione era stata rovesciata. Il 1° agosto i tedeschi arretravano.

Un'atmosfera in certo qual modo distesa subentrò alla tensione dei mesi precedenti. Mutate le circostanze il militare ritrova rapidamente la galanteria d'uomo, messa da parte durante la prova del fuoco. Alcune annotazioni dell'agenda di mia madre confermano il mutamento dello stato d'animo. Ella cita un episodio, che certamente non avrebbe potuto prodursi prima, avvenuto l'8 agosto durante una visita al II corpo britannico nel settore di Ypres-Poperinge:

«...Ricevuta dai generali Jacobs, Wilson e Godley. Viste truppe inglesi e americane. Mi fanno tirare col loro obice da 320 di Elwerdinghe sur Hooge».

Ricordo benissimo i commenti famigliari a quell'episodio a un tempo epico e divertente. Nella mia anima di bambina non riuscivo a immaginare mia madre alle prese con un'arma tanto micidiale. Ella stessa, stupita, non riusciva a capacitarsi della propria impresa.

Il 25 agosto scrive: «...Alberto va a Bergues, all'aviazione inglese del generale Lam. Sale su un Havilland con un pilota, il capitano Robinson, e sorvola Ostenda a tremila metri d'altitudine».

Al ritorno mio padre ci comunicò le sue impressioni ed emozioni. Il racconto ci entusiasmò.

30 agosto: «...Con Alberto e Leopoldo al salone delle feste di Vinckem. Assistito al discorso di Monsieur Lamy, segretario a vita dell'Accademia francese, e di Monsieur Imbert de La Tour, membro dell'Istituto di scienze politiche e morali, che annunciano l'opera di ricostruzione di Lovanio».

Si cominciava a prevedere in modo concreto il futuro.

L'iniziativa era ormai degli alleati. Nessuno più dubitava di una prossima vittoria.

3 settembre: «Gli inglesi hanno fatto un'offensiva, hanno sfondato le linee tedesche sulla strada di Arras e Cambrai, e hanno fatto 10.000 prigionieri».

13 settembre: «...Offensiva americana sul saliente di Saint Mihiel [nelle Argonne]. L'attacco americano pare aver dato risultati notevoli: 12.000 prigionieri finora, e il saliente è preso».

Nel mese di giugno gli americani avevano finalmente sbarcato in Francia il grosso delle loro truppe. Centinaia di camion percorrevano le strade. Tuttavia l'efficacia militare della presenza americana impiegò un certo tempo prima di farsi sentire. Il generale Pershing, capo del corpo di spedizione, deplorava disperdere le proprie forze e sprecare la sua riserva in battaglie avventurose e inutili. Voleva avere il comando esclusivo del proprio esercito e condurlo in un settore che gli fosse specificamente destinato. Su tale argomento aveva la stessa ottica di Alberto I. Dovette attendere quindici mesi prima di ottenere il proprio posto sul fronte francese.

In autunno alcune visite di personalità di primo piano sottolinearono l'importanza del momento, e il prestigio crescente del quale godeva il re dei belgi.

Da qualche tempo Clemenceau desiderava ardentemente essere invitato in Belgio dal re. Era difficile, dopo l'incidente Czernin, che tanto aveva indignato mia madre. «Tigre», temendo che una sua visita giungesse inopportuna, aprì il proprio animo a Poincaré, che gli consigliò di attendere l'attenuazione del ricordo dell'incidente. Ma Clemenceau, perseverando nella propria idea, pregò Pichon, ministro francese degli Affari esteri, di organizzare la visita.

«Dopo la faccenda Czernin e il comitato di Versailles non voglio apparire come colui che fa il primo passo. Voglio essere invitato. Appena avrò ricevuto l'invito andrò in Belgio.»

E riuscì a farsi invitare!

Poincaré ironizzò: «È contentissimo, e un po' fiero».

Il 7 settembre mia madre annota:

«...Visita di Clemenceau. Alberto lo aspetta alla frontiera. Assieme vanno sul fronte di Nieuport-Ville, i cinque ponti fino al ponte del Rolhot. Dopo aver decorato dinanzi alla guardia d'onore quattro ufficiali e un sottufficiale, fra i quali Tielkens e Willy Coppens, arrivano alla villa, accompagnati dai generali Rouquérol, Mordacq, e dal capitano Barbier, per il pranzo».

Assistetti a quel pasto memorabile, e ricordo bene colui che veniva chiamato «Tigre» per la violenza dei suoi discorsi e dei suoi atti. Indossava una vecchia finanziera, e aveva sulla testa una bustina blu orizzonte, che toglieva a malincuore. I grossi baffi spioventi e l'aria da calmucco bisbetico erano perfettamente in sintonia col suo modo di essere. A me bambina pareva piuttosto un grosso tricheco.

Chi sapeva osservarlo notava che a tratti egli aveva il comportamento di una bestia braccata, il cui sguardo si perda improvvisamente in una lontananza nostalgica.

Mia madre provò a «domare quella belva» con le armi della massima cortesia. Si preoccupò della salute di lui, fece rigorosamente rispettare la sua dieta senza sale... Colui del quale ella scrisse nell'agenda «uomo molto interessante, di larghe vedute e di alti slanci», avrebbe potuto intendersi con lei su un terreno d'ideali: erano entrambi nemici delle mezze misure, del conformismo e dell'orribile egoismo borghese.

Clemenceau un tempo aveva capito il carattere di Rodolfo d'Asburgo, che dalla madre aveva ereditato le idee liberali e avanzate dei Wittelsbach. Era quindi in grado di capire e ammirare Elisabetta del Belgio. Ma era un uomo orgoglioso e settario, e la confessione di tanta debolezza sarebbe stata impensabile.

Poincaré ci disse: «In un primo tempo Clemenceau aveva esitato a presentare i propri omaggi alla regina dei belgi, perché la considerava una tedesca». Era certamente un pretesto, poiché egli sapeva che Elisabetta non aveva esitato a dichiarare a Pierre Loti: «Una cortina di ferro si è innalzata fra me e la mia famiglia...».

Era inconcepibile che quel combattente feroce di una Francia essenzialmente laica e repubblicana tornasse su una propria posizione di fronte a una regina. Diede però alcune soddisfazioni ai belgi al momento del trattato di pace. Il 30 marzo 1919 affermò: «...Qualunque cosa possa accadere gli alleati ricorderanno sempre i bei gesti del re Alberto al principio della guerra e anche, anzitutto, le sofferenze dello sventurato Belgio...».

E quando il re dei belgi rese la visita al ministro della Guerra, nel dicembre 1918, Poincaré notò: «"Tigre" è del tutto addolcito, è tutto miele, ha ritratto gli artigli. Bisogna sentirlo ripetere "Vostra Maestà"...».

E anni dopo fece una magistrale difesa del re e dell'esercito belga, dopo la maldestra intervista di Foch del novembre 1926: «Parlare troppo nuoce. Frasi inutili, alcune inesatte, sulle mosse della battaglia dell'Yser, hanno procurato a Foch il dispiacere di una protesta del re dei belgi. Ho già detto dell'apprezzabile condotta del generale in quell'occasione. Ma perché gli è venuta l'idea di ingigantire il proprio ruolo a spese dei nostri amici belgi, il cui eroismo non aveva avuto requie? Alberto I si è visto costretto a contestare le frasi del generale Foch sull'atteggiamento dell'esercito belga, che in verità non aveva ceduto neppure per un istante, dopo aver ricevuto dal re l'ordine di resistere ad ogni costo...».[31]

Ancora più tardi, per una reazione più inattesa e imprevedibile, l'anticlericale convinto Clemenceau si dichiarò favorevole all'augurio del cardinale Mercier di mettere i Luoghi santi sotto la protezione di un monarca cattolico come re Alberto:

«Quegli interessi sono interessi cattolici, è dunque ragionevole affidarli a una nazione cattolica», rispose «Tigre» alla richiesta del cardinale, andato espressamente a trovarlo a Parigi. E aggiunse: «Passeremo così il mandato della Palestina a una nazione amica, alla quale saremmo felicissimi di far piacere. Questa combinazione ha per noi dei vantaggi e non ha inconvenienti. Volete lasciarmi fare, signor cardinale? Credo di poter condurre a buon fine questa faccenda. Lo desidero per il vostro re e sarei felice di farlo per voi».

Clemenceau pose la propria candidatura alla presidenza della Repubblica. Non fu eletto. Deluso, si ritirò in un'altera e sprezzante solitudine, dopo aver smesso ogni attività politica, e l'utopistico progetto non ebbe più futuro.

L'8 settembre ci fu la visita dell'ammiraglio Roger Keyes, comandante delle forze navali della difesa dello stretto di Calais, eroe della famosa incursione di Zeebrugge, e del quale Churchill diceva che era Nelson «sputato» («He was the spit and the spirit of Nelson»).

Il comandante del *Dover patrol* di Dunkerque era un fervente ammiratore delle idee di mio padre, e le appoggiava efficacemente con la sua azione militare. Rimase per tutta la vita un grande amico della famiglia. Snello, elegantissimo nella sua uniforme da ufficiale di marina, con una gran bocca in un viso glabro, mi faceva pensare a una rana... ma i suoi occhi di un grigio cupo facevano sì che il suo sguardo fosse intenso e attraente. Da buon inglese, non era privo di senso dell'umorismo.

Mia madre annota nella sua agenda: «A mezzogiorno e mezza l'ammiraglio Keyes viene a pranzo, con Teck, per chiedere l'opinione di Alberto».

L'argomento in discussione era l'offerta di condurre i miei genitori a Ostenda quando la città fosse in mano inglese.

Mio padre intravvedeva finalmente la possibilità di una piena riuscita delle operazioni militari. Si avvicinava il momento di gettare tutte le truppe nella grande offensiva alleata in preparazione sul fronte occidentale. Ebbe allora un nuovo incontro con Foch. Il generale gli offrì il comando del raggruppamento di armate delle Fiandre, in seguito alla proposta del re di indirizzare quattro divisioni belghe a sud e a nord di Dixmude.

Agenda di mia madre:

«...Il generale Foch è venuto alle undici a trovare Alberto. Grandi progetti».

Due giorni dopo mio padre si recò al castello di Bombon, vicino a Cassel, dove Foch aveva stabilito il suo Gran Quartier generale. I due capi militari si accordarono sulle formalità del comando che il re dei belgi aveva accettato. Il generale francese Degoutte, comandante della VI armata, da quel momento in poi sarebbe stato distaccato presso Alberto I. Quell'eccellente militare aveva appena dato prova di sé nella seconda battaglia della Marna. Le armate delle Fiandre, agli ordini di re Alberto, comprendevano tutto l'esercito belga, la II armata britannica, la VI armata francese (rappresentata dal VII corpo, formato da tre divisioni, e dal II corpo di cavalleria) nonché ingenti artiglierie di rinforzo. Quel raggruppamento d'armate occupava l'estremità nord del gigantesco fronte alleato che in larghezza si stendeva dal mare del Nord alla Svizzera.

Il generale Degoutte mangiava sempre alla nostra tavola. Era meno divertente del generale Rouquérol, che ci era caro a causa delle sue facezie. Invece il generale Degoutte era molto serio e molto bigotto. Ricordo gli interminabili silenzi della prima colazione, che seguivano le sue vibranti descrizioni dei miracoli di Lourdes. Mio padre, benché credente, preferiva evitare quel genere di argomenti e taceva. Noi bambini, nonostante la presenza un po' impegnativa di quel personaggio importante, percepivamo il soffio di un vento di ottimismo.

Il 27 settembre cominciò l'offensiva. Mio padre emanò il famoso appello al suo raggruppamento di armate:

«Soldati, voi state per sferrare un possente attacco alle posizioni nemiche. È vostro compito ricacciare via l'invasore che ormai da più di quattro anni opprime i vostri fratelli. L'ora è decisiva. Avanti, per il Diritto, per la Libertà, per il Belgio glorioso e immortale!».

Eravamo tutti elettrizzati dallo slancio che conduceva i nostri soldati verso la vittoria. Io trascorrevo la maggior parte del tempo nell'ufficio del comandante Dujardin, aiutante di campo del re. Mi permetteva di seguire gli avvenimenti su una immensa carta dello stato maggiore, e mi aiutava a segnare con minuscole bandierine l'avanzata vittoriosa degli eserciti: lo sfondamento di Dixmude, voluto da mio padre, i duri combattimenti della foresta di Houthulst, e Roulers, ecc.

Ancora oggi ho memoria della gioia provata a spostare quei piccoli spilli in direzione di Bruxelles. Prima la battaglia della cresta delle Fiandre, con una avanzata di quindici chilometri, poi la spinta sulla Schelda e la Lys, che provocò la caduta di Courtrai e Ostenda.

Il fronte nemico cominciava a vacillare dappertutto.

Il 29 settembre mia madre scrive: «L'avanzata alleata continua sempre. I prigionieri tedeschi sono più di 5000, e sono stati presi 150 cannoni, fra cui due 420. Dixmude è ripresa. Meraviglioso morale delle truppe e dei feriti».

Man mano che il fronte progrediva veniva fatta l'evacuazione degli ospedali. Ma tutto andava tanto velocemente da provocare una certa disorganizzazione nelle retrovie.

30 settembre: «Visti tutti i feriti nel treno di Vinckem, evacuati su Gravelines. Vedere dove installare ospedale sotto tenda. Molti carri sulle strade, melma profonda, vetture nei fossati, e ancora dappertutto numerosi cadaveri belgi e tedeschi. Fermi per tre ore a Jonkershove a causa di cannoni francesi puntati nella direzione sbagliata. Un cannone è caduto nel fossato. Si deve tirarlo fuori. Rientriamo infine da Steenstraat dopo avere aggirato la foresta di Houthulst. Tornata a La Panne dopo mezzanotte».

Quella foresta era stata teatro di violenti combattimenti, presa e ripresa molte volte dagli avversari. Degli alberi non restavano che magri fusti privi di foglie, che irresistibilmente evocavano un'immagine surrealista.

Riporterò a questo punto la testimonianza di un giornalista francese: «...Siamo vicini a Roulers. La strada a intervalli regolari presenta crateri provocati dalle mine. Sui crateri sono stati gettati ponti di tavole. Si avanza lentamente, con ingorghi, fermate improvvise, e confusione: si sforzano di mettere ordine gendarmi belgi, soldati inglesi addetti al traffico, e territoriali francesi della polizia stradale. Le granate cadono nei campi ai due lati della strada.

«Dinanzi a noi un cavaliere belga è stato colpito; stritolato, assieme al cavallo. Tende crociate di rosso: è un posto avanzato. Una limousine leggera, molto semplice e completamente infangata scivola davanti a noi. Ne scende un biancore d'estrema giovinezza, una donna agile e chiarissima sotto questo cielo grigio e su questa terra grigia. Restiamo come abbagliati da una luce troppo viva. La regina Elisabetta. È infermiera del fronte. Un solo ufficiale la accompagna e la guida in questa calca. Lei risponde con un sorriso al nostro saluto. Perché lasciano che venga fin qua? E se la ferissero?

«Vetture d'ambulanza portano mutilati privi di sensi. Paiono morti. Le barelle si dirigono verso la tenda, della quale la regina istintivamente e semplicemente, con un gesto bianco, solleva e trattiene la portiera...».[32]

Mia madre annota soltanto: «13 ottobre, il ripiegamento tedesco pare estendersi dappertutto».

Il 14 e il 15 ottobre il fronte tedesco è infranto, le divisioni belghe passano l'Yser. Ma le truppe tedesche oppongono una resistenza disperata sulla Lys e impediscono alle unità francobelghe di passare il fiume. Foch rafforza subito il punto nevralgico con numerosi contingenti francoamericani che si scontrano col nemico in tenaci combattimenti.

Il 31 ottobre viene scatenata un nuova offensiva alleata. L'esercito belga riesce soltanto il 2 novembre a passare la Lys.

La cresta delle Fiandre, che fino ad allora aveva sfidato gli assalti delle truppe più valorose, è teatro di una battaglia vinta che libera la costa, mentre la spinta sulla Schelda e la Lys libera Roulers e Courtrai.

La doppia manovra delle armate belga-franco-britanniche di Fiandra, comandate da Alberto I, ha pieno successo. In dieci giorni il nemico è respinto oltre la Schelda. I vincitori si preparano a liberare Bruxelles.

# XI

## RICONQUISTA E FELICE RITORNO

Soffiava il vento della vittoria. Gli avvenimenti precipitavano, gli eserciti alleati finalmente raccoglievano il frutto delle dure prove affrontate, e della lunga pazienza messa in campo.

Per Alberto ed Elisabetta cominciò un susseguirsi di ingressi trionfali nelle città belghe riconquistate. E quanto furono commoventi i primi contatti con le popolazioni, prostrate da quattro lunghi anni di sofferenze sotto il giogo nemico!

Talvolta i miei genitori non resistettero ad anticipare sportivamente gli avvenimenti, e arrivarono inopinatamente in città appena liberate.

Accadde a Ostenda il 17 ottobre. Subito dopo la liberazione della città l'ammiraglio Keyes condusse i sovrani, a bordo di una motovedetta, fino ai frangiflutti del porto. Per raggiungere la banchina dovettero arrampicarsi su una vertiginosa scala di ferro. Era notte, gli abitanti di Ostenda festeggiavano la liberazione. I miei genitori si dirigevano verso il centro della città quando all'improvviso furono riconosciuti da alcuni pescatori, che dapprincipio stupirono. La notizia si propagò in un lampo e ben presto una folla in delirio circondò i sovrani. Li abbracciavano, si felicitavano. Essi riuscirono a stento ad aprirsi un varco fino al municipio dove gli assessori presiedevano una seduta solenne annaffiata da molti boccali di birra. Un testimone racconta che poi i sovrani e la gente di Ostenda, tenendosi a braccetto, confusi in una stessa gioia, passeggiarono lenti per le strade cantando la *Brabançonne*.

I sovrani si reimbarcarono ch'era già mezzanotte. Un'avaria del motore li fermò in alto mare, per lunghe ore. Dovettero attendere il soccorso di una torpediniera britannica. Riguadagnarono La Panne all'alba, intirizziti ma raggianti di gioia.

L'avventura impressionò il presidente Poincaré, che spedì loro un telegramma di felicitazioni.

Il 21 ottobre visita imprevista a Bruges. Mia madre annota: «...Alberto, Leopoldo ed io in auto a Bruges. Senza essere annunciati veniamo ricevuti in municipio. Il borgomastro Visart, gli assessori, i consiglieri comunali, i notabili della città, il vescovo Waffelaerts e l'ex governatore Ruzette si affrettano a venirci incontro».

Il 24 ottobre i miei genitori lasciano definitivamente La Panne. La loro partenza da quel brandello di patria al quale erano legati da ricordi tanto struggenti avvenne, presumo, con sollievo ma non senza qualche malinconia. Mia madre però non ne fa cenno nella sua agenda; cita soltanto i saluti alle persone che durante quei quattro anni avevano mescolato le loro vite alla sua: il borgomastro Agrip, il padre oblato Bommelle, l'istitutore Nostredam, padre Rousseau e i cari bambini e Sorelle di Saint Joseph. In attesa di tornare nella capitale i miei genitori andarono a soggiornare al castello di Lophem.

Il 25 ottobre ci fu l'ingresso, ufficiale stavolta, a Bruges. I miei genitori e Leopoldo erano a cavallo, circondati dai generali Degoutte, Rouquérol, Gillain, Leman, da Lord Athlone, dall'ammiraglio Keyes e da tutta la casa militare.

«Le grandi campane suonavano» scrive mia madre, felice di ritrovare intatta la bella piazza con l'imponente torre campanaria dall'allegro carillon. Mio padre nel passare non scordò di salutare il monumento ai difensori delle secolari libertà comunali di Bruges.

Il 9 novembre visita di Poincaré. Nelle sue *Memorie* scrisse: «...Lunghe conversazioni con il re, a Bruges e a Ostenda. Lo trovo come sempre fermissimo e molto coraggioso. "L'esercito belga" mi disse "è in ottima forma, e i tedeschi stanno per essere sconfitti. Si illudono ancora di essere sfuggiti alla disfatta..."».

Il 10 mia madre annota: «Con Alberto e Leopoldo a Tournai, prima città vallone liberata».

I negoziati fra il maresciallo Foch e i delegati tedeschi erano cominciati l'antivigilia. Il principe Max di Bade, che aveva sostituito il generale Ludendorff, emanò un manifesto indirizzato al popolo e fece comunicare al presidente Wilson che accettava i quattordici punti elaborati a Washington. Il presidente degli Stati Uniti fece rispondere che dalla Germania non avrebbe accettato altro che la resa senza condizioni.

Un po' dappertutto nel Reich, e in particolare a Berlino, comitati di soldati e operai terrorizzavano le città. I re di Sassonia e di Baviera erano in fuga. Finalmente, durante una drammatica discussione con i generali, a Spa, Guglielmo II acconsentì all'abdicazione. Si ritirò nel castello di Dooru, in Olanda, dove morì nel 1941, durante la seconda guerra mondiale.

L'11 novembre mia madre annota: «Alle cinque del mattino firmato l'armistizio. Sospensione delle ostilità a partire dalle undici».

Facciamo qualche passo indietro. Il 13 ottobre, in piena offensiva, con mio gran dispiacere tornai al Poggio. Ma l'importanza degli avvenimenti divenne ben presto tale che i miei genitori mi richiamarono in Belgio. Li raggiunsi nel lugubre castello neogotico di Lophem. Il parco, pur ricco di begli alberi, era terribilmente umido. Si udiva il costante gracidio dei rospi. La mia unica distrazione era la raccolta delle nespole, che dovevamo mangiare mezze; la facevo con le figlie del barone van Caloen.

Nel corso di quel breve soggiorno nel castello di mattoni rossi non vedemmo mai i nostri genitori, in quel momento requisiti dai loro doveri di sovrani.

Suscitava la nostra curiosità il gran viavai di personalità nell'atrio del castello.

Agenda, ancora 11 novembre: «Arrivano al castello monsieur Anseele, deputato socialista di Gand, e monsieur Paul-Emile Janson, di Bruxelles, assieme al console di Spagna».

Primo contatto con i rappresentanti della patria invasa. Il console e Janson, deputato liberale e avvocato del foro di Bruxelles, avevano lasciato la capitale alle cinque del mattino su un'auto tedesca.

A Gand, ancora in preda alla confusione seguita alla liberazione, avevano legato dei tovaglioli, a guisa di bandiera bianca, ai loro ombrelli. Per sentirsi più forti dinanzi al re andarono a chiedere ad Anseele di accompagnarli a Lophem. Il borgomastro accettò con entusiasmo. Interruppe la seduta del consiglio comunale battendo sul tavolo e gridando: «Il re? Vengo con voi a presentargli gli omaggi della città di Gand».

Alle quattordici furono ricevuti a Lophem da Alberto I alla presenza del ministro cattolico Cooreman, del governo di Le Havre.

Janson espose la situazione preoccupante di Bruxelles, senza tuttavia drammatizzare i torbidi conseguenti alla partenza delle truppe tedesche. «La presenza del re diventa indispensabile», dichiarò.

Anseele, grande organizzatore del corporativismo operaio di Gand, prese poi la parola e approfittando dell'occasione insistette sulla necessità urgente di concedere il suffragio universale a tutti i cittadini che avessero compiuto il ventunesimo anno di età. Quella concessione si imponeva. Il popolo francese l'aveva ottenuta nel 1848.

Janson, a nome dei liberali, appoggiò la richiesta, garantendo anche l'appoggio di una parte dei cattolici. Poi affrontò la questione della lingua e la necessità di creare una università fiamminga.

Per mio padre quelle proposte non erano affatto delle sorprese. Erano l'esito di una lunga evoluzione. Aveva già pensato agli argomenti che quelle personalità proponevano. Quei quattro anni di rapporti quotidiani coi soldati lo avevano informato delle giuste rivendicazioni del popolo meglio di come avrebbe potuto qualsivoglia uomo politico. Non dovevano essere concessi ai giovani soldati difensori della patria diritti uguali a quelli dei civili più ricchi e anziani?

Uguale spirito di giustizia guidava il re nel tentativo di dare risposta alla questione linguistica. Non va dimenticato che la maggior parte dei soldati erano fiamminghi, e mio padre fin dal 1914 aveva deciso che gli ufficiali, generalmente francofoni, dessero gli ordini nelle due lingue. Nel corso di quegli anni di guerra nelle trincee dell'Yser si era affermata ed era cresciuta la coscienza dei diritti fiamminghi. D'altra parte perché i quattro milioni di fiamminghi non avrebbero dovuto potersi esprimere in una università fiamminga, se i tre milioni di valloni avevano tre centri di cultura francofona?

Fin dalla sua assunzione al trono mio padre aveva sentito che la questione sociale avrebbe dovuto avere un'importanza centrale nella politica. Purtroppo quell'atteggiamento realista e umano non fu sempre compreso dai belgi.

Tuttavia a Lophem l'11 novembre non fu presa alcuna decisione. Il re desiderava prima sentire l'opinione dei rappresentanti degli altri partiti. Riceveva non soltanto i parlamentari ma anche i giovani, che avrebbero potuto dare nuovo slancio alla politica futura.

E torniamo al giorno successivo all'armistizio. Il 12 novembre mia madre scrive: «Tutti sono come torpidi; gioia importante ma greve. Perché? Non si capisce che ci riserva l'avvenire... l'Europa è stremata...».

13 novembre: «Alle dieci ingresso a Gand, a cavallo, con le truppe. Città imbandierata, pioggia di crisantemi. È bellissima. Accoglienza commovente della popolazione. In municipio superbo discorso del borgomastro Anseele. Alberto ha parlato bene».

Quel giorno mio padre pronunciò il suo discorso nelle due lingue:

«Gente di Gand, è con intensa emozione che mi trovo fra voi. Voi avete sofferto molto. In nome del Paese e dell'esercito vi ringrazio del vostro coraggio e del vostro patriottismo. Usciti vittoriosi dalla campagna, siamo di nuovo padroni di noi stessi. Una nuova aurora comincia. Lavoriamo alla ricostruzione del Paese come abbiamo lottato in questi quattro anni: mano nella mano, onestamente, uniti, con abnegazione, sotto la tutela delle nostre istituzioni. Possa la vostra città riconquistare l'antica prosperità e il gran posto che le spetta nel Belgio liberato».[33]

Nella cattedrale di Saint Bavon, monsignor Seghers circondato dal suo capitolo ricevette i sovrani al suono dei grandi organi.

14 novembre: «In aereo Spad, Crombez pilota, su Gand e le inondazioni della Schelda, e Courtrai e Tournai. Crombez lancia un messaggio. A milleseicento metri falde bianche di nubi sopra di noi. Facciamo la vite prima di atterrare al campo di aviazione. Dopo pranzo Alberto si consulta con uomini importanti dei tre partiti».

Tutte le decisioni del re furono approvate all'unanimità dai capi dei partiti, riuniti a Lophem, e in seguito dalle Camere. Léon Delacroix, avvocato del foro di Bruxelles, cattolico moderato, fu incaricato di formare il nuovo ministero. Benché privo di esperienza parlamentare, Delacroix mostrò di voler favorire l'evoluzione democratica e la soluzione della questione della lingua fiamminga.

19 novembre: «Partenza da Lophem alle otto del mattino. Ingresso ad Anversa. Visita al municipio. Pranzo dal governatore de Schilde. In auto aperta per tutta la città. Accoglienza caldissima. Ricevimento alla cattedrale, col cardinale Mercier e il clero».

Fu un momento di emozione intensa, un incontro veramente storico: il re e il cardinale si reincontravano per la prima volta dopo l'inizio della guerra.

In tutta Europa infuriava l'epidemia di febbre spagnola. Quanti soldati, usciti indenni dalla guerra, morirono di quella tremenda infezione polmonare! Anche la mia cameriera, Elena, fu colpita da quel virus. Per fortuna guarì, ma dovemmo lasciarla all'ospedale di Bruges mentre noi ci avviavamo alla nostra vera dimora.

Dopo quattro anni di assenza, lo sconvolgente ritorno a Laeken... Non credevo ai miei occhi! Che strana sensazione, ritrovarsi a un tratto nel grande atrio... Mi era capitato spessissimo di immaginare con nostalgia la scena del ritorno, e di pensare a quello scalone su per il quale mi inerpicavo di nuovo come se il tempo avesse sospeso il suo corso. Tutto mi meravigliava perché nulla era cambiato, a eccezione delle cantine depredate dall'occupante e delle belle serre abbandonate al gelo.

Molto commossi il portinaio Martin, che sempre più rassomigliava all'imperatore Massimiliano, e il giardiniere Parat, ritratto vivente di un saggio indù, ci accolsero in modo toccante e ci raccontarono per filo e per segno tutto quel che era accaduto durante l'occupazione.

Il «Gioioso Ingresso» a Bruxelles fu fissato per il 22 novembre. I miei genitori dovevano entrarvi a cavallo, accompagnati dai miei fratelli, e da me se... il mio abito da amazzone fosse stato pronto per quella data. Ero molto preoccupata all'idea che non arrivasse in tempo. Mia madre non poté perder tempo a condividere la mia attesa angosciante. Che sollievo, il 22 mattina, quando ricevetti il prezioso pacco.

Mio padre, con in testa l'elmetto, e in tenuta kaki da campagna, montò su uno stallone bianco e prese la testa delle nostre valorose truppe. Affianco a lui mia madre, in abito grigio da amazzone. Io e i miei fratelli seguivamo. Leopoldo in tenuta da luogotenente del XII di linea, e Carlo da cadetto della Marina britannica - gran favore dell'alleato d'oltre Manica.

Io ero fiera del mio cavallo baio, anche se la sua altezza mi spaventava.

Affianco ai miei genitori cavalcava il duca di York, snello ed elegante nella sua uniforme, a rappresentare il re d'Inghilterra.

Alle nostre spalle il maresciallo Pétain, il generale Pershing, il maresciallo Haig, e Gillain, Degoutte, Jungbluth e tanti altri.

Impossibile descrivere l'emozione che provai a cavalcare per le vie di Bruxelles. Gli applausi frenetici erano accompagnati dal passo cadenzato delle lunghe colonne dei valorosi soldati della VI armata belga, che ricevevano la loro parte di gloria.

Alla porta di Fiandra, uno dei più antichi ingressi della

città, tutte le autorità municipali della capitale ci aspettavano, guidate dal borgomastro Adolphe Max, degno rappresentante dell'eroismo civile.

Il corteo proseguì. L'entusiasmo era al culmine. Una marea di fazzoletti bianchi, di drappi tricolori, di banderuole, si agitava alle finestre, e su tetti, lampioni, alberi, chioschi... Gli evviva ci stordivano. La gente ci lanciava mazzi di fiori. A un tratto il mio cavallo, impaurito, si impennò. Rimasi in sella. «Bravo», mi gridò Leopoldo.

Al termine di quel commovente percorso facemmo una sosta dinanzi al Parlamento.

Il re salì i gradini della tribuna e con voce forte e grave esclamò: «Signori, io vi porto il saluto dell'esercito. Siamo venuti dall'Yser attraverso le nostre città e le nostre campagne liberate. Vengo a render conto dei miei atti di fronte a voi».

Un uragano di applausi rispose a quelle parole. Proseguendo nel discorso mio padre tratteggiò il programma del suo nuovo governo. Promise il suffragio universale e la creazione di una università fiamminga. Fragorosi evviva acclamarono quegli impegni.

Poi ci fu il gran pranzo a palazzo. L'argenteria di gala brillava di nuovo in tutto il suo splendore, fra i crisantemi. Dappertutto si affaccendavano le ricomparse livree rosse. Riconoscevo il personale di un tempo. Fra gli invitati c'erano i delegati di tutte le nazioni alleate.

Nel pomeriggio il cardinale celebrò il *Te Deum* a Santa Gudula. L'eco delle parole sacre si ripercuoteva sotto le volte. Il re e il cardinale, entrambi uomini di alta statura e di glorioso prestigio, stavano uno di fronte all'altro. Avevano gli stessi occhi azzurri dall'espressione indomabile. Uno, col viso virile abbronzato dagli elementi e dalla vita dell'accampamento, incarnava la lotta e la vittoria. L'altro, intensamente spirituale, dai tratti emaciati e dal viso incorniciato di lunghi capelli bianchi, pareva uscito da un dipinto di qualche primitivo fiammingo.

Poi ci fu il ricevimento al municipio, presieduto dal borgomastro Max e dal Collegio degli assessori. La famosa

Grand-Place, felicemente intatta, pareva contenere a stento la folla che vi si accalcava. Bandiere, stendardi, uniformi di tutti gli eserciti alleati si mescolavano al suono delle fanfare e degli inni nazionali, talvolta con echi de *La Madelon* o di *Tipperary*.

Nel pomeriggio re Alberto fece una visita privata a Emile Francqui e a Ernest Solvay. Ci teneva a testimoniare loro la sua riconoscenza per il ruolo importante, assolto durante l'occupazione, nell'approvvigionare la popolazione belga.

Alla fine di quella giornata, mentre noi e i nostri genitori ci ritiravamo al castello di Laeken, un'esultanza popolare tutta brueghellana si scatenò per le vie della città, dove sarebbe continuata fino all'alba.

Ma al castello quel giorno fu segnato da un piccolo dramma: ci si accorse (un po' tardi, diciamocelo) che la contessa di Caraman e Miss Hammersley, le due fedeli compagne dei giorni cupi, erano state del tutto dimenticate. Senza personale di servizio né alcun mezzo di locomozione, non avevano potuto partecipare alla storica giornata... Al colmo dell'ira e, quel che è peggio, affamate, si profusero in invettive contro il maestro di cerimonie. La contessa, molta adirata, minacciava di dare le dimissioni.

Cinque giorni dopo non un solo stivale tedesco calpestava il suolo belga.

Al principio del giugno 1919, prima della firma del trattato di Versailles, il presidente Wilson volle visitare quei luoghi di sofferenza e desolazione che furono i nostri campi di battaglia: regioni devastate, distrutte da combattimenti ininterrotti - per non parlare dell'inondazione dell'Yser, che rese sterili per anni quei territori di Fiandra.

L'occhio si perdeva nelle immense distese di terra fangosa, crivellata di crateri di granata, dalle quali emergevano spaventosi fortini di cemento diventati alberghi di lusso per migliaia di topi, pochi resti d'alberi calcinati, pezzi di muro, masse di rotoli di reticolato. Luoghi di pellegrinaggio per una folla di visitatori spesso ignoranti dell'ampiezza delle distruzioni provocate da quella guerra.

Per il presidente erano stati preparati due giorni di programma intensissimo («che avrebbe ucciso un bue», diceva mia madre): Nieuport, Ramskapelle, Pervyse, Dixmude, Ypres, Lovanio, e finalmente Bruxelles dove in auto scoperta mio padre e Wilson percorsero le vie. Il presidente agitava il suo feltro grigio con un gesto all'americana. La moglie e la figlia seguivano in una seconda vettura, con mia madre. Miss Wilson, con sfrontatezza tutta giovanile, apriva incessantemente il portacipria e scuoteva con violenza il piumino. La nube di cipria infastidiva mia madre, che per tutto il tragitto non smise un attimo di starnutire.

Dinanzi alla Camera il presidente fece uno di quei discorsi alati di cui aveva il segreto. Affermò che a partire da quel momento la nazione belga si sarebbe innalzata con forze nuove verso i più alti destini.

Mio padre stimava l'uomo Woodrow Wilson per l'onestà, l'idealismo e il desiderio di far bene. Riconosceva che alla resa dei conti, e malgrado enormi errori, il presidente americano aveva dato all'Europa un'aria nuova, depurata delle tradizioni del pesante passato del vecchio continente.

È anche da dire che fin dal principio dei negoziati di pace fu l'intervento americano a ottenere che al Belgio venissero pagate integralmente le spese di guerra.

Quando il presidente Wilson invitò i miei genitori negli Stati Uniti, essi accettarono di tutto cuore.

Per il [illegible]

[illegible]

Dunque [illegible]

[illegible]

[illegible]

Quando il [illegible]

Terza parte

# GLI ANNI DIFFICILI DEL DOPOGUERRA

# I

# VITA FAMIGLIARE A LAEKEN

Era impossibile che i miei genitori non risentissero il contraccolpo di quattro anni di una guerra della quale il nostro Paese era stato la prima vittima.

L'immediato dopoguerra fu segnato da una serie ininterrotta di cerimonie ufficiali: ricevimenti di profughi, di invalidi, di ex combattenti, di delegazioni di ogni genere e di ogni Paese, che venivano a congratularsi con i miei genitori e con il popolo belga per l'atteggiamento tenuto durante il conflitto.

Talvolta gli americani rompevano la monotonia delle cerimonie, poiché concepivano l'etichetta in un modo tutto loro. Nel corso di una sfilata a palazzo, due fanciulle tornarono sui propri passi per stringere una seconda volta la mano di Leopoldo. «He is a good looking chap», spiegarono nel loro linguaggio ingenuo ed entusiasta. Mio fratello arrossì fino alle orecchie. Aveva diciotto anni.

Senza tregua si succedevano cerimonie, concerti, conferenze, feste militari, consegne di decorazioni. La vita semplice, rude, a contatto quotidiano con gli elementi e con la morte, quella vita era finita.

Non senza una punta di nostalgia mia madre scrive al generale Rouquérol, che durante la guerra era stato l'addetto militare francese al Gran Quartier generale belga, la propria gioia «di averla rivista a Bruxelles, di rivedere l'amico di La Panne, l'amico dei tempi indimenticabili nei quali si viveva tanto intensamente nel presente».

Laeken era la residenza abituale dei miei genitori. Paragonato alle rustiche dimore di La Panne e dei Moëres il castello pareva veramente solenne. La rigidità connessa a tutte le corti creava una barriera persino fra noi e i nostri genitori.

La vita privata della famiglia si svolgeva nell'ala sinistra dell'edificio, al riparo da sguardi indiscreti. Tuttavia noi bambini ci sentivamo un po' isolati, lontani moralmente dai nostri genitori, e costretti a subire un'esistenza troppo austera per la nostra età. Così, perlomeno, pensavamo. Non era più Laeken della nostra prima infanzia, luogo dell'incoscienza e dei giochi. I nostri genitori bastavano a se stessi, quando non venivano requisiti dal peso dei doveri ufficiali.

Lo studio di mio padre, a piano terra, aveva l'ingresso diretto nel parco. I sovrani potevano passeggiare nella loro proprietà senza avere sempre i gendarmi alle calcagna. Mio padre conosceva ogni albero, mia madre ogni roseto. Entrambi si interessavano alla rinascita delle nostre serre, le cui piante erano morte durante l'occupazione.

Alla fine della guerra i due sovrani avevano poco più di quarant'anni. Mio padre, vigoroso e sanguigno, aveva mantenuto intatta la propria robustezza. I suoi tratti non lasciavano affiorare nessuna traccia delle pesanti responsabilità, dei fastidi e delle emozioni provati, che invece spesso devastano l'aspetto delle persone che non riescono ad accettare il carico del proprio destino. Qualcuno ha detto: «Le nature grandi sono battute da tutti i venti dello spirito». Nel caso di mio padre era vero. La sua intelligenza, avida di progresso, non aveva mai requie, ma il suo cuore restava tranquillo, privo d'odio, e questo spiega la serenità del suo viso. Il pittore Laudy ne illustrò forse nel modo migliore l'espressione a un tempo riflessiva, calma e distesa.

Mia madre, più delicata e nervosa, risentiva maggiormente lo shock del mutamento di vita del dopoguerra. Gli innumerevoli impegni d'ogni genere, che la assillavano quotidianamente, alterarono un po' la sua salute. Il suo viso pallido rifletteva spesso la fatica, tanto più che a quel tempo il fard non era in uso fuori dal demi-monde...

Il pittore francese Guirand de Scevola ha dato un'immagine abbastanza sorprendente di lei in quegli anni. In seguito a una visita della regina a una delle sue mostre, egli scrisse: «Essere apprezzato da un'artista che è anche la più generosa e la più benevola delle sovrane, dall'amica fedelissima della Francia, è una gioia rara, una gioia unica della quale sempre conserverò il ricordo». Tuttavia il ritratto più somigliante, e nello stesso tempo più affascinante, è quello del pittore ungherese Laszlo, eseguito in stile tradizionale. Il portamento della testa e delle spalle, come pure l'espressione del viso, rivelano tutta la sensibilità del modello, la sua personalità a un tempo pensosa e piena di vitalità.

I miei genitori non erano figli di re, per cui ebbero entrambi una giovinezza vicina alla realtà, e non poterono rendersi conto dell'handicap imposto dal nostro rango. Mio padre lo comprendeva meglio, ma interamente assorbito com'era dai suoi molteplici obblighi, non poteva trasformare l'ambiente umano che ci circondava. Troppo spesso lo zelo attento delle persone del seguito ci dispensava dall'impegno personale. E ci veniva proibito di conoscere altri ambienti, per mantenerci lontani da influenze che, secondo l'etichetta di corte, avrebbero potuto rivelarsi pericolose.

Tuttavia i miei genitori avevano entrambi idee molto precise in materia d'educazione. Mio padre, quando gli era possibile, ci esortava ad affrontare le difficoltà della vita, che considerava salutari per la formazione del carattere. Avrebbe voluto che diventassimo adulti, con tutto quel che il termine adulto comporta. Nonostante la giustezza dei principi paterni e il desiderio sincero di applicarli, essi spesso restarono lettera morta.

Diciamocelo: nostra madre ci considerava sempre bambini ai quali era necessario imporre la sua volontà - e senza discussione.

Il suo modo di vedere prevalse.

Lo sport rimase l'ambito di mio padre. Ginnastica, equitazione, nuoto. In piena canicola ci trascinava a fare marce forzate o difficili scalate su roccia. Diceva che dovevamo imparare a scuoterci e a sopportare fatica e intemperie. Incoraggiava anche il nostro ardimento. La parola «paura» doveva essere bandita dal nostro vocabolario.

Come regalo per il mio tredicesimo compleanno ricevetti il battesimo dell'aria. Il pomeriggio di quel giorno formidabile eravamo tutti riuniti sul prato ai piedi del castello di Ciergnon. Agghindata con calzoni di pelle e casco d'aviatore presi posto sul monoplano stemmato con le iniziali di re Alberto e guidato dal pilota Le Dur. I singhiozzi di Miss Hammersley infastidivano mio padre, come si può immaginare.

Il decollo fu fantastico: rombava il motore, rombava una corrente d'aria, l'aereo salì a mille metri sorvolando i cumuli bianchi. Il castello, i boschi, i villaggi somigliavano a giocattoli. La Lesse non era più che un filo argenteo. Il rumore assordante del motore impediva qualunque conversazione. In capo a una mezzora, dopo aver sorvolato la Mosa e Namur, ahimè, tornammo. Mio padre mi chiese se ero contenta. Lo abbracciai con trasporto.

Leopoldo entrò alla Scuola militare di Bruxelles. Fin da giovanissimo aveva manifestato una predilezione particolare per la matematica e le scienze. Affianco alla sua camera aveva installato un piccolo laboratorio dove si rinchiudeva ogni volta che poteva. Era dispiaciuto che io amassi le arti; avrebbe preferito trovare nella sorella un'assistente docile e sottomessa per i suoi lavori di chimica.

Anche Carlo, dopo il periodo nella marina inglese, entrò alla Scuola militare di Bruxelles, dove terminò gli studi; in seguito ricevette il comando di un reggimento di guide. Piccoli scontri lo contrapponevano ai genitori, che spesso erano sconcertati, e talvolta indispettiti, dalla flemma ironica di lui. Un giorno, quando ancora studiava in Inghilterra, papà gli fece un'osservazione a proposito di una pagella mediocrissima. Carlo ribatté che il penultimo della classe era talmente genio che gli era stato impossibile superarlo.

Era veramente dotato per il disegno, il che orientò i suoi gusti verso le belle arti. Lavorò a lungo col pittore Bastien. Gli amici apprezzavano di Carlo soprattutto l'originalità dell'intelligenza e la capacità nei rapporti umani, retaggio di nostra madre.

Io, a causa dei consigli del cappellano di corte, monsignor Pierartz, fui mandata al convento del Sacro Cuore, di Linthout, nei dintorni di Bruxelles. L'ordine, fondato nel XIX secolo, poggiava su regole severe. Le religiose, quasi tutte francesi, portavano vesti e veli neri e avevano il viso incorniciato da una striscia di tessuto increspato e inamidato. Madre Jacquemin, la superiora, era gentilissima. Meridionale dai tratti fini ed emaciati, faceva pensare a una santa Caterina uscita da un affresco del Quattrocento.

La disciplina era rigorosa, qualunque pretesto era buono per metterci in riga e le claquettes davano continuamente il segnale di un inchino generale! La riverenza faceva parte dell'educazione delle fanciulle. Le maestre erano tutte religiose. Le allieve venivano dagli ambienti aristocratici e dall'alta borghesia.

Al refettorio si mangiava in silenzio. A turno leggevamo ad alta voce la vita di una santa. Una volta ricordo di essermi trovata molto a disagio in quell'esercizio, a causa di un grosso fagiolo che non riuscivo a inghiottire. In quel collegio rimasi per cinque anni, dai tredici ai diciotto, fatti salvi i fine settimana e le vacanze.

Uno degli avvenimenti più notevoli di quel periodo fu la visita del maresciallo Foch. Un giorno fece annunziare che avrebbe presieduto alla consegna dei premi. La notizia provocò uno scompiglio generale. Le religiose avevano perduto la testa, correvano da una parte all'altra.

A mezzogiorno preciso il generale fece un ingresso trionfale nel gran salone delle feste. La profonda riverenza delle allieve fece l'impressione di un campo di grano ondeggiante alla brezza mentre Foch con passo marziale si dirigeva verso il suo seggio di velluto rosso. Aprì la seduta con voce ferma elogiando il Belgio e il re. Le astanti, elettrizzate, non smettevano di applaudire. Dalle mani del maresciallo ricevetti una menzione d'onore in storia.

Il mio sogno sarebbe stato seguire dei corsi a Parigi. Ma

in quell'epoca una principessa che si dedicasse a tali studi sarebbe stata giudicata eccentrica!

Conservo un buon ricordo di quegli anni di collegio. Non avevo sorelle, vedevo poco i miei fratelli: fui felice di aver trovato delle compagne. Ma lo schermo rappresentato dal mio rango sussisteva, nonostante tutto. Quanto mi sarebbe piaciuto essere amata come le altre! Le religiose erano signorili e colte. L'educazione che ci inculcavano rifletteva bene l'epoca: non approfondire nulla ma toccare un po' di tutto per poter meglio brillare in un salotto.

Alla fine degli studi la mia cultura generale lasciava a desiderare. Mio padre si mise d'impegno, con coscienza e costanza, per colmare le mie lacune. «Ci si aspetta molto dai principi» diceva «ma spesso la loro vita è pigra, perché gli si facilita troppo il compito.» La nostra posizione ci risparmiava le difficoltà della vita. Mio padre reputava che il lavoro intellettuale fosse indispensabile per ovviare a tale stato di cose.

Tutti i giorni alle quattordici dovevo essere nel suo studio. Assieme facemmo innumerevoli letture: *Le vite degli uomini illustri*, di Plutarco, le opere di Guglielmo Ferrero e quelle di Gustave Le Bon (compresa la sua *Storia dell'Islam*), *Gli Ebrei e la vita economica*, di Werner Sombart, l'impressionante *Tramonto dell'Occidente*, di Spengler, filosofo tedesco, e tanti altri. Debbo confessare che talvolta il mio sguardo si perdeva nel grande arazzo che ornava la parete. Il bel profilo dell'impetuoso Achille mi offriva qualche distrazione.

Mio padre voleva che io tenessi a mente l'essenziale di ogni lettura. Mi faceva piccoli riassunti, schematizzando tutti quegli argomenti di molteplici ambiti culturali. Un giorno mi dettò persino una sintesi della storia della filosofia greca.

Più tardi, quando fu deciso il mio matrimonio col principe ereditario d'Italia, lavorammo assieme a una esposizione cronologica della complessa storia dei principi di casa Savoia. Molti anni dopo, quando scrissi un'opera sul primo duca di Savoia, fui colpita dallo strano destino di Amedeo VIII e dalla saggezza delle sue vedute politiche. E mi parve di trovare, nonostante i cinque secoli che li separano, una certa somiglianza di concezioni fra lui e Alberto I, per esempio quando Amedeo dichiara: «Non schiacciare mai del tutto un avversario, l'umiliazione è un germe di discordia e di conflitti futuri».

Mio padre non si accontentava di risvegliare il mio interesse per la storia antica, ma voleva anche che io fossi al corrente dei problemi contemporanei, come il concordato fra il Vaticano e lo Stato italiano, suggellato l'11 febbraio 1929 dal trattato del Laterano. I giornali dedicavano grossi titoli a quell'avvenimento. La soluzione voluta da Mussolini, che riconosceva la sovranità territoriale della Santa Sede sulla Città vaticana, provocò l'ammirazione dei cattolici del mondo intero.

Quella questione interessava mio padre tanto più in quanto era stato il primo sovrano, dopo il 1870, a render visita al pontefice, inaugurando il 28 marzo 1922 la nuova procedura estesa ai capi di Stato cattolici da Benedetto XV ma fino a quel giorno inapplicata. Si bisbigliava persino che l'acuta politica di re Alberto avesse facilitato gli accordi del Laterano. Era un'esagerazione. Del resto mio padre era abbastanza reticente, in materia di concordati: temeva che lo Stato abbandonasse alcuni suoi diritti e prerogative per avere in cambio il gradimento della Chiesa la quale, trovandosi inevitabilmente mescolata alla politica, si esponeva a scontri e controversie che talvolta portavano ad accomodamenti contrari al suo prestigio.

Mio padre teneva sia alla salvaguardia dell'indipendenza e del prestigio della Chiesa che alla libertà della coscienza individuale. Spesso tornava sull'argomento. Secondo lui l'atto più biasimevole del regno di Luigi XIV era stato la revoca dell'editto di Nantes, perché quell'atto rappresentava una violazione della libertà di coscienza. «Equivale» diceva «a quello di Ferdinando d'Austria, quando soppresse la libertà religiosa in Boemia. A quel punto appaiono i primi sintomi di vacillamento dell'Impero.»

Un altro grande problema, su un piano del tutto differente, era la crescente industrializzazione del mondo. Alberto I, benché appassionato di problemi tecnici, si rendeva conto che per l'uomo il vivere in una società troppo meccanizzata avrebbe creato dei pericoli. Secondo lui il perfezionamento a oltranza della tecnica poteva condurre soltanto a un funesto materialismo. A tale proposito mi leggeva *Le tragedie del progresso: origine, ostacoli, trionfi, sconquassi del macchinismo*, opera scritta dalla moglie del grande storico Guglielmo Ferrero, nonché figlia del Lombroso, celebre criminologo italiano. Madame Ferrero prevedeva che la macchina avrebbe distrutto ogni libertà umana: l'uomo sarebbe diventato schiavo delle proprie invenzioni, i valori spirituali sarebbero scomparsi.

Nel 1970 il professor Marcuse, per qualche tempo idolo dei giovani contestatori, espose la sua teoria sul modo come l'individuo incorporandosi nel sistema dell'economia moderna si è alienato: è diventato l'oggetto dell'economia, non più il soggetto.

Talvolta mia madre interrompeva le nostre letture. Affermava che mi si imbottiva la testa di nozioni che più tardi non mi sarebbero state di alcuna utilità. Aveva ragione o torto? Poco sensibile allo spirito cartesiano, non aveva alcuna predilezione per gli argomenti astratti o strettamente razionali, secondo lei troppo lontani dalla vita umana. A parte i trattati di medicina, che affrontava con metodo e rigore, leggeva soprattutto biografie, romanzi psicologici o, ancor meglio, studi sull'arte. Disapprovava tutto quel che è troppo dogmatico, ma si interessava appassionatamente a quel che nobilita l'intelligenza e il cuore. Mi diede da leggere la *Vita di Santa Elisabetta d'Ungheria*, di Montalembert. La sovrana, della quale la biografia illustra molto bene le alte virtù, era una antenata di mia madre.

Ella reputava d'altronde che una donna avesse tutto da guadagnare a coltivare i doni musicali che eventualmente avesse. Fu per questo motivo che molto presto fui mandata a studiare il pianoforte ma, ahimè, non al Conservatorio. Tale scelta limitò le mie possibilità. Tuttavia grazie alle eccellenti lezioni del maestro Arthur de Greef riuscii a eseguire alla meno peggio, per una serata di beneficenza, il concerto di Schumann che mia madre riteneva il massimo per le possibilità dell'espressione femminile in musica. Ebbi anche il pericoloso privilegio di accompagnare il celebre violinista Eugène Ysaye. Mi impressionava sempre. Un contemporaneo scrisse di lui: «Gli dei l'avevano voluto dotato di una maschera da imperatore, e gli avevano messo fra le dita le corde più sensibili affinché, novello Orfeo, potesse col viso e con la viola incantare le moltitudini».

Egli stesso aveva proposto di venire ogni giovedì dalle quattro alle sette a palazzo per fare della musica. Si faceva preparare una abbondante merenda che la maggior parte delle volte faceva sparire prima del mio arrivo. Assieme affrontavamo il repertorio classico e romantico. Era una vera prova, perché il maestro era fra i più esigenti.

Ysaye amava non soltanto il buon cibo ma anche il bere, del quale talvolta abusava. Durante una cena a Laeken si lamentò col maestro de Greef dicendo che il bicchiere di borgogna era troppo piccolo. Mio padre lo udì e con gioia di tutti fece portare il bicchiere più grande del castello.

Ysaye aveva composto un piccolo brano per uno dei propri figli, nello stile del maestro Wieniawski, *Rêves d'Enfant*, e amava suonare tale opera nella sala da musica di mia madre, a Laeken. In quella stanza intima e piena d'atmosfera c'erano un divano, cuscini dai colori cangianti, una coppa di marmo piena di fiori, alcuni quadri di maestri belgi. Una luce smorzata rischiarava con discrezione i musicisti. Mia madre aveva il ruolo di secondo violino. La sua figura chiara risaltava sugli abiti scuri. Talvolta a quelle serate musicali assisteva anche mio padre. Ricordo di avervi udito molte volte la *Sonata per pianoforte e violino* di Lekeu, giovane compositore, allievo di César Franck e morto a ventiquattro anni. Opera geniale, secondo Ysaye, e oggi pressoché dimenticata.

Mia madre suonava anche nel complesso musicale di Emile Chaumont, allievo di Ysaye. Anche Chaumont veniva regolarmente a Laeken.

Ella si esercitava, e sperava di poter un giorno suonare a Parigi, con Fauré, il quintetto che egli le aveva dedicato.

Ahimè! Il maestro era molto malato e morì prima che il progetto potesse realizzarsi.

Nel maggio 1924 soggiornarono per tre giorni a Laeken Ignacy Paderewski e sua moglie. Egli aveva offerto di dare un concerto il cui incasso venisse devoluto alle opere di mia madre. Lo vedevamo soltanto ai pasti e nel corso di poche passeggiate nel parco. Per tutto il resto del tempo si esercitava al pianoforte.

Era un brillante conversatore, e chi l'ha incontrato non può dimenticare la nobiltà dei suoi tratti. Quel grande patriota ci confidò che quand'era stato eletto presidente della Polonia non aveva più toccato una nota della tastiera per cinque lunghi anni.

La vigilia del recital rimase solo, nella sua stanza, eccetto che per il tempo della prova, con le persiane chiuse e senza prendere cibo.

La sera del concerto la sala del teatro de La Monnaie era piena di pubblico. All'apparire del maestro mia madre, con gesto spontaneo, si alzò. Subito tutta la sala ne seguì l'esempio. L'intero teatro esplose in un lungo caloroso applauso.

Paderewski interpretò anche la *Ballata in la bemolle*, di Chopin, con brio e impeto ineguagliabili che rivelavano tutto il romanticismo del suo temperamento polacco. Nonostante il ricco programma, acconsentì a concedere una serie di bis richiesti a gran voce. La moglie, preoccupata per la salute di lui, non faceva che ripetere: «Ignace si stanca, Ignace si stanca». Esasperata lasciò il nostro palco e dopo esser scivolata fra le quinte tentò di trattenere il marito per la marsina. Non ci fu nulla da fare. Paderewski, con la ben nota generosità, accontentò il pubblico.

Oggi i critici discuterebbero la sua tecnica e la troverebbero inferiore a quella dei nostri grandi virtuosi: gesti superflui, e molte stecche. Tuttavia mia madre scrisse in una lettera a madame Paderewski: «Conservo sempre il ricordo della musica divina sentita il 27 e il 28 maggio, che mi procurò un'emozione profondissima».

Mia madre cominciò a incoraggiare i giovani talenti già

prima di creare i premi per i musicisti. Ricordo di aver sentito nella sua sala da musica il piccolo italiano Pietro Mazzini, figlio di un uomo che aveva lasciato l'Italia per motivi politici. Il bambino aveva sette anni. Mia madre lo fece studiare al Conservatorio di Bruxelles. Purtroppo quel giovane talento non crebbe. Da adolescente Mazzini condusse una vita dissoluta. Morì giovane.

Fece invece una brillante carriera il violinista belga Van Neste, che nel 1927, dodicenne, aveva suonato per lei.

Ora comprendo quale privilegio sia stato per me vivere l'atmosfera musicale creata da mia madre e potermi arricchire a contatto del pensiero di mio padre, interamente aperto ai problemi del suo tempo. La musica e l'evoluzione del pensiero sono i cardini d'orientamento che mi hanno influenzato per tutta la vita.

## II

## IL TRATTATO DI VERSAILLES E IL BELGIO

A una guerra di coalizione avrebbe dovuto seguire una pace di coalizione, ma l'intesa degli anni del conflitto non riuscì a reggere dinanzi ai grandi problemi della riorganizzazione mondiale.

Il trattato di Versailles fu una grande impresa politica basata sul principio delle nazionalità, voluta da Wilson e difficilmente realizzabile. Le grandi potenze europee pensavano soltanto a soddisfare le proprie ambizioni territoriali e dimenticarono le promesse fatte a chi aveva sofferto più crudelmente. Il Belgio, piccolo Stato, aveva poca voce in capitolo.

Il re ne fu scontento e preoccupato. Scrisse al suo ministro Delacroix: «La pace non porta al Belgio la giustizia che gli spetta di diritto per le imprese militari dei suoi soldati e l'indomabile resistenza del suo popolo...».

Mio padre decise di affrontare personalmente i principali uomini politici. Molto sportivamente non esitò a saltare sul suo aereo militare e ad atterrare a Bourget. Appena a terra si sbarazzò della tuta d'aviatore e ascoltò le lagnanze del capo della delegazione belga, Paul Hymans. Benché estremamente cortese quell'ometto fatto a somiglianza di un marchese del XVIII secolo minacciava di lasciare la conferenza sbattendo la porta, se si fosse continuato a trattare i rappresentanti del suo Paese quasi fossero un'entità trascurabile.

Mio padre volle anzitutto incontrarsi personalmente con ciascuno dei grandi rappresentanti alleati. Clemenceau si lamentò di tutto e di tutti. Poincaré ebbe parole amare contro Wilson, «quel padrone del mondo». Lloyd George colse forse il meglio delle intenzioni di mio padre, che sapeva sprovvisto di qualunque avidità annessionista. Fu lui che lo invitò alla seduta successiva, del 4 aprile, nel corso della quale mio padre poté esporre, dinanzi a Clemenceau, Lloyd George, Orlando, e il colonnello House che rappresentava il già malato Wilson, la drammatica situazione di un Belgio completamente devastato e dove mancava tutto. Egli insistette, con parole persuasive, sulla necessità di aiuti immediati. Grazie a quell'intervento e all'ascendente personale del re le potenze alleate, in particolare Clemenceau, accordarono finalmente al Belgio un versamento prioritario nel quadro delle riparazioni imposte alla Germania, e annullarono il debito belga nei confronti degli alleati. Era la condizione *sine qua non* dell'adesione belga al trattato di Versailles, senza la quale le Camere belghe si sarebbero opposte alla ratificazione.

Mentre il pieno successo stava per coronare gli sforzi di re Alberto in merito alle riparazioni, anche se non si sapeva se poi i tedeschi avrebbero potuto pagare tutto, fallì dinanzi alla complessità del problema l'intervento per disporre dello sbocco della Schelda, indispensabile alla sicurezza del Belgio.

Alla conferenza di Versailles gli alleati avevano deciso di abrogare la neutralità belga, che si era dimostrata inefficace a preservare il Paese dall'invasione tedesca. Dopo la guerra l'opinione pubblica belga era unanime, a proposito di tale questione. La rinuncia alla neutralità trascinava con sé la revisione del trattato di Londra del 1839, col quale il Belgio era stato privato dalle potenze garanti della riva sinistra della Schelda e di una parte del Limburgo, a favore dell'Olanda.

A Versailles i delegati belgi speravano che gli alleati avrebbero usato la loro influenza presso l'Olanda affinché si giungesse all'augurabilissima intesa fra i due Paesi confinanti. Non se ne fece nulla. I Grandi si inchinarono di fronte all'atteggiamento inflessibile dei delegati olandesi. Le rivendicazioni belghe rimasero lettera morta.

La maggioranza dei belgi fu scontenta e offesa per la mancata restituzione dei territori che il Belgio rivendicava. I patrioti dell'annessionismo estremista non riuscivano a capire il saggio patriottismo del re e gli rimproveravano di non aver usato maggiormente il suo prestigio e di non aver levato la voce presso gli «augusti tonti».* Ma lo spirito riflessivo di Alberto I temeva le modificazioni di frontiere e i trasferimenti di popolazioni, che amava definire «generatori di risentimenti e costituenti altrettanti germi di guerra per il futuro».

Se si esclude l'aspetto del vantaggio strategico delle foci della Schelda, egli non si rammaricava affatto che Limburgo e Zelanda esprimessero un irredentismo nemico dell'unione col Belgio. Era persuaso infatti che il suo Paese non avesse nulla da guadagnare da un'annessione di quelle regioni dall'anima autonomista.[34]

Mio padre si doleva soprattutto dell'impossibilità di un avvicinamento fra Belgio e Olanda, impossibilità che avrebbe potuto pregiudicare il futuro e che gli faceva dire:

«La lotta per l'egemonia d'Europa non è vicina a finire. Essa determinerà altre guerre fra Inghilterra e Germania, guerre che faranno incombere su Olanda e Belgio nuovi pericoli di invasioni e devastazioni. Soltanto se trovano un accordo i due Paesi posti al punto di incontro fra i due imperi possono sperare di stornare il disastro...».[35]

Quanto al granducato del Lussemburgo, che alcuni volevano liberare da qualunque forma di sottomissione alla Germania, divenne un vero intoppo imprevisto. Clemenceau arrivò fino al punto di rimproverare mio padre di voler influenzare l'orientamento politico di quel piccolo Paese! Il che significava non conoscere il pensiero di Alberto I.

La verità era che la Francia, per ragioni strategiche, voleva annettere il granducato alla Sarre. Tale soluzione faceva parte del suo piano militare, in vista di un'eventuale difesa contro la Germania. In conclusione il granducato rimase neutrale e indipendente, a condizione però che vi fosse l'immediata abdicazione della granduchessa Maria Adelaide, principessa di Orange-Nassau, che agli occhi di Clemenceau e degli annessionisti belgi e francesi appariva troppo infeu-

* Con quest'espressione Foch designò i fautori del trattato di Versailles.

data al Reich. Le succedette nel 1919 la sorella Carlotta, sposata a un principe francese, Felice di Borbone-Parma. Più tardi il loro figlio, il granduca Giovanni di Lussemburgo, ha sposato Giuseppina Carlotta, sorella di Baldovino, re dei belgi.

In definitiva il Belgio dal trattato di Versailles ottenne, oltre all'abrogazione della sua neutralità e alla promessa di aiuto finanziario, un territorio alla frontiera orientale del Paese (le cui città principali, Eupen, Malmedy e Saint Vith, temibili basi di attacchi tedeschi, fecero da quel momento in poi parte integrante del regno), un mandato sulle colonie tedesche d'Africa del Ruanda e dell'Urundi (in seguito Burundi), e infine la restituzione dei due pannelli del celebre trittico di Van Eyck *L'Agnello mistico*.

L'annessione di Malmedy non poneva alcun problema dal punto di vista etnico, poiché la grande maggioranza della popolazione era vallona. Eupen, città tedesca vicina alla grande foresta di Hertogenwald, aveva visto interamente distrutta dalla guerra la sua parte belga, e fu data al Belgio a titolo di risarcimento. Ricordo che mio padre mostrava poco entusiasmo per quel dono degli alleati, possibile causa di future rivendicazioni. Wilson disapprovò quella concessione poiché la reputava uno strappo ai principi del trattato.

Trovo una lettera di mio padre, indirizzata a Lord Curzon, nella quale egli si preoccupa per la sorte delle popolazioni del Ruanda. La concessione all'Inghilterra di una striscia di territorio, per la costruzione della ferrovia da Tabora al lago Edoardo, metteva in pericolo l'esistenza della più importante tribù indigena, quella del regno di Musinga: «Le ex colonie tedesche» scrive mio padre «sono state date alle potenze alleate non allo scopo di soddisfare i loro interessi particolari ma per assicurare la protezione, lo sviluppo e il benessere delle popolazioni indigene».

Per garantire condizioni di pace meno effimere re Alberto non era contrario a una Renania smilitarizzata, sottratta all'imperialismo prussiano ma evolventesi economicamente nell'orbita della Germania. In ciò vedeva una base solida per consolidare la nuova Europa e impedire un'eccessiva unità del Reich. Naturalmente, neppure per un attimo fu favorevole al movimento separatista, sostentato da agitatori stranieri che avrebbero voluto costruire niente meno che una Renania belga e una Renania francese.

Comunque nessuno di quei progetti fu accettato dalla conferenza. I Grandi decisero per una pura e semplice occupazione alleata, sulla riva sinistra del Reno, che durasse quindici anni. Un distaccamento dell'esercito belga occupò la zona nord della Renania, comprendente Aix-la Chapelle e Krefeld.

Mio padre era scettico di fronte a tutti i metodi, come l'occupazione della Ruhr, imposti dagli alleati per ottenere dai vinti giuste riparazioni. Reputava che quei provvedimenti fossero aleatori, perché rischiavano di provocare fra i tedeschi un sentimento revanscista e di portare fra gli alleati la discordia. E in effetti, secondo Cambon, la politica europea si trasformava in una sorta di singolar tenzone fra Lloyd George e Poincaré. Per l'Inghilterra era intollerabile tanto una Francia insediata militarmente sul Reno quanto una Renania gravitante nell'orbita francese.

In una intervista dell'ottobre 1921 re Alberto dichiarò che la pace sarebbe diventata estremamente precaria il giorno in cui Francia e Inghilterra smettessero d'essere unite.

Egli si augurava anzitutto una pace che non disarticolasse l'Europa e non rafforzasse l'unità tedesca.

Ahimè! Il trattato di Versailles portò da un lato all'isolamento politico dell'Europa e dall'altro al permettere che si riformasse una Germania potente. Poiché si ammetteva la sua unità come condizione principale della pace, la posizione della Germania in Europa fu più forte nel 1918 che non nel 1914.[36]

Molti avrebbero voluto sapere che pensasse del trattato di Versailles Alberto I, che aveva giocato un ruolo tanto importante nella guerra. Di certo ne deplorava le pecche, lui che aveva un senso innato della realtà ed era per di più eccellente geografo! Si mostrava spesso stupito, se non spaventato, delle scarse conoscenze geografiche dei negoziatori, e deplorava la totale impreparazione di coloro che si illudevano di rifare l'Europa e di regolare questioni che riguardavano tre continenti. In cinque mesi! Tuttavia da capo di Stato prudente, e naturalmente riservato soprattutto con gli stranieri e con la stampa, rispose a un giornalista, a proposito del trattato: «Si è fatto quel che si è potuto». Era veramente ciò che in fondo pensava? Il clima dell'epoca, fatto di nazionalismo sfrenato e di odio verso il nemico faceva sì che i rari uomini perspicaci che vivevano al di sopra delle passioni non potessero essere apprezzati; lo sarebbero stati soltanto da una nuova prospettiva storica.[37]

Wilson, che in base al proprio criterio voleva plasmare e arbitrare l'Europa, fu sconfessato dal Senato. Gli Stati Uniti, come si sa, firmarono una pace separata con la Germania, non ratificarono mai il trattato di Versailles e rifiutarono di entrare nella Società delle Nazioni...

Ironia del destino: Wilson fu sostituito da Harding, che aveva idee isolazioniste ispirate alla dottrina di Monroe, che aveva liberato l'America da qualunque intervento dell'Europa.

Più che i quattro anni di guerra, con il loro pesante corteo di prove, furono i fastidi e le preoccupazioni procurati dall'elaborazione del trattato di Versailles che contribuirono a incupire un po', almeno per un periodo, il carattere del re-soldato. Lasciava di frequente libero sfogo al proprio scontento, che si traduceva in moti e impazienze improvvisi. Osservavo il contrarsi e l'agitarsi nervosi delle sue mani. Temevamo quei segni premonitori del temporale. Con gli anni gli sbalzi d'umore si attenuarono, era riuscito a dominarli.

Mentre gli uomini di Stato si accanivano a edificare una pace che volevano «giusta e duratura», e i pessimisti, purtroppo più chiaroveggenti, presagivano già una guerra «giusta e duratura», la gente comune si abbandonava alla gioia della pace ritrovata. Sperava di vivere una nuova belle époque. Dappertutto dilagavano sete di piaceri e rifiuto di pensare ai problemi cruciali del momento. Tuttavia gli intelletti avveduti si rendevano conto del profondo smarrimento in cui il mondo stava per affondare a causa dell'incertezza del futuro.

Mia madre scrive: «Qui [Bruxelles] tutti i cardini scricchiolano, le persone hanno bevuto dei filtri, per fortuna ogni filtro era diverso dall'altro, è la torre di Babele! Che è migliore di due soli schieramenti. Ieri sera si sono bastonati per strada... E pure le conferenze di pace continuano, con una serietà da maschere di carnevale».

In un'altra lettera: «...Niente è stato deciso, di quel che dobbiamo fare, perché nelle conferenze di pace nessuno riesce a mettersi d'accordo, e non si sa se resteranno abbastanza stoviglie da rompere... Dove andiamo? Siamo come piccioni che girano attorno alla loro casa e non sanno in che direzione volare. Nell'attesa andiamo a vedere Nijnsky e la compagnia di Diaghilev...».

Negli anni 1919 e 1920 la maggior gioia per noi era quella di accompagnare i genitori nei loro frequenti periodi a Parigi e Versailles – l'impareggiabile Pierre de Nolhac, allora conservatore del castello, e il suo vice, l'affascinante Monsieur Peratty, storico di Maria Antonietta, ne facevano rivivere il glorioso passato.

A Versailles i miei genitori avevano scelto l'hôtel des Réservoirs, piuttosto che il Trianon ancora troppo invaso dai delegati. In quell'albergo avvenne il piccolo episodio che ora racconto e che ai nostri occhi di bambini (privi com'eravamo in Belgio di ghiottonerie alimentari) parve molto importante. Una sera Carlo e io, vedendo i nostri genitori uscire in grand'uniforme, approfittammo per ordinare i piatti più gustosi (e, diciamocelo, più cari) fra quanti erano sul menu. Strana ordinazione: le ostriche erano accanto al caviale, al quale si accompagnavano asparagi in salsa olandese e gelato al cioccolato; il tutto annaffiato di champagne. Avevamo appena cominciato il festino quando, per una ragione che non sapremo mai, la porta si aprì. Quale non fu il nostro stupore nel veder riapparire i genitori! Non dissero una parola, sedettero, degustarono tutto senza guardarci... e finì là. Carlo e io, felicissimi di non essere stati rimproverati, ci alzammo tuttavia da tavola non sazi.

A Parigi i miei genitori scendevano all'hôtel Meurice. Sfruttavamo il poco tempo che trascorrevamo in quella città per attuare programmi fittissimi: visite di laboratori scientifici e di mostre, incontri con celebrità d'ogni genere. Mentre mia madre provava abiti nelle grandi sartorie, mio padre batteva le sale cinematografiche. Andava matto per i film di Charlot, che a quel tempo era in auge.

Spesso i miei genitori cenavano dai duchi di Vendôme, a Neuilly, caro ricordo del loro fidanzamento. Lo zio offriva loro dell'ottimo champagne. Mia madre scrive alla contessa di Caraman del proprio smarrimento dopo una di quelle giornate parigine: «...Sogno o son desta? Famiglia, grandi sarti, laboratori scientifici. L'abito che indosso viene dal laboratorio di madame Curie? O Worth mi ha messo del radio in borsa, dove forse c'è lo champagne Vendôme?...».

Una volta accompagnai i miei genitori a Saint-Germain-en-Laye, dove veniva elaborato il trattato di pace fra le potenze alleate e l'Austria (10 settembre 1919). Vedo ancora nel gran salone del castello la tavola coperta di verde dove nacquero, ahimè, più spine che rose.

Quel giorno ci recammo in visita dalla zia materna Maria, vedova di Francesco II di Borbone-Sicilia, ultimo re di Napoli. Ottantenne, ella viveva in esilio in un modesto appartamento nel quale le stampe di cavalli avevano soppiantato i ritratti di famiglia. Alcuni domestici napoletani le erano rimasti fedeli. Non riesco a dimenticare quella visione spettrale, vera sopravvivenza del passato: alta, diritta, magrissima, tutta vestita di nero, la vita stretta da una cintura di cuoio da cui usciva una gonna aderente che copriva a malapena gli stivaletti a bottoni. Ma quel che mi colpì maggiormente fu il portamento altero della piccola testa incoronata da una doppia treccia brizzolata, e gli occhi di un blu pervinca che le divoravano, letteralmente, il viso. Se durante la conversazione quello sguardo interrogativo si posava su di voi, vi veniva da chiedere di quale male stava per morire il mondo...

Mio padre conversò con lei in tedesco. La regina di Napoli scrollava la testa in segno di indignazione evocando anche «l'orrendo trattato del Trianon, che con lo stupido smembramento dell'Ungheria ha spossessato tre milioni di magiari». Parlava con un fazzoletto sulla bocca, certo per civetteria, per nascondere i brutti denti... in ciò imitando la sorella, l'imperatrice d'Austria.

La conversazione era inframmezzata da pesanti silenzi, e ricordava l'atmosfera angosciante di certi romanzi russi. Finalmente prendemmo congedo da quella strana sovrana. Al momento di separarci Maria chiese se veramente ero fidanzata con l'erede al trono d'Italia. Dinanzi all'esitazione di mia madre soggiunse che avrebbe disapprovato l'unione della propria pronipotina con un Savoia. È chiaro che colei che veniva ancora chiamata l'«eroina di Gaeta» non poteva che condannare quell'unione.

Ricordiamo il gesto eroico* della sposa del re di Napoli. Condivise il pericolo coi suoi soldati, per salvare la città, ultimo bastione del regno, assediato dalle truppe di Vittorio Emanuele II. Il primo re dell'unità d'Italia agli occhi di Maria Sofia appariva soltanto come un volgare usurpatore.

La regina di Napoli era una Wittelsbach. Fu dunque la prima persona della famiglia bavarese rivista da mia madre dopo la guerra. Soltanto nel 1923 i miei genitori ripresero contatto con la loro famiglia tedesca: la nonna duchessa in Baviera, Sofia sorella di mia madre, il fratello Guglielmo e la cognata Laury. Fu un incontro molto commovente, dopo una separazione tanto lunga e tragica. Ebbe luogo a Venezia.

* Quel gesto eroico fu magnificato da D'Annunzio nel romanzo *La Vergine delle rocce*.

## III

## ALBERTO I E IL NUOVO MONDO

Alberto I e Elisabetta furono i primi sovrani invitati ufficialmente negli Stati Uniti. La data della visita era stata già fissata quando purtroppo Wilson si ammalò. I miei genitori ricevettero nondimeno un'accoglienza delirante.

Fra le visite ufficiali del dopoguerra negli Usa fu il viaggio più trionfale, a giudicare dalle tonnellate di carta lanciate da tutti i piani dei grattacieli – coriandoli di ogni misura, forma e colore.

Mio padre affrontava tranquillamente quella valanga di ovazioni ed evviva nel baccano di sirene e clacson. Comprendendo i vantaggi che potevano derivare al Belgio dal loro viaggio statunitense, i miei genitori si prestarono di buon grado alle esigenze degli ospiti e dal 3 al 31 ottobre 1919 percorsero in lungo e in largo il Nuovo Mondo.

Subivano l'entusiasmo delle folle. Mio padre pronunciava discorsi su discorsi e partecipava a banchetti di più di tremila convitati.

Mia madre, divertita da tanta esuberanza, si prodigava in sorrisi e gesti amichevoli. Gli americani ne ammirarono la resistenza, il brio e la grazia.

Anche mio fratello Leopoldo partecipò al viaggio, e poco mancò che si sentisse male durante uno di quei banchetti. Dovette lasciare la sala, ma fu seguito dalla sua vicina di tavola, una giovane affascinante americana. Tanto bastò perché la stampa si impadronisse dell'episodio e subito fidanzasse Leopoldo con «la fanciulla più graziosa» del Nuovo Mondo!

I miei genitori raccontarono spesso la grande impressione

provata all'arrivo a New York. Il Mayor del Greater New York augurò il benvenuto ai sovrani belgi e conferì il titolo di cittadino onorario a re Alberto, ricordando che sul primo stemma della città era scritto: «Nuovo Belgio». Il sindaco aggiunse: «Salutiamo le loro Maestà! Il mondo conosce la triste storia delle sofferenze del Belgio. Esso fu infatti il cardinc della guerra. Fu il suo grido che fece correre alle armi l'umanità amante della libertà e fece unire in una forza invincibile tutti i paladini del diritto. Per quanto martirizzato e disperso il popolo belga supererà i suoi vicini e ricostruirà un Belgio nuovo e più forte. Per quest'opera cercherà l'aiuto degli Stati Uniti, ed esso gli sarà spontaneamente e calorosamente concesso».[38]

Mio padre rispose:

«...Non c'è nella storia del mondo un altro esempio simile a quello della città di New York: è nata da appena tre secoli e in questo breve lasso di tempo è diventata uno dei centri della vita universale... degna metropoli commerciale e finanziaria di questa ammirevole democrazia americana che si è mostrata tanto grande nella guerra come nella pace e generosa sempre verso chi soffre».

Poi mio padre diede un vigoroso colpo di badile e piantò un albero nel Central Park, a venti passi dalla vecchia quercia piantata nel secolo scorso dal generale Grant, uno degli eroi più popolari d'America.

Si può dire che in America, dopo la visita all'agreste Nuova Inghilterra, dove la natura è nello stesso tempo controllata e lasciata a se stessa, nacque in mio padre l'idea di proteggere il paesaggio in Belgio. Nel 1920 la «legge Cadenas» salvò le foreste belghe dall'ascia del taglialegna. E in Congo re Alberto creò un parco nazionale che porta il suo nome.

Alcuni episodi, come la visita alle cascate del Niagara... I miei genitori furono affascinati dalla bellezza di quelle acque ribollenti che si gettano da un'altezza di cinquanta metri in uno strepito tonitruante per schiantarsi su giganteschi blocchi di granito. Il generale Jacques, eroe di Dixmude, che accompagnava mio padre, dichiarò che il passaggio fra la parete e la cateratta gli aveva fatto più impressione che l'attraversamento del «budello della morte» a Dixmude.

Salt Lake City e i mormoni interessarono in modo particolare i miei genitori. Dopo avere attraversato per due intere giornate le montagne Rocciose e il deserto si arriva al gran lago salato, protetto da un baluardo di montagne aride: è il paese dei mormoni. Il re e la regina furono invitati a visitare il tempio di granito rosa dalle sei esili torri e, privilegio eccezionale, l'immenso «Tabernacolo» accessibile soltanto ai membri della comunità.

Aneddoto: i mormoni basano la loro credenza su un testo biblico, un passaggio del quale è scritto in caratteri geroglifici. Il grande egittologo belga Jean Capart, al quale fu mostrato quel manoscritto, ne fece una traduzione che non corrispondeva per nulla alle credenze che ne traevano gli adepti della setta. Gran delusione! E il «Libro santo» scoperto miracolosamente dal fondatore Joseph Smith fu frettolosamente rinchiuso nel Tabernacolo.

Una visita alla Sierra Nevada incantò i miei genitori. Mio padre, grande appassionato di arboricoltura, fu soprattutto colpito da quei fenomeni botanici che sono le sequoie giganti: raggiungono i centotrenta metri di altezza e i quattromila anni di età.

Visita al Nuovo Messico, dove ancora persistono ricordi dell'ultimo imperatore azteco, Montezuma (secolo XVI). Uno degli ultimi grandi capi pellerossa, Silagotio, attorniato dai suoi cavalieri, ricevette fastosamente mio padre, per rendere un clamoroso omaggio al «capo» che aveva combattuto per la libertà. Le parole di Silagotio erano accompagnate da un battere di tamburi, ritmi di danze magiche. Alberto decorò il capo pellerossa per i suoi molti meriti.

A Cincinnati i miei genitori ritrovarono Eugène Ysaye che dopo la guerra era stato chiamato a dirigere l'orchestra sinfonica di quella città. Una *Brabançonne* colossal, arrangiata dal maestro all'americana, accolse i sovrani al Music Hall; seimila spettatori li applaudirono. Nel programma: *Marcia eroica*, di Saint Saëns, essa pure adattata al gusto del Nuovo

Mondo; *Sinfonia in do minore*, di César Franck, *Esilio*, del maestro e, per finire, il balletto di *Silvia.*

Ecco alcuni passi divertenti di una lettera di Ysaye alla regina Elisabetta: in poche parole descrivono la vita musicale in America e anche la società *yankee* vista da un vero belga...

«...Gennaio 1921. Penso a voi, tanto gentile e buona, ai miei venerati sovrani, e mi invade la tristezza di non poter tornare al mio Paese, che non può offrirmi una sistemazione conforme alla mia attuale posizione. L'ammirevole orchestra di cui dispongo mi stimola. I musicisti fanno miracoli. I concerti di Cincinnati sono esemplari e il pubblico è pieno d'entusiasmo. Nei programmi molte cose nuove, francesi, italiane, russe, finlandesi, scandinave e belghe. Niente tedeschi, soltanto i grandi classici... Della vita negli Stati Uniti: il falso puritanesimo imperversa più che mai, la proibizione di tutte le bevande alcoliche ha trasformato i costumi; un tempo ci si divertiva un po', oggi ci si annoia, non si ride più, a malapena si sorride. Ci sono più omicidi e banditismo che prima della soppressione del whisky. In pieno giorno, in pieno centro di New York, vengono svaligiate le gioiellerie e, a sera, agli angoli delle strade, illuminati a giorno, vi si ferma, e vi si deruba. Si narra che una povera donna sia stata spogliata dell'opulenta chioma! La conclusione inattesa della storia è che il marito ha chiesto il divorzio! Un'altra conseguenza è che le belle dame escono soltanto in auto blindate munite di mitragliatrici e gas asfissianti.»

Non menzionerò qui il numero incalcolabile di città, università, accademie, ospedali visitati dai sovrani belgi. Dappertutto l'entusiasmo, tanto vibrante quanto intempestivo, metteva a dura prova la tempra degli ospiti reali. Ricordo ancora il loro enorme successo al Senato e alla Camera dei rappresentanti; il famoso spettacolo serale al Metropolitan i cui incassi furono devoluti a favore dell'Istituto di ricerca medica regina Elisabetta... Rachmaninov suonò il suo *Preludio*, Heifetz fece provare le vertigini all'uditorio con i suoi virtuosismi al violino.

La proverbiale generosità degli americani si tradusse in enormi sussidi elargiti all'eroico Belgio. Doni consegnati direttamente al sovrano, o anche fatti scivolare nella sua borsa, o persino appuntati con uno spillo al suo kepì.

L'ultimo atto di quel viaggio ufficiale fu una visita alla Casa Bianca. Il presidente Wilson, gravemente colpito da una emorragia cerebrale, che lo costringeva all'immobilità assoluta e gli vietava ogni sforzo, tenne tuttavia a ricevere, fosse pur per pochi minuti, il re e la regina dei belgi, unici visitatori ammessi al suo capezzale. Tale gesto mostra l'alta considerazione del presidente per il re-cavaliere, ch'egli reputava il primo sovrano fra i difensori della giustizia e del diritto dei popoli.

Mia madre mi ha spesso parlato della profonda impressione provata nell'entrare in quella camera buia dove giaceva quasi inanimato l'uomo che aveva creduto di poter fare un mondo migliore.

Come si sa il patto della Società delle Nazioni, compreso nel trattato di pace, era creatura di Wilson. Corollario dei famosi quattordici punti che nelle intenzioni del presidente avrebbero dovuto por fine alla politica di equilibrio delle forze in Europa, ch'egli reputava vera causa di tutte le guerre.

Tuttavia un efficace sistema internazionale basato sul rispetto della libertà e dei diritti dei popoli non fu mai in vigore.

Mio padre si interessò al ruolo della Società delle Nazioni, dato che essa doveva costringere le grandi potenze a rispettare i piccoli Paesi, per mantenere l'equità e la giustizia nelle relazioni internazionali. Di fatto accadde il contrario: mai la Società delle Nazioni protestò contro le imprese arbitrarie dei Grandi, mentre si mostrò sempre intransigente verso quelle dei piccoli Paesi.

Nel gennaio 1932 mio padre avrebbe scritto:

«Da principio noi avevamo riposto qualche speranza nella Società delle Nazioni. Con Monsieur Motta, presidente della Confederazione elvetica, avevamo reputato che quella sarebbe stata una tribuna dove le piccole nazioni avrebbero potuto far udire il proprio parere essendo in qualche modo alla pari con le grandi potenze, e avrebbero potuto persino concertare la loro azione per limitare i soprusi di quelle. In pratica appena si pone un problema importante l'Inghilterra prende posizione con la sua coorte di *dominions*; la Francia sbandiera la sua scorta di satelliti; la voce degli altri si perde nell'isolamento. In verità Ginevra per le piccole nazioni non rappresenta nulla, neppure il riflesso di un'immagine in uno specchio».[39]

Prevedendo che in un futuro indeterminato la Società delle Nazioni potesse diventare causa di divisione fra le nazioni europee che aderivano e quelle che la avversavano, mio padre sperava di vedervi giocare un ruolo mediatore dai piccoli Paesi. Una politica di cooperazione, fra il Belgio e le nazioni che avevano un rango di minore importanza, secondo lui avrebbe potuto consolidare l'organizzazione internazionale, migliorare la situazione economica e per il Belgio surrogare la precedente neutralità.*

D'altronde re Alberto si impegnò a lottare contro l'azione dei nazionalismi economici, che avvelenavano e bloccavano l'opera di solidarietà politica della Società delle Nazioni. Bisognava metter fine alla guerra delle tariffe.

In una lettera al suo ministro Delacroix mio padre scrive:

«...Mi sembra che il Belgio non dovrebbe esitare a prendere, con quest'ordine di idee, le iniziative che le circostanze renderanno necessarie, e a tale scopo garantirsi la collaborazione degli Stati che come il nostro Paese sono consci della necessità di un mutamento della politica economica. Soltanto un'azione concertata degli Stati, nel senso della solidarietà internazionale, potrebbe porre rimedio ai mali profondi di cui soffre il mondo. È tempo che questa solidarietà si manifesti altrimenti che con discorsi...».

Il sovrano si augurava l'avvento di una Europa priva di barriere economiche interne, e appoggiò l'unione del Belgio

* Dopo Versailles l'Europa sperava di ritrovare la sicurezza grazie a una alleanza difensiva stipulata fra Inghilterra, Francia e Stati Uniti. Ma la non ratificazione del trattato di pace da parte americana, e il disaccordo franco-inglese in merito all'occupazione della Renania, cancellarono quella speranza. Il Belgio si vide costretto a firmare, il 20 settembre 1920, una alleanza militare, di carattere esclusivamente difensivo, con la Francia.

con gli Stati scandinavi, suggellata da un accordo del dicembre 1930, firmato a Oslo. I quattro Paesi si impegnavano a rispettare una tregua doganale e a ridurre i dazi di importazione.

Così la convenzione di Oslo, che fu seguita da quella di Ouchy fra Belgio, Lussemburgo e Olanda, segnò il primo gradino di quella Europa unita, prefigurazione di una nuova era, che la Società delle Nazioni si dimostrò incapace di realizzare e che, ai nostri giorni, pone ancora numerosi problemi agli Stati europei.

## IV

## VITA DI CORTE

Quando uscii dal collegio del Sacro Cuore ebbi una nuova amica: mia madre aveva deciso che io fossi sempre accompagnata da uno chaperon. Per tale ruolo fu scelta mademoiselle Maddalena de Lantsheere.

La famiglia Lantsheere serviva da decenni la casa del Belgio con fedeltà e intelligenza. Già sotto Leopoldo II un Lantsheere era stato ministro della Giustizia. E anche il figlio di lui, Léon, assunse quell'alto incarico. Uomo eccezionale e dalle conoscenze più svariate morì, ahimè, all'età di quarantacinque anni. Mio padre scrisse: «È una perdita notevole, benché io non andassi molto d'accordo con lui a causa del suo carattere autoritario, dispotico. È incontestabile che egli aveva grandi capacità, e che l'assieme dell'opposizione aveva nei suoi confronti una stima profonda».

La figlia, Maddalena, attraente, seria, un po' spaventata per il gran numero di raccomandazioni fattele, mi accompagnava in tutte le uscite.

Il ballo di corte veniva dato ogni anno il 25 gennaio. Avevo diciotto anni quando partecipai per la prima volta. Avevo un abito di lustrini d'oro, e sulla fronte un piccolo diadema di perle, retaggio della nonna di Fiandra. Nella grande sala da ballo del palazzo reale quella cerimonia, oggi desueta, si svolgeva secondo un protocollo rigoroso. Le giovani debuttanti venivano presentate ai sovrani. La loro ampia e profonda riverenza era stata di certo studiata a lungo. Per meglio osservare le nuove meraviglie mio padre sovrapponeva un secondo occhialetto a quello che portava sempre. Ancora ne sento il clicchettio!

Su un palco coperto di velluto rosso, ed eretto per l'occasione, si insediava la famiglia reale attorniata dai ministri di Stato e dal corpo diplomatico.

Ai piedi di quella pedana i miei cavalieri, selezionati con cura dal conte de Lannoy, gran maestro della casa di mia madre, venivano a presentarsi, a turno. Avevano la giacca di corte, blu scura, col colletto dai risvolti gallonati d'oro, i pantaloni bianchi, una spada da operetta e guanti bianchi.

Su un'alta tribuna i musicisti suonavano valzer enfatici e talvolta, massima audacia consentita, dei foxtrot. Mai tanghi, considerati, s'intende, sconvenienti! Una lettera che la contessa di Caraman nel 1913 aveva indirizzato a mia madre, nel 1924 manteneva intatta la sua attualità:

«I passanti che attraversano Parigi corrono al Majic City a danzare il tango. La granduchessa Anastasia* ci va tutte le sere per danzare con monsieur Francis de Croisset! Segno dei tempi! La suocera del futuro imperatore di Germania! Non è possibile rendere l'idea di quanto quella danza sia sconveniente; in fondo è soltanto un pretesto. Ma poiché c'è la musica, la si accetta; non tutti la accettano, in verità: una donna rispettabile non può danzare quella cosa».

Ma torniamo al ballo di corte. Quella sera il buffet ebbe tanto successo che un ministro crollò per un colpo apoplettico dopo avere ingollato un astice intero.

Verso le due del mattino i miei genitori si ritiravano. Poco dopo il palazzo si oscurava e ritrovava il suo solenne silenzio.

Ci veniva anche permesso di partecipare ad alcuni balli scelti della società esterna al palazzo. Serate dall'ambasciatore d'Italia e principessa Ruspoli, da Monsieur e Madame Herbette all'ambasciata di Francia, da Monsieur e Madame Frédéric Barbey alla legazione elvetica... Ma anche in quei casi il protocollo non perdeva i suoi diritti, ciascuno dei miei cavalieri mi veniva portato, e i giri di danza si svolgevano dinanzi a un esercito di chaperon che non ci toglievano gli

* Figlia del granduca Michele di Russia e moglie di Federico Francesco di Meclemburgo. La loro figlia Cecilia, sposò, nel 1905 il Kronprinz.

occhi di dosso per un attimo. A quel tempo ogni giovinetta doveva essere accompagnata, sorvegliata, e ricondotta indenne a casa.

Nel corso degli anni successivi alla guerra i miei genitori videro sfilare a Bruxelles sovrani, capi di Stato e celebrità di ogni genere. Ma quant'erano diverse quelle personalità, incontrate secondo le regole di un protocollo rigoroso, da quelle incontrate durante la guerra!

Forse la visita più pittoresca fu quella di ras Tafari, il «Re dei Re», futuro Hailè Selassié, imperatore d'Etiopia, discendente in linea diretta da Salomone!

Da una finestra del palazzo di Bruxelles vedemmo l'arrivo del corteo: una fila di auto scoperte trasportava il ras e il suo seguito, tutti agghindati con grandi cappelli da cowboy, e le spalle coperte da una specie di corta clamide grigia. Entrarono a palazzo al passo dell'oca, che metteva in risalto le loro ghette bianche.

Hailè Selassié era un uomo raffinato che si esprimeva in un francese eccellente. I suoi occhi intelligenti riflettevano tanto una autorità sovrana quanto un'estrema dolcezza.

Per non farsi detronizzare in sua assenza Tafari aveva portato con sé tutti i ras dell'impero, feudatari turbolenti e ambiziosi.

A un pranzo di gala mi trovai affianco uno di loro, nero di carnagione, tarchiato e dai capelli crespi. Mangiava con le dita e gettava sotto la tavola ossa di pollo e bucce di frutta. Non potevamo intenderci in nessuna lingua. A quanto pare quel personaggio era il concorrente più pericoloso del futuro imperatore.

Uno dei quarantacinque sovrani e capi di Stato che vennero a Bruxelles in visita ufficiale fu lo shah di Persia. Al grande pranzo tutti erano in estasi dinanzi al gigantesco brillante, sormontato da un asprì bianco, che ornava il copricapo dell'ultimo rappresentante della dinastia dei Kadjars.

Un immenso successo ebbero i sovrani spagnoli. L'ardimento di Alfonso XIII e la bellezza della regina Vittoria Eugenia entusiasmarono il popolo di Bruxelles! I sovrani fecero il bel gesto di offrire larghi parasole di Spagna ai venditori di fiori della Grand-Place.

A proposito dei personaggi che venivano in visita, mio padre faceva considerazioni pertinenti, e le sue vedute erano spesso profetiche.

Non credeva, per esempio, al futuro della monarchia spagnola. Il 14 dicembre 1930 mi scriveva:

«In Spagna tutto è molto vacillante, quel Franco* potrebbe diventare pericoloso, il re pare ispirare poca fiducia alla parte viva e attiva del suo Paese».

Nell'aprile 1931 Alfonso XIII lasciò definitivamente la Spagna. Nel settembre mio padre scrisse:

«Per chi come noi è in una condizione tranquilla, è utile conoscere le circostanze di avvenimenti come quelli di Madrid. Il marinaio deve leggere i resoconti dei naufragi».

Quanto agli altri regni europei, reputava che i troni dei Paesi protestanti, che avevano saputo evolversi socialmente, come l'Inghilterra e i Paesi scandinavi, fossero ancora solidi. Si preoccupava di più per le monarchie cattoliche.

Non so perché i miei genitori ricevettero al castello di Ciergnon, e non a Laeken, la visita del presidente della Repubblica francese, Paul Deschanel. Ricordo un uomo di media statura che aveva un splendida aureola di capelli bianchi. Quel che di primo acchito colpiva, di lui, era una sovreccitazione quasi morbosa. Parlava incessantemente, d'altronde in modo estremamente brillante, ma ce l'aveva con tutti, con una veemenza esagerata, in particolare con i rumeni e «il loro stupido trattato» con la Cecoslovacchia. Per tutta la serata lo sentii parlare dell'«abominevole» trattato di Versailles!

A un certo punto lo stato di eccitazione del presidente raggiunse un tale livello che mio padre gli consigliò di andare a riposare.

Poco tempo dopo la visita i giornali annunciarono che Paul Deschanel era saltato dalla finestra della sua carrozza

* Franco (nominato generale nel 1926) aveva appena assunto la direzione dell'Accademia militare di Saragozza, alla quale poi diede l'impronta della propria personalità.

letto. I ferrovieri che lo raccolsero non riuscivano a credere che quell'uomo in pigiama fosse, come diceva di essere, il presidente, il primo cittadino della Repubblica...

Aristide Briand era il protagonista della Società delle Nazioni e il negoziatore del trattato di Locarno. Lavorò sinceramente per l'unione europea e nel 1926 ricevette il premio Nobel per la pace.

Lo vedo ancora, a un ricevimento a Bruxelles: affabile, le mani in tasca, l'aria trasandata e distratta, un eterno mozzicone in bocca.

Forse quel che incantava tanto le signore era la sua bella voce, paragonabile alle modulazioni di un violoncello. Quel giorno la contessa di Caraman, sedotta dal celebre ministro, eseguì attorno a lui una vera danza di Salomè. A che mirava? Forse soltanto a ottenere per uno dei suoi protetti un posto al ministero!

Talvolta i miei genitori mi incaricavano di ricevere in vece loro alcune personalità interessanti. Perciò alla fine del settembre 1927 ebbi il privilegio di conoscere Lindbergh, l'uomo che a prezzo di un'enorme fatica personale e di una folle temerarietà aveva avuto il coraggio di sorvolare l'Atlantico senza scalo, in un viaggio durato trentatre ore. A bordo del minuscolo *Spirit of Saint Louis* egli fu il primo che collegò in un solo tratto New York a Parigi.

Fui colpita dallo sguardo candido, quasi infantile, di quel giovanottone biondo, messo a disagio tanto dalla propria alta statura quanto dall'impresa compiuta. Mi confessò che lo spaventavano le mondanità, e i festeggiamenti che gli venivano riservati dappertutto. Perdipiù parlava poco e male il francese. Mi raccontò con molta semplicità le impressioni provate durante la trasvolata. La più forte fu, naturalmente, l'apparizione delle coste d'Irlanda. Durante le lunghe ore notturne, per lottare contro il sonno, non faceva che ripetere: «Devo arrivare, devo arrivare». Conservo un ricordo commosso ed entusiasta di quel cavaliere dell'aria.

Una sera a cena Laeken riunì un gruppo di scienziati: Langevin, Jean Perrin, Henriot, Lorentz e Madame Curie. Lei arrivò per prima. Conversammo, nel salotto. Una grande semplicità contrassegnava il suo contegno e il suo abbigliamento. Piccola, capelli bianchi severamente tirati indietro ad accentuare gli zigomi larghi del viso sormontato da un'amplissima fronte. Nonostante fosse di origini polacche si esprimeva in un francese molto parigino.

Ruppe il silenzio chiedendo se mi interessavo alle scienze; alla risposta negativa mi parlò della figlia minore, pianista e cavallerizza emerita... di gusti molto differenti da quelli della figlia maggiore, futura Madame Joliot.

Madame Curie si chiuse poi in un silenzio pensoso, mentre lo sguardo severo si dirigeva verso la porta che s'era aperta in quel momento per l'ingresso dei miei genitori. Ero salva!

A tavola il mio vicino, il professor Paul Langevin, mi parlò con entusiasmo dell'Italia e delle imprese eroiche di D'Annunzio.

Dopo cena Jean Perrin si mise al piano e ci suonò musica dodecafonica di sua composizione. Era influenzato da Schönberg. L'uditorio faticò a seguire, s'intende. La dama d'onore e l'ufficiale d'ordinanza rivelavano apertamente la loro disapprovazione. Leopoldo attribuiva l'ispirazione di quella musica alla compressione dei gas, principale scoperta del grande fisico!

Credo sia stato Perrin a parlarci delle sue esperienze spiritistiche. È buffo pensare che quel grande scienziato si assoggettasse a far volteggiare tavolini...

Una delle cerimonie più interessanti fu, il 28 luglio 1921, la posa della prima pietra della nuova biblioteca di Lovanio. Quel celebre edificio poté essere ricostruito grazie alla generosità degli americani, come indica oggi l'iscrizione sulla facciata:

«Furore teutonico diruta dono americano restituta».

Il cardinale Mercier benedì la cerimonia. Fummo molto stupiti al vedergli affianco la temibile Miss Tryphose Batchelor, ricchissima americana che per l'occasione aveva indossato un'ampia cappa e un cappello a larghe falde di colore cardinalizio. Grazie ai suoi doni si concedeva il primo posto.

Poincaré era presente e ricordò la barbarie nemica con

queste poche parole: «Il diritto, per lo spirito tedesco, pesava meno della cenere del più prezioso dei vostri manoscritti».

Madame Poincaré, mal tollerando la lunghezza della cerimonia, sempre più si appoggiava all'impugnatura della sciabola di re Alberto, ch'era al suo fianco. Educatamente mio padre sosteneva l'insolito fardello.

In occasione del ritorno delle due ante che rappresentavano Adamo ed Eva, dell'*Agnello mistico* di Jan Van Eyck, al Museo reale si svolse una cerimonia memorabile, prima che le ante riprendessero il loro posto a Gand nella secolare chiesa di Saint Bavon. Il trattato di Versailles aveva obbligato i tedeschi a restituire il capolavoro, a titolo di «risarcimento», ai belgi.

I miei genitori presiedettero la seduta attorniati dal mondo delle arti e della politica.

Il ministro Jules Destrée, uno dei principali negoziatori della restituzione, fece uno splendido discorso sulla pittura fiamminga. Il ministro delle Arti e delle Scienze, dietro la maschera poco affascinante (il viso segnato da enormi voglie vinose, la palpebra pesante, la voce rauca come dopo una notte d'orgia) era una grande personalità del mondo della cultura, apprezzatissima all'estero.

Il discorso di Destrée fu seguito da un magniloquente messaggio di Fierens Gevaert, conservatore capo dei musei reali. Anche lui era uomo di somma erudizione. Quel genere di personaggio, letterato e umanista, dall'individualità pronunciatissima, è oggi in via di sparizione.

Il tempo passa in fretta.

Ottobre 1925, il Belgio non festeggia già il venticinquesimo anniversario di matrimonio dei miei genitori, le loro nozze d'argento?

In quell'occasione mia madre ricevette da Sua Santità, papa Pio XI, la famosa rosa d'oro, tradizionale omaggio dei sovrani pontefici alle regine cattoliche.

Rosa d'oro e nozze d'argento... c'è di che alimentare una lunga fantasticheria...

# V
# REALIZZAZIONI

Il ruolo svolto da re Alberto durante gli anni cruciali 1914-18 può apparire sufficiente a esaurire tutto quel che si può dire dell'attività di un monarca: era l'eroe dell'Yser, capo incontestato della nazione e dell'esercito; su di lui si appuntavano le speranze e le aspettative di tutti.

I quindici anni successivi di regno, in un periodo di pace relativa, benché meno spettacolari hanno tuttavia un'importanza considerevole.

Quanti belgi compresero, ahimè, l'opera del re della pace soltanto dopo ch'egli scomparve! Quelli che credono che la modestia sminuisca, che la semplicità e la dirittura siano debolezze, non riescono a capire la personalità di Alberto I, così spoglia di vane ambizioni.

Egli era, a giudizio di Verhaeren, soprattutto una «coscienza»: da ciò il suo indefettibile senso delle responsabilità e del dovere. Erano ben lontani da lui i modi autoritari di un Leopoldo II.

Concepiva la direzione degli affari politici in uno Stato democratico in questa maniera: studiare e approfondire le questioni, poi suggerire, per persuadere, anche a loro insaputa, le personalità che incaricava dell'esecuzione, lasciando poi loro la paternità del successo.

La grande modestia del re era ammirabile, e tuttavia molti desideravano ch'egli usasse maggiormente l'innegabile prestigio di cui godeva. La contessa di Caraman traduce l'impazienza di alcuni, in una lettera:

«Ho letto il discorso del re, sublime, di autentica eloquenza, e in più commovente e semplice. Mi domando sempre perché un uomo del suo valore, che non soltanto vede, ma tanto intelligentemente prevede gli eventi, non rinchiuda a doppia mandata i suoi buoni e onesti ministri, per dirigere lui stesso le faccende che oltrepassano la loro competenza...».

Scrupolosamente rispettoso della Costituzione, mio padre un giorno disse: «Ci si chiede di intervenire personalmente, ma non ne abbiamo il diritto, né gli strumenti. Ricevo in continuazione lettere sgradevoli di persone che stupiscono che io non diriga lo Stato e non licenzi i ministri...».

Ma ogni qual volta la Costituzione gli permetteva di intervenire per raddrizzare una situazione pericolosa che poteva produrre conseguenze incresciose per il Paese, egli era là.

Nel 1926, per esempio, dinanzi alla grave minaccia di un'inflazione pesante, e vista l'impotenza del Parlamento a raddrizzare la situazione, il re fece appello all'unità fra i partiti, e incaricò Emile Francqui, uomo al di fuori delle fazioni politiche, di stabilizzare il franco belga. Quel banchiere, dotato di pieni poteri, con abili e intelligenti operazioni finanziarie poté scongiurare la bancarotta.

Mio padre aveva scritto al suo Primo ministro: «La recente crisi ministeriale non ha precedenti nella nostra storia contemporanea. Per vincere gli attuali pericoli bisogna che ci sia una tregua fra tutti i pareri dissenzienti».

La contessa di Caraman si congratulò con mia madre per la fiducia testimoniata al re in quella circostanza dall'intero Belgio: «La regina deve essere fiera del bell'omaggio reso al re. Nelle sue mani per la seconda volta il Paese consegna il proprio destino, e non sarà deluso».

E nel 1930 mio padre si oppose alle dimissioni del ministro Jasper dinanzi a pressioni di origine extraparlamentare. Non volle creare «pericolosi precedenti nell'esercizio normale delle istituzioni politiche che da un secolo hanno garantito la vita del Paese».

Nel 1933 i fiamminghi di destra chiesero l'amnistia per i collaborazionisti, sollevando una violenta reazione fra gli ex combattenti, che minacciarono di scendere in piazza. Su tale delicata questione il governo non aveva consultato mio padre. Egli decise di intervenire e trovò la soluzione: passò l'incartamento alla magistratura. Il che mise tutti d'accordo. Anche i giornali inglesi ammirarono l'abilità con la quale la crisi fu soffocata.

Tuttavia una parte dell'opinione pubblica belga attaccava re Alberto perché aveva concesso al popolo il suffragio universale. Il sovrano reputava che gli uomini che avevano combattuto fianco a fianco dovessero nel momento della pace essere uguali nella ricostruzione del Paese.

E c'era la delicata questione fiamminga. Mio padre si fece informare minuziosamente sui minimi dettagli della questione, in modo da poter distinguere con precisa cognizione di causa le aspirazioni legittime di una parte dei sudditi da quel che gli pareva difficilmente conciliabile con gli interessi generali del Paese. La sua posizione, e quella del governo, non erano facili. Si doveva continuamente sfuggire alle mille pressioni che da ogni parte sollecitavano; dare soddisfazione alla giusta richiesta di fiamminghizzazione della vita pubblica, e dell'università in particolare, era ottima cosa, ma bisognava anche tenere conto di una violenta opposizione che si appellava a un certo patriottismo belga. Il Belgio non poteva esonerarsi dal concedere per via legale quel che l'occupante aveva voluto imporre nell'illegalità.

In poche parole: nonostante tutte le difficoltà le promesse del discorso regio del novembre 1918 furono mantenute. Si assisté alla fiamminghizzazione progressiva dell'università, dell'insegnamento, dell'esercito, dell'amministrazione e della magistratura. Tuttavia quel che mio padre aveva progettato nel 1918 non fu quel che in pratica si realizzò. Egli vedeva anzitutto una università bilingue, con sezioni fiamminghe e sezioni francesi, piuttosto che una università monolingue fiamminga.

Il movimento fiammingo era nato, poco dopo il 1830, in seno a una élite intellettuale che si esprimeva nelle diverse varianti non ancora unificate del neerlandese.* Dopo la

* L'assieme che viene definito «dialetti Thiois» era parlato dalla Fiandra francese al nord dell'Olanda. In Olanda quei dialetti si sono rapidamente unificati per for-

guerra quel movimento aveva ancora un carattere letterario abbastanza pronunciato. E il re non mancò di manifestare tutta la propria soddisfazione e la propria ammirazione dinanzi a quella fonte di ricchezza culturale. Uno dei suoi auguri fu che gli scrittori fiamminghi e i francofoni si conoscessero meglio, e che le loro opere letterarie fossero tradotte nelle due lingue. Si augurò anche l'istituzione di una cattedra di letteratura fiamminga al Collège de France.

Il professor Teirlinck, letterato raffinato e scrittore di valore, prestigioso in tutti i paesi di lingua neerlandese, insegnò la letteratura fiamminga a mio fratello Leopoldo. Un testo di Teirlinck, per iniziativa dei miei genitori, fu rappresentato nel teatro di Laeken.

Nel 1930, in occasione dell'erezione di un monumento alla memoria del poeta Guido Gezelle, mio padre pronunciò un discorso in fiammingo, col quale dichiarò il proprio rispetto per le qualità di quella lingua, qualità che in modo tanto originale si manifestavano negli uomini di lettere che la usavano.

Van Puyvelde, presidente dell'Accademia fiamminga, alla morte di Alberto I disse: «Re Alberto conosceva i bisogni dei fiamminghi. Promise risarcimento e miglioramento, e tenne fede alla sua parola».

Tornato dal viaggio in America mio padre permaneva sotto la viva impressione delle realizzazioni tecniche di quella nazione giovane e dinamica. In quell'ambito essa aveva compiuto rapidi progressi, dai tempi del primo viaggio di studio ch'egli aveva fatto nel Nuovo Mondo, nel 1899. Tali impressioni rafforzarono la sua convinzione che tutto un immenso settore della scienza moderna sia inutile se non conduce alla creazione di una industria corrispondente.

mare il neerlandese, unica lingua nazionale. Mentre invece nella parte meridionale dei Paesi Bassi rimasta sotto la sovranità della Spagna e dell'Austria, le cui corti parlavano francese, i dialetti fiamminghi del popolo non poterono unificarsi con uno statuto legale, un organo amministrativo, o una accademia. Soltanto dopo l'indipendenza belga del 1830 avrà luogo l'unificazione della lingua fiamminga, non molto differente dal neerlandese.

Nell'indimenticabile discorso di Seraing, in occasione del cinquantenario delle officine Cockerill, mio padre incitò l'élite industriale a raccogliere i fondi necessari per incitare allo studio ricercatori e scienziati. Insisté sul fatto che «è nei laboratori che si elabora la potenza dell'industria futura».

Da quel momento era lanciata l'idea di una assistenza alla ricerca scientifica. In poche settimane, grazie a un magnifico slancio di generosità, la nuova fondazione fu dotata di un capitale di cento milioni di franchi belgi.

Nel corso di una delle innumerevoli visite nei centri di ricerca mio padre incontrò Auguste Piccard, e colse tutto il valore scientifico dei piani per il pallone stratosferico d'alta quota. La cabina stagna pareva allora tanto nuova e rischiosa che le industrie elvetiche incaricate della costruzione avevano rifiutato di intraprendere i lavori. In Belgio il professor Piccard poté infine realizzare la sua geniale creazione.

Il primo esperimento si fece nel maggio 1931 e lo scienziato elvetico raggiunse la stratosfera a un'altitudine di 16.000 metri. Se mio padre avesse vissuto al giorno d'oggi si può facilmente immaginare quanto si sarebbe appassionato alla conquista del cosmo!

La seconda esperienza di Piccard si attuò nel 1932. Partito da Zurigo il pallone atterrò in Italia, a Desenzano. Gabriele D'Annunzio lasciò subito la sua villa di Gardone e accorse a congratularsi con Auguste Piccard. Ammirò il portentoso strumento di conquista spaziale. Il poeta dell'eroismo, in uno dei suoi tipici slanci lirici, manifestò il desiderio di accompagnare Piccard nella successiva ascensione e di potersi «lanciare da lassù, a braccia aperte, e sparire nell'infinito!».

Diciamo, fra parentesi, che molto più tardi, nel 1948, sotto gli auspici di re Leopoldo III, e sempre grazie al Fondo nazionale per la ricerca scientifica, sarebbe stata realizzata una nuova invenzione del professor Piccard, il batiscafo per esplorare i fondali sottomarini.

La stessa fondazione andò anche in aiuto agli scavi di Apamea di Siria, che portarono alla luce vestigia delle civiltà ittita, ellenistica e romana. E sovvenzionò l'esplorazione scientifica del massiccio del Ruwenzori, nel Congo Belga, nonché i lavori della commissione per l'anno polare internazionale e la creazione della stazione scientifica internazionale del passo della Jungfrau.

Un'altra iniziativa di re Alberto nacque dal suo amore per la natura: il Parco nazionale congolese per la conservazione della fauna e della flora. È un meraviglioso campo di studi botanici e zoologici, esteso per seicento chilometri quadrati, contenente specie che non esistono altrove. D'altronde fin dal 1913 mio padre aveva partecipato al movimento di Basilea per la difesa della natura.

Nel 1932 mi scrisse: «Ci sono industriali che per guadagnare un po' più di denaro adottano procedimenti di fabbricazione pericolosi, e in tal modo avvelenano i vicini con fumi asfissianti: settanta asfissiati nella valle della Mosa».

Queste parole mostrano quanto i problemi dell'inquinamento, oggi tragico, preoccupassero Alberto più di quarant'anni fa.

Abbiamo visto come durante la guerra re Alberto avesse sorvolato più volte le linee nemiche. La necessità del momento si univa in lui a un autentico gusto per l'aviazione. Fin dal 1910 usò la sua influenza per favorire in Belgio la creazione di una scuola di pilotaggio. Gli devono la loro esistenza la prima linea commerciale africana, detta Linea di re Alberto, e la SNTA, Società nazionale di studio per il trasporto aereo.

Un altro ambito nel quale il re diede libero corso alle sue iniziative innovatrici fu la telegrafia senza fili. Nel 1911 presiedette all'installazione di una prima rete. Il laboratorio dove il re riunì dei collaboratori d'élite fu la culla belga della elaborazione della radio elettrica. Laeken fu la prima stazione. Di là vennero lanciati nell'etere i primi concerti radiodiffusi del mondo.

Ricordo ancora, conservata dalla memoria della bambina ch'ero allora, la sensazione provata a mettere il casco con i ricevitori incollati alle orecchie, per sentire suoni tanto tenui ed eterei che mi parevano provenienti da un altro mondo.

Nella scienza mio padre vedeva un mezzo per scambi fruttuosi fra i popoli e, sul piano sociale, uno strumento per avvicinare capitale e lavoro.

«In un mondo ancora troppo diviso,» diceva «dove la comunanza d'interessi, per quanto evidente possa essere, si fa riconoscere a poco a poco attraverso molte difficoltà, la scienza pare elemento di unione e di concordia. La cooperazione intellettuale è un agente di pacificazione.»

Concluderò questa troppo breve esposizione, nella quale non ho potuto citare che alcune delle innumerevoli attività di mio padre negli anni successivi alla guerra, con la testimonianza di Sir George Graham, ambasciatore d'Inghilterra a Bruxelles:

«Re Alberto, che ho avuto il privilegio di conoscere dal 1920 al 1928, è una delle rare personalità che m'abbia lasciato una impressione durevole di grandezza morale. Il suo carattere era fatto per misurarsi con i grandi eventi e si innalzava senza apparente sforzo alla loro altezza. Onore, giustizia, coraggio, patriottismo, abnegazione: tutte queste virtù erano riunite nel re dei belgi.

«Tanto era adatto il suo carattere alle grandi circostanze che, una volta passate quelle e la vita ridivenuta normale, egli pareva troppo grande per potersi adattare alle nuove condizioni. Il che faceva pensare a una nave, costruita per navigare in alto mare e sfidare le tempeste, costretta a incrociare su un lago.

«Benché essenzialmente uomo della nostra epoca, mi faceva pensare all'antichità, perché richiamava alla mente le virtù che siamo soliti associare soprattutto alle grandi figure dei tempi antichi. Ho nel mio studio un busto antico e ogni volta che ne contemplo le linee alla mia memoria torna re Alberto del Belgio con la sua espressione di forza paziente e di distacco interiore.

«E infine: c'è qualcuno che riesca a pensare a lui senza che lo spirito vada immediatamente a quell'altra reale figura ch'era sempre al suo fianco, piena di fascino, grazia e dignità, e che aveva qualità eroiche tanto perfettamente assortite a quelle del Re che i due caratteri parevano fusi in uno per affrontare le grandi prove?

«La sposa di re Alberto aveva il dono di una presenza eccezionale, che si imponeva sempre, in qualsivoglia circostanza. Ella s'era forgiata a forza di volontà un'armatura segreta e senza difetti, quella che difende contro il dubbio di sé e rende invulnerabili all'opinione malevola e ingiusta dei nemici o degli imbecilli.»[40]

Si può dire che mia madre compensasse magnificamente l'eccessiva umiltà paterna e la volontaria modestia di lui nell'adempimento dei grandi compiti. Come diceva un ammiratore: «La modestia di Alberto I faceva sì che fosse spesso ignorato il suo ruolo di stimolatore d'idee, di sostegno alle energie».

L'autocritica costante rendeva talvolta mio padre goffo e timido. Mia madre invece dominava vittoriosamente un certo riserbo, o ritegno, innato. Ella possedeva al massimo grado quello spirito di accoglienza e quel bisogno di dare fiducia agli altri che il professor Leprince-Ringuet reputa fra le più belle virtù umane. Di rimando ella si aspettava comprensione e approvazione delle sue iniziative. Lasciava agli altri la cura di creare una discreta pubblicità, quand'era necessaria, attorno alle sue molteplici attività di sovrana.

Tante realizzazioni, sia nell'ambito della scienza medica come in quello delle arti, portano il suo nome. Mio padre, fierissimo del valore della sua compagna, spesso la dirigeva e la incoraggiava, talvolta la frenava – quando le iniziative di lei rasentavano l'imprudenza.

Ella possedeva l'arte di cogliere l'occasione che le permettesse di affermarsi negli ambiti più elevati e autentici. Aveva, come dice Charles d'Ydewalle, «tutte le audacie e nello stesso tempo tutta la più bella umanità».[41]

Un esempio della sua opera è la Fondazione medica Regina Elisabetta. Ella prese arditamente la guida della lotta contro tubercolosi, cancro e sifilide.

Altro esempio, la Fondazione egittologica Regina Elisabetta. Con Jean Capart, il grande specialista belga di scrittura geroglifica, ella assisté nel 1922 all'apertura della tomba di Tutankhamen, scoperta a Luxor dagli scienziati inglesi Lord Carnavon e Howard Carter. Fin dalla giovinezza mia madre aveva consacrato un vero culto all'arte egizia. Quante volte ci ha parlato dell'emozione e dell'incanto provati al penetrare nell'ultima dimora, inviolata da trentacinque secoli, del giovane faraone che riposava fra i suoi tesori!

Il primo marzo 1922 scrive da Luxor a mio padre: «Il sepolcro di Tutankhamen da domenica è richiuso. Vi sono scesa tre volte».

Mio padre soffriva di nevrite a un braccio, e di raffreddore. Ella gli mandò da Abydos una cartolina dove scrisse: «Questa rappresenta la dea Jusas che infonde la vita nelle narici di Setis I. Vorrei che ella facesse la stessa cosa al mio Faraone, per scacciare il raffreddore e il male al braccio».

Per fortuna la famosa maledizione che a quanto si dice avrebbe provocato la morte di trentotto persone che avevano partecipato all'apertura del sepolcro risparmiò la giovane donna ch'era allora mia madre.

Ella non si accontentò di assistere all'apertura del sepolcro di Tutankhamen e di contemplare da turista tutte le meraviglie di un mondo irrigidito nell'eternità, ma con Capart intese procurare in Belgio ai giovani studiosi la possibilità di continuare l'opera del maestro. Tale è lo scopo della Fondazione di egittologia Regina Elisabetta. La sezione egiziana del Museo del Cinquantenario divenne una delle più importanti del mondo e per le collezioni e per la ricchezza della biblioteca.

Un ricordo dell'adolescenza: vedo un tavolo, a Laeken, cosparso di progetti del futuro palazzo delle Belle Arti, e attorno il banchiere Henri Leboeuf e mia madre che discutono della creazione di quell'edificio che avrebbe giocato il ruolo a tutti noto nella vita artistica di Bruxelles.

Nel settore della musica la regina si rese conto delle difficoltà che incontrano gli allievi appena usciti dal conservatorio per continuare a perfezionarsi, e creò nei dintorni di Bruxelles la Cappella musicale, dove avrebbero studiato e si sarebbero istruiti giovani musicisti del mondo intero.

Infine, coronamento di tutta l'appassionata attività di mia madre a favore della musica, il Concorso internazionale Regina Elisabetta, di fama mondiale, istituito perché i giovani interpreti e compositori possano far valere il loro talento.

È raro vedere due personalità collaborare tanto felicemente, ciascuna nella propria sfera, per il maggior bene del loro Paese e, se è concesso dirlo, per quello dell'umanità.

Il razionalismo lucido e positivo dell'uno si alleava all'immaginazione intuitiva dell'altra.

Il carattere calmo, riflessivo ma determinato di mio padre, la sua ricerca di obiettività, l'annullamento volontario della propria personalità, la sua semplicità venata di scetticismo, si accordavano a meraviglia all'impeto coraggioso e all'entusiasmo impulsivo che caratterizzavano mia madre in tutte le sue attività, come si accordavano al piacere della munificenza e della grandezza con le quali ella attendeva alle sue realizzazioni.

## VI

## LA FELICITÀ DI LEOPOLDO

Era necessario che Leopoldo, erede al trono, si sposasse. La vita a Laeken era molto austera, per un giovane della sua età. Si doveva trovare una sposa graziosa.

Ma dove trovare una bella principessa?

I miei genitori decisero di trascorrere il settembre 1922 in Italia. I sovrani ci invitarono alla loro tenuta di Racconigi, vicino a Torino. Il destino volle che le due giovani principesse, Mafalda e Giovanna, fossero costrette a letto da una febbre tifoidea tanto grave che i medici avevano quasi perduto ogni speranza.

Dato che la regina era trattenuta al capezzale delle giovani malate, re Vittorio Emanuele presiedeva i pasti. Malgrado le difficoltà e turbative procurate all'Italia dalla instaurazione recente della dittatura, il re era perfettamente tranquillo. Un giorno, a metà della cena, gli fu consegnato un dispaccio firmato Mussolini. Dopo averne preso conoscenza me lo passò. Il messaggio annunciava la fine dello sciopero generale, cominciato nel mese di agosto e infine totalmente soffocato.

Il soggiorno si concluse senza che Leopoldo, con sua gran delusione, avesse neppure potuto intravvedere Mafalda e Giovanna.

Si seppe poi che le giovinette, benché curate da eminenti professori ch'erano fra loro in disaccordo sulla cura da seguire, guarirono perfettamente. Miracolo!

Più tardi mia madre organizzò molto accortamente un viaggio in Svezia di Leopoldo. Pensava che egli avrebbe potuto scegliere fra le numerose principesse nordiche quella più rispondente ai suoi sogni.

Così accadde. Al ritorno egli ci annunciò di essersi fidanzato con Astrid, nipote del re di Svezia.

Non la smetteva mai di elogiarla: occhi verdi, carnagione di giglio e di rosa, capelli castani scompigliati dalla brezza...

Mi descrisse a lungo il primo incontro con le tre figlie del principe Carlo Bernadotte, fratello del re di Svezia. Tutte altrettanto belle: la maggiore, Margherita, moglie di Axel di Danimarca; la seconda, Martha, futura regina di Norvegia, una graziosa bruna dagli occhi blu, e infine Astrid, ch'egli giudicò la più bella. La difficoltà consisteva nel dirglielo. Modesta, non molto socievole, ella schivava le occasioni di trovarsi soli. Finalmente riuscì a portarla a fare una passeggiata.

«Non dimenticherò mai» mi disse «il lungo angoscioso silenzio di Astrid durante la mia prima dichiarazione d'amore... e il nostro abbraccio travolgente dopo la sua risposta affermativa.»

Tutto era perfetto nella scelta di quella principessa svedese; un solo ostacolo: era luterana. Che avrebbero detto i belgi, tanto profondamente attaccati al cattolicesimo? Ma per Leopoldo, innamoratissimo, non era il momento di affrontare quel problema.* Non pensava e non parlava che della amatissima, con accenti commoventi. Carlo, sempre punzecchiante, diceva: «Mio fratello ha inventato il matrimonio». Mentre mia madre esultava di gioia vedendo mio fratello tanto felice. Le piaceva partecipare a quell'atmosfera d'amore appassionato...

Il matrimonio, fissato per il 16 novembre a Bruxelles, doveva essere preceduto da grandi festeggiamenti a Stoccolma. A quello scopo tutta la famiglia si imbarcò su un «baule» di Ostenda, guidato dal comandante de Gerlache, celebre per la sua spedizione, «Belgica», in Antartide, alla fine del secolo scorso.

All'imbarcardero ci aspettava il ministro degli Affari esteri, Emile Vandervelde. Coi piccoli occhi scrutatori ci osser-

* Quell'ostacolo fu rapidamente tolto di mezzo perché Astrid molto presto si convertì alla religione cattolica.

vava da dietro i grossi occhiali e con voce dolce e modulata faceva discorsi avvincenti sulla poesia dei Paesi nordici.

Per tutta la notte la nave fu in balia degli elementi scatenati. Il giorno successivo il tempo non migliorò: Carlo e io misuravamo a grandi passi il ponte spazzato dalle ondate, mentre mia madre conversava con Leopoldo attorno alle bellezze del matrimonio. Mio padre scriveva per me, commovente attenzione, un breve riassunto della storia di Svezia, e me lo faceva leggere mentre il vento infuriava; fummo impressionati dall'assassinio di re Gustavo III durante un ballo mascherato.

Nella notte, traversando lo Skagerrak e il Kattegat, il comandante per appianare il mare scatenato fece versare fusti d'olio dinanzi alla prora del battello, e le onde obbedirono alla dolce ingiunzione.

La mattina del 2 novembre ci svegliammo al largo di Göteborg. Roccioni e isolotti dove non c'era ombra di vegetazione emergevano dal mare glauco, parevano un paesaggio lunare.

Avanzammo lentamente fra gli scogli, scortati dalle torpediniere della marina svedese che issavano il pavese di benvenuto.

Alle quindici attraccammo. A terra un nugolo di fotografi. I viali erano spaziosi, le case di stile francese XVIII secolo avevano tetti piatti, insoliti in un Paese del Nord. Il sole era già tramontato. Una statua equestre, alta sul proprio zoccolo, del grande re Gustavo Adolfo, era illuminata da immense fiaccole le cui fiamme si torcevano e danzavano nella notte glaciale.

Salimmo sull'azzurro treno reale. Per tutta la notte soffrimmo il freddo, il termometro era sceso a quindici gradi sotto zero. Il 3 novembre 1926 alle undici del mattino arrivammo a Stoccolma.

Alla stazione ci attendeva re Gustavo attorniato dalla numerosa famiglia. Abbracciò i miei genitori. Mia madre subì una doccia di schizzi di saliva: la dentiera del vecchio re, mal fissata, lo faceva sputacchiare come un lama delle Ande.

Il padre di Astrid, principe Carlo duca di Vestregothie,

bellissimo nell'uniforme blu chiaro e cappello piumato, ci salutò affettuosamente.

Attraversammo la capitale in landò di gala. All'ingresso nel palazzo onori, pifferi e tamburi.

Dopo una serie di gallerie ornate di busti e ritratti dei re di Svezia, e i saloni dove ci facevano profonde riverenze ciambellani in grand'uniforme e dame d'onore tutte in bianco con le maniche a sbuffo come all'epoca di Gustavo Adolfo, arrivammo infine in un salotto più intimo. Là ci apparve in tutta la grazia della splendente giovinezza la dolce Astrid che si gettò al collo di Leopoldo e si sciolse in lacrime. Mio fratello, un po' imbarazzato, la stringeva fra le braccia. I capelli di lui si mescolavano a quelli di lei. La scena poi si riprodusse continuamente anche di fronte a un pubblico numeroso.

Quel che colpiva prima di ogni altra cosa nella giovane principessa erano le qualità del cuore. «È una fanciulla pura e innocente come il biancore della neve», diceva di lei Selma Lagerlöf, l'autrice de *La Saga di Gösta Berling.*

Astrid aveva ricevuto un'educazione semplicissima, quasi borghese. Il padre era stato rovinato dalla guerra. Ella non parlava una parola di francese, ma colmò presto la lacuna. Amavamo sentirla esprimersi col suo leggero accento un po' cantilenante.

Il matrimonio civile fu celebrato al municipio, sfarzoso edificio di stile neobizantino, decorato con mosaici eseguiti da Eugenio Bernadotte, duca di Nericie, altro fratello del re. La contessa di Caraman trovava che quel principe, che le faceva un briciolo di corte, avesse del genio... Io credo che lo snobismo la spingesse a esagerare.

Nel corso dei festeggiamenti i pasti erano molto allegri, inframmezzati da solenni «skaal» a cui si doveva rispondere, con la massima serietà e gli occhi negli occhi: «Takse muke», molte grazie.

La madre di Astrid, principessa Ingeborg, signorile e dall'espressione mobile e arguta, stupiva e divertiva con le sue battute. Sfortunatamente gli ultimi nati di quella famiglia erano un po' gracili. Mia madre diceva: «Non c'era abbastanza burro per le frittelle».

Dopo tre giorni di feste e ricevimenti rientrammo a Bruxelles. Bisognava preparare le cerimonie del matrimonio, e non era cosa da poco. Astrid ci avrebbe raggiunto più tardi con la sua famiglia. Leopoldo la aspettava febbrilmente, non pensava a niente altro... Mia madre si occupava di tutto, anche degli abiti della futura nuora.

Una mattina di novembre Astrid venuta dai mari del Nord sbarcò a Anversa. Salutò la gente con un gesto grazioso della mano, e quel gesto divenne leggendario, in un attimo provocò l'entusiasmo di tutti i belgi. Fu molto commovente la scena di Leopoldo che le andò incontro sulla passerella e la strinse a lungo tra le braccia. Tutti applaudivano freneticamente.

«Benché la ragione di Stato sia estranea ai motivi che conducono i vostri passi verso di noi» disse il borgomastro van Cauwelaert nel discorso di benvenuto «non vi sarà difficile, Madame, trasformare la simpatia con la quale il Belgio vi accoglie in unione duratura e affetto indefettibile.»

Era previsto un percorso a piedi, dal municipio al treno. Il popolo scatenato travolse le barriere e si precipitò verso di noi, letteralmente sommergendoci. Noi soffocavamo, schiacciati, spinti da una parte e dall'altra, come trascinati alla deriva da forti correnti. Avevamo il terrore di venir separati gli uni dagli altri. Per fortuna da quella marea umana emergevano le alte sagome di mio padre e del padre di Astrid, riconoscibile per il pennacchio che vedevamo volteggiare a destra e a sinistra come una banderuola al vento.

Nella folla alcuni visi esprimevano il panico. Alcune donne piangevano, gridavano, perdevano conoscenza. Alcune persone furono calpestate. I dignitari e gli ufficiali che cercavano di portarci fuori da quella spaventosa calca erano pallidi come morti. In testa al corteo i fidanzati, abbracciati, camminavano (se così si può dire) protetti da un gruppo compatto di militari. Le sorelle di Astrid, e io, resistevamo come meglio potevamo, tenendoci per le braccia, per non soccombere. Le nostre scarpe e calze erano a brandelli, quando finalmente arrivammo al treno. Ingeborg, la madre di Astrid, aveva perduto una scarpa. Soltanto mia madre, sollevata da un robusto poliziotto, aveva tenuto le sue «tatanes».*

I giorni successivi furono soltanto festeggiamenti e giubilo popolare, una vera fiaba.

Il 16 novembre, giorno del matrimonio, Astrid indossava un magnifico abito di lamé argenteo. Un velo di pizzo di Malines era fermato attorno alla testa da una corona di fiori d'arancio. Il viso finissimo e il lungo collo le davano la grazia di una kore. Leopoldo, in grand'uniforme, raggiava di gioia.

I giovani sposi lasciarono la collegiata sotto la volta d'acciaio delle sciabole degli ufficiali.

Nel corso dei festeggiamenti mio padre appariva spesso distratto, come perduto nelle sue riflessioni. Pensava al passato, al suo matrimonio, al tempo che scivola inafferrabile fra le dita come acqua? Pensava ai comportamenti mutevoli delle folle, oggi deliranti, domani ostili?

Mia madre, che viveva maggiormente nel presente, e ch'era stata la vera artefice di quell'unione così ben assortita, era tutta gioia. In una lettera ai sovrani d'Italia scrive: «La giovane coppia innamoratissima è volata via, e noi cerchiamo di riposarci un po' da questi quattordici giorni di movimento ed emozioni».

Ancora una volta era stata felicemente guidata dall'intuizione sostenuta dall'intelligenza.

«Che successo!» scriveva la contessa Greffulhe. «Azzeccare un matrimonio è difficile come corrispondere con un altro pianeta...»

La giovane coppia dei duchi di Brabante, installata nel palazzo di Bellevue, seppe presto crearvi un'atmosfera molto accogliente e distesa. La loro vita si annunciava priva di problemi.

Astrid aveva sistemato una piccola cucina affianco alla sua

* Modo popolare per indicare le scarpe [*N.d.T.*].

camera. Là ci invitava a degustare piatti e cibi del suo paese; si divertiva a prepararli con le sue mani.

Al diplomatico Alexis Léger (celebre col nome di poeta Saint John Perse) capitò, come mi raccontò lui stesso, un giorno che aveva accompagnato Briand in visita ufficiale a Bruxelles, e che alloggiava al palazzo di Bellevue, di perdervisi, a causa di un guasto elettrico. A tastoni, e scalzo per far meno rumore, saliva per una scala quand'ecco, con gran sollievo, vide una luce giungere dall'alto. Qualcuno scendeva. All'improvviso si trovò dinanzi una giovane donna, leggermente spettinata, che in una mano teneva un candelabro e nell'altra le scarpette. Con grande sorpresa riconobbe Astrid. Vedendo la confusione del diplomatico, in grand'uniforme e lui pure senza scarpe, ella scoppiò a ridere. Tornò la luce. Fatte le spiegazioni e le presentazioni Saint John Perse fu invitato dalla giovane coppia a prendere un rinfresco, nella loro affascinante intimità.

Il primo figlio di Astrid fu una bambina. Mi congratulai con mia cognata e le chiesi che nome avrebbe dato alla neonata.

«Josephine», rispose. Chiesi la ragione di quella scelta e sua madre Ingeborg, mantenendosi seria: «Ma a causa di Joseph» disse, indicando il domestico che ci serviva. Il brav'uomo, ch'era da quarant'anni al nostro servizio, arrossì dalla confusione. La vera ragione era l'ammirazione che mia cognata provava nei confronti di Josephine de Beauharnais, della quale aveva appena letto una biografia. E la sorella di mio padre le scrisse per ringraziarla di avere scelto il suo nome per il primogenito.

Tre anni più tardi, il 7 settembre 1930, Astrid mise al mondo un maschio che fu chiamato Baldovino in ricordo del fratello di mio padre. Il giovane principe ricevette nella culla dalle fate l'intelligenza del padre e il cuore della madre.

Ero già sposata in Italia quando mia madre mi descrisse in poche parole il battesimo del suo primo nipote:

«...Era tanto grazioso, Astrid meravigliosa, il bebè incantevole, tutta la banda scandinava affascinante; Mimine [Madame du Roy de Blicquy, dama d'onore], come un pavone, portava il bambino in chiesa. Poi Papà [re Alberto], il padrino, prese il figlioccio fra le braccia con precauzione virile. Dopo, grande pranzo, un centinaio di persone alle quali Astrid ha mostrato con fierezza la sua produzione.»

Ben presto un altro fratellino portò nuova felicità alla famiglia. Gli fu dato il nome glorioso di Alberto.

Reso sicuro riguardo l'avvenire della dinastia, mio padre mi scrisse, il 18 gennaio 1932, a proposito del figlio maggiore:

«Trovo che Leopoldo ha fatto progressi notevoli, e che la sua personalità si è consolidata. È capace di veri sforzi intellettuali e il suo carattere ha acquisito una maturità che rende i miei rapporti con lui molto interessanti. Leopoldo sta diventando un uomo in gamba».

Come si vede l'avvenire si presentava sotto i migliori auspici.

Ahimè! Chi avrebbe potuto prevedere il tragico incidente d'auto, accaduto in Svizzera, a Kussnacht, il 29 agosto 1935, che avrebbe posto fine a tanta felicità, separando per sempre la giovane coppia?

Il ricordo di Astrid resta inciso nel cuore di tutti i belgi.

# VII

# L'ITALIA

La contessa di Caraman scrisse che Leopoldo e io eravamo i figli «di una madre che per tutta la vita ha saputo determinare i fatti della vita famigliare con lo stesso gesto abile ed elegante con cui infilava una rosa all'occhiello».

Fin dalla giovinezza fui allevata nell'idea che un giorno avrei sposato Umberto, l'erede al trono d'Italia. Tale prospettiva aveva assunto nella mia mente di fanciulla la forma di un sogno dorato, di una fiaba. Mia madre nutriva la mia speranza. Mi parlava dell'affascinante principe in termini tanto seducenti che egli per me incarnò l'apogeo delle perfezioni.

Anche i sovrani italiani, e in specie la regina Elena, dal canto loro, desideravano quell'unione. Fu proprio la regina Elena che nell'ottobre 1924 scrisse a un'amica: «Devi dire alla regina Elisabetta che avrei voluto scriverle per dirle che culliamo il sogno che la loro figlia divenga la nostra, perché è una fanciulla incantevole, e che spero tanto ci si possa vedere quest'inverno».

D'altronde Umberto dava per certo che, qualora si fosse sposato, avrebbe sposato soltanto Maria José.

C'erano infine dei legami sentimentali che univano il popolo belga al popolo italiano. Due nazioni giovani, ricche di un magnifico passato storico e artistico; e tutte e due nella guerra 1914-18 avevano coraggiosamente combattuto il nemico comune.

La nostra unione si annunciava sotto i migliori auspici. E tuttavia nei giorni del fidanzamento ufficiale a Bruxelles lo sparo di un antifascista contro Umberto rivelò che in Italia esisteva un'opposizione più attiva di quanto non pensassimo.

Il matrimonio fu celebrato in quella Roma alla quale il duce voleva ridare la grandezza dei Cesari. In quel momento l'Italia era in piena prosperità economica, e il fascismo alimentava nel popolo il gusto del fasto e dei festeggiamenti. Un matrimonio principesco si inseriva bene nella linea di quella politica. Ci si sarebbe potuti meravigliare, forse, di vedere dappertutto, nella capitale in festa, accanto allo stemma dei Savoia il fascio littorio...

La cerimonia fu celebrata la mattina dell'8 gennaio 1930, nella cappella del Quirinale.

Il mio abito bianco di felpa di velluto era stato disegnato da Umberto, come pure il pesante mantello, ricamato in oro, lungo cinque metri, che mi pesava tanto sulle spalle benché sostenuto da quattro gentiluomini di corte.

Mio padre mi condusse all'altare.

Prima attraversammo una lunga successione di saloni pieni d'altezze, e di re per la maggior parte detronizzati. Fra il pubblico la duchessa Elena d'Aosta stonava, col suo ostentato saluto fascista. Quindi entrammo nella cappella: che visione deliziosa! I diademi scintillanti delle dame di corte, e gli abiti gallonati dei dignitari, davano una bellezza mondanissima a quell'oratorio costruito sul modello della «Paolina» del Vaticano.

Benedì la nostra unione il cardinale Maffi, arcivescovo di Pisa. Al momento dello scambio degli anelli dalla piazza del Quirinale furono lasciate andare nel cielo d'Italia centinaia di colombe bianche.

Il tempo era uggioso, acquazzoni si alternavano a pallidi raggi di sole. Il popolino vi lesse un felice presagio, secondo il proverbio «Sposa bagnata sposa fortunata».

Dopo la cerimonia ci ricevette papa Pio XI, cordiale nonostante la sua naturale sostenutezza. Gli accordi del Laterano avevano aperto la porta di comunicazione fra Quirinale e Vaticano, che per tanto tempo era rimasta chiusa.

Sua Santità mi rammentò che al tempo della visita dei miei genitori alla Santa Sede, al sentire il cattivo francese del cardinale Merry del Val non avevo saputo trattenere una ridarella soffocata. Le sue parole mi misero molto in imbarazzo.

Il giorno successivo sfilata militare. La mia emozione raggiunse il culmine quando vidi Umberto, alla testa delle sue truppe, coll'elmetto sormontato da un pennacchio bianco.

Innumerevoli festeggiamenti seguirono ancora per dieci giorni. Fra gli altri un fastoso ricevimento in Campidoglio. Migliaia di torce illuminavano il palazzo. Per l'occasione alle venerabili costruzioni di Michelangelo era stata aggiunta in poche ore un'ala di cartapesta. Le autorità erano fiere di quello scenario hollywoodiano!

Umberto al balcone impugnò una torcia. Subito il Foro s'infiammò di uno sfolgorante fuoco di bengala. Spettacolo neroniano!

Uno dei più bei ricordi è per me quello del corteo folcloristico che per tre ore sfilò sulla piazza del Quirinale riccamente pavesata. Scena incantevole: un gruppo di sardi a cavallo, con le spose in groppa, si fermarono dinanzi a noi e deposero ai nostri piedi una culla di legno scolpito, mentre ci lanciavano manciate di riso, in segno di tripudio e come augurio di fecondità.

Le cerimonie si conclusero finalmente con un'opera di Verdi, *La Forza del Destino*.

La separazione dai miei genitori fu commovente. Non riuscii a trattenere le lacrime. Ma un incidente burlesco dissipò la tristezza. Due dame belghe del seguito faticarono ad aprirsi un varco fra la folla e arrivarono sul marciapiede quando il treno si era già mosso. Mio padre tranquillamente tirò l'allarme. Il treno si fermò. Nessuno capiva quel che succedeva. Le ritardatarie salirono sul loro vagone e il convoglio si rimise in marcia.

Concluse le cerimonie del matrimonio continuarono tuttavia gli impegni d'ogni genere, che lasciavano poco tempo per la tanto sperata intimità. Tutti mi testimoniavano molta simpatia.

La semplicità nella quale erano trascorse la mia giovinezza e la mia adolescenza diventava un handicap nel momento in cui dovevo affrontare realtà e convenzioni della nuova vita. Il disorientamento al quale sarei andata incontro si spiegava: l'etichetta della casa del Belgio, benché rigorosa, non era nulla se paragonata alla rigidità un po' anacronistica del protocollo della corte italiana, in paradossale contrasto con la naturalezza e l'esuberanza del carattere latino.

D'altronde ero stata allevata nell'abitudine alla sincerità assoluta. Qualunque artificio, ricercatezza, cura dell'apparenza, erano stati banditi dal nostro comportamento. Tuttavia non potevamo dimenticare quel ch'è ben riassunto nelle parole di un contemporaneo: «Viviamo in un'epoca di bluff, nella quale il vero da solo sembra falso, se non è un po' mascherato. La verità deve restare in fondo al suo pozzo o uscirne agghindata alla moda».

Confesso che il periodo di adattamento fu laborioso. Dovetti sforzarmi non poco per evitare i passi falsi in quel dedalo di rigida etichetta.

Trascorremmo i primi anni del nostro matrimonio a Torino, bella città che aveva mantenuto il modo di vita di una capitale. Là mio marito, che aveva il titolo di principe del Piemonte, comandava un reggimento di granatieri.

Un orario precisissimo regolava i tempi di ogni istante della nostra vita. I giorni si susseguivano senza sussulti e soprattutto senza fantasia. Nessun vero contatto col mondo esterno. Contrariamente all'atmosfera cui mi avevano abituato i miei genitori, c'erano poche, o nessuna, cure intellettuali.

Invece era intensissima la vita mondana. La nobiltà torinese, profondamente legata alla casa Savoia, si rovinava in balli per il suo principe. La società era divisa in due clan: quelli che erano per il vermouth non andavano dai produttori di Fiat, e viceversa. Persino la famiglia reale era divisa. Dovevo ricordarmene...

I monarchici benpensanti rimproveravano a mio marito le sue mondanità, i fanatici del regime di tenersi troppo al di fuori delle attività fasciste. Delicata posizione quella di un principe ereditario e della sua sposa che vivono sotto il giogo di una dittatura...

Piccolo dettaglio di vita quotidiana: ogni volta che ci spostavamo eravamo tallonati da una coorte di agenti di sicurezza. Ci voleva il buon carattere di Umberto per sopportare simile costrizione.

Io consacravo gran parte delle mie giornate al compimento dei doveri allora detti «di carità». Cercavo quanto più possibile di togliere spazio alle mondanità per seguire le attività della Croce Rossa e visitare le numerose istituzioni di beneficenza, in gran parte fondate dai duchi di Savoia e re di Sardegna. Sfortunatamente Umberto mi proibì di dedicarmi al celebre Cottolengo, che sta tanto a cuore ai torinesi. Temeva che quel luogo di sofferenza, nel quale sono raccolti tanti poveri incurabili, mi impressionasse troppo.

Seguendo l'esempio di mia madre, ma non senza difficoltà, riuscii a organizzare nel palazzo di Torino delle serate musicali. Su proposta del giovane flautista francese Jean Le Roy potemmo ascoltare il *Septuor* di Ravel, che non era mai stato eseguito. Una vera magia sonora. Con delicata attenzione Le Roy eseguì anche un'opera del compositore belga Joseph Jongen, che a Bruxelles era stato il mio professore di armonia. Ero felice di poter far partecipare a quei concerti il pubblico piemontese, particolarmente colto e ricco di senso musicale.

Un giorno il corriere mi portò una lettera di D'Annunzio nella quale il poeta mi annunciava che avrei ricevuto un'edizione dell'opera completa di Monteverdi, trascritta da Francesco Malipiero, appena fosse uscita dalla stamperia del Vittoriale. Il poeta esprimeva il desiderio di far meglio conoscere agli italiani la musica del geniale compositore mantovano. Concepii allora il progetto di far eseguire l'*Orfeo* al palazzo di Torino. Umberto si entusiasmò per la mia idea, tanto più che per una curiosa coincidenza l'*Orfeo* era già stato rappresentato in quello stesso palazzo, nel 1610, per iniziativa del duca di Mantova e sotto gli auspici del duca di Savoia Carlo Emanuele I. La scelta del locale fu laboriosa: in quasi tutti i saloni del palazzo era deceduto qualche membro della famiglia reale, e mio marito non voleva profanare il loro ricordo... Fummo infine d'accordo sulla sala detta degli svizzeri.

Ma il ritardo nell'uscita della pregevole edizione del Malipiero fece sì che per la serata del 15 gennaio 1931 si dovesse ricorrere alla trascrizione di Vincent d'Indy, l'unica allora utilizzabile. Lina Falk interpretò il ruolo di Orfeo e la Fino Savia quello di Euridice. Il maestro Gallina diresse i cori e l'orchestra di Torino.

Umberto volle incaricarsi dell'apparato scenico, e ammirai come, con gusto perfetto e senza aver l'aria di mettervi mano, seppe trasformare una sala solennissima in un salotto musicale. Alle pareti lampade murali con centinaia di candele diffondevano un dolce chiarore. Pareva d'essere tornati al XVII secolo.

La critica musicale, con mio grande stupore, fu severa. Su «La Stampa» il musicologo Della Corte affermò che la trascrizione di Vincent d'Indy non rifletteva affatto il vero spirito di Monteverdi. Dal canto suo D'Annunzio fu deluso, naturalmente, che non avessimo atteso l'uscita della trascrizione del Malipiero da lui patrocinata, che del resto uscì soltanto nel 1932. Tale rincrescimento giunse alle orecchie di Vincent d'Indy, che subito mi scrisse:

«Vengo a sapere da madame Lina Falk, cantante di talento che non è soltanto una bella voce ma un'artista degna di tal nome, che Vostra Altezza ha tenuto a allestire al concerto di Corte la mia versione dell'*Orfeo*, la mirabile opera di Monteverdi. Ho speso parecchi anni per compiere coscienziosamente quel lavoro, che fu una delle grandi gioie della mia vita di artista. Così sono stato dolorosamente sorpreso dal fatto che il grande poeta italiano D'Annunzio abbia preteso d'avere recentissimamente scoperto l'*Orfeo*, mentre la mia ricostruzione ha quasi trentacinque anni, e noi abbiamo dato un gran numero di audizioni alla Schola Cantorum... Ma che importano le priorità dinanzi alla gioia di aver contribuito alla conservazione di una bella opera... Supplico Vostra Altezza di voler scusare la mia lettera troppo lunga ma i miei ricordi di Bruxelles mi autorizzano a sperare che la vostra alta comprensione dell'arte possa concedermi la discolpa. Vogliate gradire l'espressione dei miei più rispettosi e solleciti omaggi».

Informai subito mia madre che s'era creata una disputa

fra Italia e Francia a proposito di una partitura! Ne fu molto divertita.

Nel frattempo mio padre mi scrisse: «Mia cara Maria José, devi incontrare D'Annunzio, per quanto possano essere criticabili certe sue opere, e certe debolezze umane, egli è per l'Italia la più alta espressione del genio eterno della stirpe e della patria».

Al contatto epistolare con D'Annunzio si aggiunse una visita al Vittoriale, nei dintorni di Gardone, dove il vate viveva in una sorta di reclusione volontaria dopo lo scacco di Fiume.

Il 4 ottobre 1932 alla stazione di Desenzano il «Comandante», come amava essere chiamato, ci aspettava con l'elmetto in mano. Di bassa statura, il cranio calvo, la bocca sdentata, faceva pensare a un qualche falso Gandhi. Ci salutò affettuosamente e ci guidò verso il lago di Garda, dove prendemmo posto su un Mas della marina italiana. Ma c'era burrasca e grosse ondate rischiarono di capovolgere l'imbarcazione. Fummo costretti a fare dietrofront. D'Annunzio, inzuppato, con l'abito grigioperla annerito, si sentì chiedere da Umberto se non temeva il freddo.

«Il calore del mio cuore» egli rispose «è tanto forte che mi impedisce di sentire la più implacabile delle tramontane.»

Come arrivammo al Vittoriale una forte cannonata ci straziò i timpani. Proveniva dalla prora del vascello *Puglia*, incastrata nella collina di proprietà di D'Annunzio.

Fra cipressi e oleandri, archi, statue e urne funerarie immortalavano il ricordo dei compagni del nostro ospite caduti a Fiume.

Infine la villa. Che visione! Vero antro da mago. Impossibile descriverla, tanto tutto era sovraccarico. Innumerevoli oggetti d'arte mescolati a paccottiglia da bazar: canapè, petali di rose, cuscini, vasi, stoffe, statue, disegni pornografici, eliche d'aeroplano, reliquie... Strana promiscuità fra macabro, voluttà e antichità. Vero e falso s'insultavano a vicenda. Ma la parola magica del poeta amalgamava quegli oggetti disparati in uno stesso mondo illusorio e reale, creato dalla inesauribile immaginazione.

Dopo pranzo ci condusse nella camera degli ospiti. Tutte le persiane erano chiuse. Dai vani delle finestre ci fissavano maschere spettrali dalle orride smorfie. Inusabili gli asciugamani lamé a fili d'oro e d'argento, tessuti dal poeta.

Nella sala da musica un pianoforte ch'era appartenuto a Franz Liszt serviva alla musica di Luisa Beccara, pianista, economa e amante del padrone di casa.

In quanto ospiti di rango fummo rivestiti con un saio tibetano cinto da una corda francescana! Mussolini, quando si recò al Vittoriale, evitò quel cerimoniale, per paura del ridicolo.

Al momento del congedo Gabriele D'Annunzio mi offrì una grande fotografia di lui stesso in divisa d'aviatore, in posa vanitosa, col pugnale al cinturone. Mi pregò anche di comunicare a mio padre il suo gran desiderio di rivederlo. Si erano incontrati al fronte nel 1917.

In seguito avrei ricevuto molte opere del poeta, arricchite da brillanti dediche in quella stupefacente scrittura che anche l'ultimo gerarca fascista cercava di imitare.

Il nostro matrimonio, suggello all'unione di due dinastie regnanti, era ben accetto in tutti gli ambienti sociali.

L'avvenire pareva annunciarsi sotto auspici favorevoli. Ma le intelligenze avvedute vedevano accumularsi grosse nubi all'orizzonte politico dell'Italia. È raro che un partito giunto al potere grazie a un atto di forza non perisca per l'abuso che fa delle circostanze e delle condizioni della propria origine. L'eccesso del suo fondamento lo perde se non riesce a uniformarsi in tempo alle modificazioni sopravvenute nello spirito dei governati.

In Italia non mancavano personalità che osassero guardare con coraggio l'avvenire. Il conte Carlo Sforza, per esempio, era stato ministro degli Affari esteri sotto Giolitti e nel 1920 aveva firmato il trattato di Rapallo con la Yugoslavia preferendo tener da conto l'amicizia della Francia e della Serbia piuttosto che appoggiare le rivendicazioni italiane su Fiume e la Dalmazia. Aveva larghe vedute, e spirito più europeo di quanto non avesse la maggioranza dell'opinione pubblica italiana. All'arrivo al potere di Mussolini, nel 1922, dette le dimissioni dall'incarico di ambasciatore d'Italia a Parigi.

Sforza andò più di una volta a Laeken. Mio padre amava scambiare con lui opinioni sulla politica contemporanea. L'ex ambasciatore manifestò sempre la massima ammirazione verso i sovrani belgi. Secondo lui re Alberto I era l'intelligenza più lucida ch'egli avesse mai incontrato. In più, cosa difficile per un monarca era «uno dei talenti più liberi e più sciolti fra quanti ne esistono in Europa».[42]

Con mia madre, Sforza ebbe uno scambio epistolare. La lettera del 7 ottobre 1931 era, ahimè, piena di cupe premonizioni: «Che valore ha la calma attuale?» egli scriveva. «I risvegli dei popoli che paiono addormentati rischiano d'essere molto brutali. Se la prendono sempre con *gli altri*. Vostra Maestà sa bene che l'irresponsabilità di re e principi ereditari esiste soltanto a parole. Il fascismo è un castello di carte; può ancora resistere, ma può anche crollare. E quelli che non avranno agito prima, cadranno con le rovine...»

Il messaggio di Sforza non mi fu trasmesso da mia madre, che senza dubbio voleva proteggere la spensieratezza dei miei primi anni di matrimonio.

Nello stesso periodo Gina Lombroso scrisse alla regina dei belgi: «Che il coraggio e la dirittura della sua famiglia, che lo spirito occidentale della sua patria aiutino vostra figlia nelle prove che non le saranno risparmiate... Che ella possa regnare su un'Italia libera e felice». Il che, detto da una antifascista liberale, significava un'Italia liberata dal giogo fascista.

Non è certo nei miei suoceri che avrei potuto trovare vedute chiare sul futuro politico del Paese. E le persone che ci attorniavano, tacevano su quell'argomento. In verità il movimento rivoluzionario delle camice nere preoccupava le classi alte, ma nello stesso tempo le rassicurava, a causa del suo anticomunismo. E non le turbava certamente molto l'abolizione della libertà di stampa, che allarmava e irritava soltanto gli intellettuali. Quanti fra loro sono stati perseguitati, e mandati al «confino»! Fra i resistenti al fascismo che non avevano lasciato l'Italia bisogna citare Umberto Zanotti Bianco. I miei genitori lo conoscevano e lo apprezzavano.

Era un ardente filantropo, un generoso mecenate, e celebre archeologo, uomo integro, coraggioso, indipendente, talvolta altezzoso. Convocato a Palazzo Venezia da Mussolini gli fece rispondere semplicemente che non aveva nulla da dirgli. Il prestigio conquistato con il proprio eroismo durante la guerra 1914-18 faceva di lui un personaggio quasi intoccabile per la polizia fascista. Il suo liberalismo alla Mazzini induceva al sorriso, e Romain Rolland, che gli era amico, gli rimproverava di «non essere un uomo d'oggi ma un uomo di ieri, un uomo del passato».

«Se nessuno osa essere un uomo del domani,» gli scrisse «chi dunque illuminerà la via al gregge cieco dei popoli?»

Fu tuttavia lui, Zanotti Bianco, che mi parlò spesso dei pericoli del futuro e che mi fece incontrare Benedetto Croce. Il pessimismo del grande filosofo quanto ai destini dell'Italia e della monarchia contrastava con l'incosciente euforia generale e l'ottimismo forzato della stampa asservita.

Non soltanto fra gli antifascisti c'erano nemici della monarchia: anche in seno al partito unico esisteva una forte corrente antimonarchica. Non era forse Mussolini, temperamento sostanzialmente repubblicano, il primo che aspettava con impazienza il momento propizio per sbarazzarsi di re Vittorio Emanuele e forse persino dei Savoia?

Mi teneva al corrente degli avvenimenti del giorno, oltre che la sollecitudine di pochi rari amici, una corrispondenza regolare con mio padre.

Ecco la sua prima lettera, successiva al mio matrimonio, datata 22 febbraio 1930: «Mille grazie della tua graziosa missiva. Tu vivrai cent'anni, visto che il Signore ha detto: se vuoi vivere a lungo onora i tuoi genitori. Da queste parti c'è pochissimo da raccontare. Il ballo di corte è stato abbastanza smorto, e del resto tu sai come sono. Ieri al palazzo delle Belle Arti ho visto l'*Enrico IV* di Pirandello, molto interessante. Ho letto i tre volumi di *Vers l'autre flamme, Soviet 1929*, del comunista rumeno Panaït Istrati, che è stato per due anni nel partito. Libro sovraccarico, ma che colpisce. È quanto di più completo sia stato scritto sull'argomento, e nell'assieme una temibile critica».

Il 14 dicembre 1930: «Qui tutto come al solito, gli umani non sono cambiati nonostante il record aviatorio di 587 km all'ora...».

Il 5 febbraio 1931: «Gli italiani hanno fatto un magnifico volo di squadriglia, guidati dal maresciallo Balbo, è una bella impresa negli annali dell'aeronautica... Non ci avevi detto che tuo marito aveva preso i voti; i nostri giornali pubblicano il suo ritratto da monaco, un bellissimo monaco, tutto un convento di monachelle potrebbe consumarsi dal desiderio di guardarlo!». (Umberto era stato fotografato vestito col saio di una confraternita a cui apparteneva.)

E nell'aprile 1931 queste righe entusiaste sull'incontro con Charlie Chaplin: «...Un uomo veramente eccezionale, ci siamo quasi abbracciati. La sua conversazione è sfavillante, sul cinema ha grandi concezioni».

Il 9 novembre 1931: «Mentre tu godi degli splendori del golfo di Napoli e del sole del Mezzogiorno noi siamo qui nelle nebbie del tardo autunno, e nel pieno delle difficoltà della crisi economica. Tutti si lamentano... Contemplo talvolta con malinconia il posto dove sedevi, nel mio studio, quando leggevamo. Ho una piccola scorta di libri, la maggior parte dei quali non sono per l'esportazione».

Fin dal novembre 1931 Umberto e io avevamo spostato la nostra residenza da Torino a Napoli, perché mio marito aveva assunto il comando della XXV brigata di fanteria.

Non era soltanto un mutamento di cornice; tutta la vita era diversa nel Mezzogiorno solatio. Le persone, più espansive, esprimevano con esuberanza la loro simpatia. A Napoli ebbi anche la gioia di attendere il primo figlio, la nostra piccola Maria Pia. In quel luogo mirabile trascorsi tre anni. Avevo abbastanza tempo, come a Torino, perché Umberto era molto impegnato con la sua vita militare, e lo usavo per portare un modesto sollievo ai più diseredati di quel Mezzogiorno sempre sventurato. Disgraziatamente non era che una goccia in un oceano di miseria, sopportato dai napoletani con l'allegria che è il fondo del loro carattere.

## VIII
## AMICIZIE E CARTEGGI

Sia mia madre che mio padre avevano un legame profondo con la letteratura loro contemporanea. Ma mentre mio padre si interessava prima di tutto all'opera e alle idee dello scrittore, mia madre cercava il contatto umano. Ella manteneva una corrispondenza continua con molti autori ricevuti nell'intimità di Laeken.

Cito qualche passaggio di quella corrispondenza: Gina Lombroso, moglie dello storico Guglielmo Ferrero, le scrive: «Vi invio *L'anima della donna* e *La donna nella società attuale*. Potrete trovarvi ampie tracce della giornata trascorsa a Laeken. Come vedete essa è stata fertile e noi abbiamo un gran desiderio di rinnovarla a breve scadenza. Come vi avevo detto, se ne *L'anima della donna* ho tenuto a mettere in rilievo tutto quel che c'è di buono e di meno buono compreso nell'anima femminile, è perché ritengo che voi rappresentiate giustamente uno dei più bei modelli viventi di quella che io chiamo la donna superiore. Sono veramente desiderosa di conoscere la vostra opinione su queste pagine. La vostra posizione sociale vi pone al di sopra di molti dei problemi di cui il libro tratta. Ma la vostra intelligenza e il vostro cuore, chini sempre con tanto amore sul vostro popolo, si interesseranno forse ai problemi quotidiani della maggioranza dei vostri sudditi».

Mi pare che i pochi frammenti di lettere che propongo rivelino le vere aspirazioni e i veri interessi di mia madre, come pure la facilità con la quale creava un rapporto con intelligenze diverse dalla sua. Sapeva ascoltare, e far parlare gli esseri umani di quel che stava loro maggiormente a cuore.

Così la squisita sensibilità, il senso profondo della vita e i tormenti d'artista del grande Ysaye si mostrano in questa lettera a mia madre: «Le parole, e anche la musica, talvolta sono incapaci di dire la profondità dei sentimenti del cuore. L'anima è più eloquente, perché si esprime in silenzio e ricorda soltanto l'espressione pura. Ecco la mia opera completa da sottoporre alla grande sorella in arte, il cui interesse e costante indulgenza e cuore generoso mi hanno sempre sostenuto nella lotta fisica e nella lotta morale; contro l'orrendo dubbio l'artista soffre e deve soffrire... Certo: la sofferenza materiale è poca cosa, se non uccide; imparare ogni giorno che non si è nulla, che non si sa nulla, che il talento è soltanto un atomo, e che lo stesso genio è sottomesso all'azione distruttrice del tempo: in questi pensieri, in queste verità, consiste la profonda sofferenza di colui che vuole creare; ma il poeta dice che questa è buona sofferenza, di essa l'artista non teme di morire».

Dopo la morte di Ysaye divenne grande amico della famiglia il violinista polacco Hubermann. Oltre che alla musica egli si interessava al movimento paneuropeo di Kudenhove-Kalergi. Il 10 marzo 1933 Hubermann scrive a mia madre: «Il fatto che l'idea della solidarietà umana ed economica, alla quale si ispira il movimento paneuropeo, conti fra i suoi aderenti, non soltanto convinti ma combattenti, un uomo illustre come il re Alberto, mi sarà di grande incoraggiamento e non mancherà di accrescere la mia fede nella vittoria finale».

«Siamo sempre sotto l'incanto delle giornate fiabesche trascorse a Laeken» scrive Paderewski il 22 novembre 1926. «Il ricordo di quel soggiorno seducente non ci abbandona. Il tempo non fa che accrescere i sentimenti di gratitudine profonda e di affetto rispettoso che la gentilissima benevolenza di Vostra Maestà e l'incomparabile generosità di Sua Maestà il re hanno per sempre posto nei nostri cuori riconoscenti».

Un'altra celebrità, che noi giovani potemmo solo intravvedere quando si recò nel salotto da musica di mia madre, era il grande Einstein, uomo piccolo, dall'abbondante capigliatura brizzolata e arruffata, vestito in finanziera grigio pallido e col violino sotto il braccio. L'apparizione fu delle più fuggevoli perché subito le porte si richiusero dietro l'illustre visitatore.

Non sentii mai la sua musica. Ma forse dopo tutto gli incontri trascorsero in discussioni. Nel 1922 Einstein era già stato accolto al Collège de France. Non era considerato un tedesco, ma l'uomo della pace. Un membro dell'istituto scrisse: «In tale benevolenza vedevamo la guarigione dalle demenze internazionali, una vittoria dell'arcangelo sul demone degli abissi».

I miei genitori seppero apprezzare l'uomo. Non riesco a trattenermi dal citare qui numerosi stralci dell'abbondante corrispondenza scambiata fra mia madre e il celebre scienziato. Essa mostra tutta la ricchezza e l'umanità del pensiero di Einstein, e anche la sua personalità, ben diversa dal ritratto convenzionale.

La prima lettera è datata 1929, l'ultima 1955, poco prima della scomparsa del grande scienziato. Egli esprime liberamente, con semplicità disarmante, spesso colorata leggermente di un discreto romanticismo, l'autenticità profonda della sua natura, dei suoi pensieri, delle sue aspirazioni. Dalle sue lettere emerge anche la terribile angoscia dello scienziato umanista dinanzi allo spettacolo di degradazione dell'«anima europea». Egli incoraggiò la piccola cerchia di amici, della quale facevano parte i miei genitori, a combattere quella «lugubre caduta dell'Europa».

D'altronde il tono deferente ma non protocollare di quelle lettere era il più adatto a conquistare mia madre. Per Einstein i sovrani belgi erano un'ulteriore prova che fra veri esseri umani non ci sono differenze di sfere.

Una delle sue lettere comincia con questa frase affascinante: «Cara Regina, già da molto tempo vi avrei scritto se voi non foste regina. E tuttavia non mi pare che ciò sia un ostacolo. Ma per sciogliere questo nodo bisognerebbe ricorrere a uno psicologo, dato che noi uomini di scienza preferiamo guardare quel ch'è fuori di noi, piuttosto che in noi stessi, poiché in quest'ultimo caso non vedremmo altro che un buco scuro altrimenti detto: nulla».

A proposito di mia madre Einstein scrive: «Di tutto quel che ho udito su di voi, è il vostro atteggiamento verso il vecchio Lewin [uno dei numerosi israeliti che mia madre era riuscita a fare uscire dalla Germania] che da lontano mi ha causato la gioia più grande. Tale unione di serietà e bontà si trova a malapena soltanto nel romanticismo delle favole, ed ecco che essa appare nella vita reale. Di solito invece le persone si tormentano l'un l'altra, e molto più di quanto non sia richiesto dalla lotta per l'esistenza. Lo fanno e sono costretti a farlo perché l'odio e l'invidia rodono la loro anima...».

In un'altra lettera evoca il proprio soggiorno in Belgio: «Là, a Spa, ho meglio conosciuto [Emile] Vandervelde, e mi compiaccio della sua saggezza e della sua bontà. Ha parlato di voi e vostro marito con molta considerazione. Ha parlato anche dell'atteggiamento deciso e producente preso dal re durante il conflitto del lavoro [allusione alla crisi del 1926, quando fu istituita la giornata lavorativa di otto ore]».

All'avvento di Hitler Einstein lasciò la Germania. Per qualche tempo soggiornò in Belgio, dove i miei genitori ebbero il privilegio di incontrarlo. Fu allora che nacque l'amicizia che li legò. Nell'ottobre 1933 l'eminente professore abbandonò definitivamente l'Europa per l'America, dove entrò a far parte dell'Istituto per gli studi superiori di Princeton.

Due anni dopo le minacce si addensavano ancora maggiormente sull'Europa: «Mi è dato di vivere qui a Princeton su un isolotto del destino, che ha affinità con il delizioso parco di Laeken. Le voci smarrite della battaglia degli uomini penetrano a malapena in questa piccola città universitaria. Ho quasi vergogna a vivere in una quiete così contemplativa mentre tutti combattono e soffrono. Ma, infine, occuparsi dell'eterno è ancora quel che di meglio vi è da fare, perché da lì sgorga ogni senso che può ridare tranquillità alla terra degli uomini». (*Princeton, 20 marzo 1935*)

Alcuni giudizi sugli americani:

«Credono non soltanto di sapere quel che è necessario, ma

anche che sia loro dovere realizzarlo. Tale stato di illusione infantile sarebbe bellissimo se non fosse legato a una grande superiorità della forza». (*Princeton, 12 gennaio 1953*)

«L'ultima delle mie patrie ha inventato una nuova specie di colonialismo, che salta meno agli occhi di quello della vecchia Europa. È la dominazione attraverso il capitale investito all'estero, che le procura la salda dipendenza di quegli Stati. E chi se ne difende è un nemico.» (*Princeton, 22 gennaio 1955*)

Il 20 novembre 1933 scrive a mia madre: «Princeton è un meraviglioso angolino della terra straordinariamente divertente e cerimonioso popolato da minuscoli semidei in cattedra. Ma si può anche con alcune volute trasgressioni alle buone maniere procurarsi una bella tranquillità; è il mio caso. Le persone che formano la cosiddetta società sono molto meno libere che in Europa, ma pare non se ne rendano conto, perché il modo di vivere e lo sviluppo delle personalità sono impastoiati fin dall'infanzia. Se l'Europa dovesse morire, come anticamente accadde alla Grecia, la rovina spirituale che ne seguirebbe non sarebbe minore di quella che fu allora. Il tragico è nel fatto che anche il dispotismo nasce da quegli stessi individui e nazioni. Quel che costituisce il valore e il fascino dell'Europa porta con sé anche divisioni e distruzioni...».

Il nazismo diventava sempre più minaccioso. Mia madre scrive: «...Che Dio vi protegga e riporti la ragione nelle teste smarrite e dementi degli uomini! Soltanto la musica ci permette di librarci sopra questi tempi torbidi. Voi avete la fortuna di volteggiare nelle somme sfere della matematica. Non dimenticate tuttavia i vostri amici che vi attendono. Elisabetta».

Princeton, 12 agosto 1939: «Cara e venerata Regina... alla lettura della vostra lettera impallidiscono i sentimenti amari che sono inseparabili da ogni pensiero sull'Europa. Diventa fortissimo il mio desiderio di camminare nuovamente sul suolo familiare. Ma io sono come una vecchia signora la cui veste ha uno strascico tanto complicato che ella non osa più sollevarsi dopo essersi seduta. In estate sto sempre su quest'isola tranquilla, e navigo con la mia barca a una sola vela. Il venerdì sera vengono amici amanti della musica e il quartetto va fino a notte tarda. La musica classica ha radici dappertutto, e un piccolo mondo di dilettanti vive in essa. Lo straniero che dell'America percepisce soltanto le apparenze chiassose non sospetta un fatto simile. Nel corso dell'anno lavoro coi miei giovani colleghi ai nostri problemi di fisica. Se non ci fosse il giornale, e le innumerevoli lettere che ricevo, non sarei cosciente di vivere in quest'epoca nella quale la crudeltà umana si diffonde e si innalza in modo angosciante».

Il 9 gennaio 1939: «Venerata Regina, un lungo periodo è trascorso da quando ho ricevuto la vostra ultima lettera. Essa è stata una gioia, per questo non ho potuto rispondere. La decadenza morale che ci circonda, e le sofferenze che vi si uniscono, sono tanto opprimenti che non si può fare altro che fuggire completamente nel lavoro... Ci sono tuttavia ore nelle quali si è liberi dai propri nodi interiori, dall'insufficienza umana. Si resta allora aggrappati a non importa quale angolo del nostro piccolo pianeta e si osserva la bellezza fredda ma tanto sorprendente dell'eterno nella sua impenetrabile profondità. Vita e morte si ricongiungono e non c'è alcun divenire né alcun destino, soltanto un essere. Lavoro con molti giovani confratelli, tranquillamente ma senza perdere colpi. Ciò conduce alla verità o all'inganno? Forse nel poco tempo che mi resta non potrò più distinguerlo con qualche certezza. Ma sono riconoscente al destino per il contenuto della mia vita, che mi tiene in cerca e dà un senso all'esistenza... La vita in un piccolo mondo è seducente, cerco le belle idee scientifiche con lo stesso entusiasmo che negli anni della gioventù. Ogni tanto si riesce veramente a sollevare un po' il velo che copre la verità eterna. Godo nello stesso tempo con gratitudine di questa solitudine fra persone dal passato e dalla concezione della vita tanto diversi dai miei. Forse un giorno si imparerà ad apprezzare la solitudine come educatrice della personalità. Gli orientali lo comprendono meglio. Colui che è abituato a tale scuola di vita interiore non può più essere tanto spesso vittima della suggestione delle masse. In conclusione mi piacerebbe raccomandarvi un trio di Beethoven per due violini e viola (opus 87), un brano allegro del quale fino a ieri non sapevo nulla. Sono felicissimo che voi viviate sempre nell'amore della musica e restiate fedele all'antica piccola cerchia. Come mi piacerebbe partecipare ancora, fosse pure per una sola volta, con voi, a un Mozart!».

Un graziosissimo omaggio alla regina: «Il vostro telegramma è una prova non soltanto di una virtù che si dice sia una caratteristica del vostro mestiere, cioè la puntualità, ma anche di quella affettuosa sensibilità umana che nei nostri tempi di meccanizzazione è rifluita in secondo piano. Mi si rivela sempre, quando leggo quel che compite nel mondo, che richiede molta indipendenza e coraggio, in specie nella vostra situazione che limita in modo particolare la libertà. Vostro Einstein».

Una lettera di mia madre: «Caro amico, la vostra lettera mi ha procurato una grande gioia. Essa è cara, vera, affettuosissima. Il vostro giudizio su quel che faccio è per me più prezioso di qualunque altro giudizio, da chicchessia espresso. Sono felice di leggere tanta saggezza nelle vostre parole, e anche della vostra comprensione. È una follia riarmare i tedeschi, contrariamente a quel che i migliori fra loro pensano. E con che armi! Avete perfettamente ragione a giudicare tutta l'economia come un nuovo sistema di colonizzazione. Avete trovato la parola giusta. Sarebbe preziosissimo avervi qui in Europa, non foss'altro che per un po' di tempo. Voi siete il solo che conosca la verità e abbia il coraggio di dirla». (*7 gennaio 1955*)

Il 16 febbraio 1935 Einstein scrive da Princeton: «...Io mi struggo talvolta al ricordo delle belle ore passate, esse mi chiamano a un viaggio in Europa, ma laggiù mi aspetterebbero tanti doveri che non riesco a trovare il coraggio per una simile impresa. Inoltre fare vela nelle baie deserte delle coste di questo Paese non è privo di fascino. Se voi foste fra quei mortali che immaginano di essere liberi dalle costrizioni della vita pubblica tenterei di incoraggiarvi a venire qui, in estate. Ora, come un marinaio, ho una bussola che brilla nel vento. Ma la mia arte di navigatore non mi porta molto lontano, e mi reputo già soddisfatto quando riesco a separarmi dal banco di sabbia dove talvolta mi impantano, un po' come durante il nostro quartetto di Beethoven...».

Se soltanto mia madre avesse potuto liberarsi dai propri obblighi e accettare l'invito di Einstein!

«Gioisco del sole, degli alberi, di una idea felice, e dimentico gli intrighi umani, confusi, senza speranza, ai quali assisto impotente.»

Gennaio 1951: «Nonostante lo desideri molto non potrò più venire a Bruxelles. Una strana popolarità fa sì che tutto quel che faccio assuma le dimensioni di una smorfia clamorosa. Il che per me equivale a una condanna agli arresti, che mi costringe a restare a Princeton».

Alcune impressioni e riflessioni su vantaggi e inconvenienti del lavoro, della vecchiaia e della solitudine: «Oggi il sole di primavera si è mostrato per la prima volta, mi ha svegliato dal mio stato di sogno permanente, nel quale sempre mi perdo a furia di lavoro scientifico». (*20 marzo 1935*)

«...La tensione e la fatica si danno il cambio, come durante un'ascensione a un vetta irraggiungibile. Restare sempre agganciati all'extraumano rende indipendenti dalle vicissitudini del destino, ma è una dura servitù che continuamente ci ridà la coscienza della pochezza della nostra forza. E tuttavia si lavora, e si fanno degli sforzi, come se si credesse a un avvenire più luminoso.» (*16 febbraio 1935*)

«Quel che può vivificare e dare freschezza alle persone più anziane è la gioia di far muovere i giovani, gioia tuttavia oscurata da presentimenti inquietanti. Però il sole di primavera risveglia la vita come un tempo, e possiamo rallegrarci e contribuire al rigoglio. E Mozart è rimasto bellissimo e delicatissimo come è sempre stato e sarà. C'è qualcosa di eterno che resta al riparo dai maneggi del destino e da ogni accecamento umano. E l'eterno è più vicino alle persone anziane che alle giovani, che esitano fra paura e speranza. Ci è dato di vivere, in modo più puro, attraverso il bello e il vero. Avete letto quelle massime di La Rochefoucauld? Paiono dure e cupe, ma portano a una liberazione rara, perché danno un senso obiettivo alla natura umana... Si leggono più gradevolmente con persone la cui piccola nave sia passata per più di una tempesta...» (*Princeton, 20 marzo 1935*)

In un'altra lettera: «Invecchiare ha di notevole che si smette progressivamente di vivere il Qui e l'Ora, e ci si sente introdotti, perfettamente soli, nell'Infinito. Non si vive più di speranza e di paura, ma al contrario soltanto da spettatori distaccati. Il lato bello della cosa è che l'attaccamento all'impersonale e all'extratemporale aumenta. Anche l'esperienza del mondo agisce in modo simile. Nella giovinezza ogni individuo e ogni avvenimento paiono unici nel loro genere. Con l'età si diventa più coscienti della ripetizione di avvenimenti simili. Con l'avanzare del tempo è più difficile farsi trascinare e stupire, ma si è anche meno disillusi che nella giovinezza... Si diventa osservatori pieni d'indulgenza e distributori di conforto».

In queste riflessioni dell'uomo Einstein non ritroviamo forse una analogia con i sentimenti profondi e le reazioni dinanzi alla vita che sono in mio padre? Modestia, bontà, semplicità, e quella sorta di scetticismo appena colorato di pessimismo e di dolcezza ironica, intrinseco a una certa famiglia di grandi spiriti... Perciò i due uomini avevano uno per l'altro una stima immensa.

Si sa quanto mio padre fosse appassionato ai progressi della scienza e della meccanica, diventati vertiginosi dopo il principio del secolo. Non si accontentò di opere superficiali di volgarizzazione del pensiero del grande scienziato, alla portata degli snob da salotto, che per un nonnulla affermavano: «Tutto è relativo, come dice Einstein», ma si era fatto spiegare da alcuni specialisti le nuove e difficili nozioni di tempo e di spazio, quelle gigantesche concezioni che avrebbero rivoluzionato tutto un mondo dato per accertato. Perciò poté avere con l'eminente professore lunghe e interessanti conversazioni che talvolta toccavano anche problemi di attualità, spesso abbastanza delicati, come quello degli obiettori di coscienza.

La lettera che scrisse a mio padre pare prolungare le loro

conversazioni: «14 luglio 1933. Maestà, il problema degli obiettori di coscienza mi assilla. È questione seria, la cui importanza supera di molto i casi particolari che mi sono stati sottoposti. Ma nella situazione attuale, creata dalle attività tedesche, l'esercito belga costituisce unicamente uno strumento di difesa e per nulla un mezzo d'aggressione. Esso è dunque indispensabile alla sicurezza del Belgio. Per quel che riguarda gli obiettori di coscienza ritengo non si dovrebbe considerarli come criminali, se spinti sinceramente da una forza di persuasione morale o religiosa. Né si dovrebbe lasciare che siano altri uomini a giudicare se al fondo del rifiuto vi sia persuasione profonda o motivi di minor pregio. Reputo vi sia un mezzo più nobile, e a un tempo più appropriato, per mettere alla prova gli obiettori e utilizzarli. Si dovrebbe dare a ciascuno di loro la facoltà di sostituire il servizio militare con altro servizio più duro e più pericoloso. Se veramente mosso da persuasione seria, l'obiettore accetterà tale strada. Come servizio sostitutivo penso a certi tipi di lavori di miniera, a mansioni di fuochista su battelli, di infermieri presso malati contagiosi o nei manicomi, e altri impieghi del genere. Colui che affrontasse tali servizi volontariamente e senza lamentarsi sarebbe degno di rispetto. Se il Belgio potesse emanare una tale legge, o anche soltanto creare un'abitudine (*usus*), sarebbe un passo notevole verso la vera umanizzazione. Con alta stima ed affetto. Albert Einstein».

Questa lettera mostra chiaramente che l'autore non è stato per nulla l'uomo che i pacifisti assoluti, come i Testimoni di Geova, hanno voluto confiscare a proprio vantaggio.

Quando lo scienziato scriveva la lettera Hitler era da sei mesi cancelliere del Reich. Einstein, più lungimirante di molti uomini politici occidentali, sapeva che la pace era a quel punto definitivamente in pericolo. Perciò approvava senza remore le misure di difesa adottate dai Paesi liberi. Quanto alla sua concezione dell'obiezione di coscienza, non si può che ammirarne la nobiltà.

Il re risponde, da Ostenda, il 24 luglio 1933: «Mio caro professore, ho ricevuto con estremo piacere la lettera che tanto amabilmente mi avete scritto, e vi indirizzo i miei più vivi ringraziamenti. Sono molto sensibile a quel che dite del Belgio e dell'onestà della sua politica estera. I governi belgi intendono restare al di fuori delle lotte che avvengono dentro i Paesi vicini o fra essi, e in nessun caso acconsentiranno a praticare ostracismi che la maggioranza dei belgi considera come procedimenti inammissibili. Come voi dite tanto bene, il nostro esercito ha un carattere difensivo; usarlo significa servire la volontà di un popolo libero che vuol mantenere il posto che legittimamente gli spetta nella Società delle Nazioni. Noi ci siamo rallegrati quando siete venuto nel nostro Paese. Ci sono uomini che per i lavori che compiono e per la superiorità della loro mente appartengono più all'umanità che a un Paese, ma il Paese che essi scelgono come terra d'esilio da ciò trae vera fierezza. Facendo voti, con la Regina, perché il vostro soggiorno in Belgio sia stato di vostro gradimento io vi prego, mio caro professore, di credere ai miei sentimenti devoti. Alberto».

# IX
# LA CRUDELE SEPARAZIONE

«Ci sono nature che man mano che avanza la vita sempre più appaiono influenzate da una sorta di ritmo cosmico discordante con quello della farandola mondana», disse, riferendosi a re Alberto, Sir George Graham, ambasciatore d'Inghilterra a Bruxelles.

Infatti più gli anni avanzavano più mio padre pareva staccarsi dalle contingenze di questo mondo. La sua mente vedeva i problemi in modo sempre più alto, non ritenendone che l'essenziale. Una grande tolleranza verso l'umanità temperava ogni giorno di più il suo spirito critico. Le contese e le contrarietà lo colpivano meno. Invece l'emotività s'era accresciuta, con gli anni. Ricordo le lacrime che appannarono i suoi occhi all'ultimo accordo della *Marcia funebre* dell'opus 35 di Chopin, che gli suonai una sera, a quel tempo.

Aveva cinquantacinque anni, età del pieno vigore, ed era in perfetta forma intellettuale e fisica. Si deve tuttavia vedere qualche segno premonitore di una prossima fine, in una lettera che mi scrisse nel 1930?

«La vita è una corsa, il destino non aspetta, io sono vicino al capolinea...»

E nella confidenza, fatta a un Padre bianco poco tempo prima dell'incidente, ch'egli era pronto ad accogliere la morte in qualunque momento?

Infine: gli fu rubato un piccolo medaglione, in realtà l'unico oggetto a cui tenesse, gliel'aveva dato mia madre ai tempi del loro fidanzamento, aveva all'interno incisa una frase commovente, era un ricordo testimone di una grande felicità.

Le ascensioni continuavano ad appassionarlo. L'ultima volta che lo vidi tornava da un giro del massiccio piemontese del Gran Paradiso. Era estremamente soddisfatto delle sue scalate. Fu nel mese di settembre del 1933.

Conservo come cosa preziosa la memoria di quell'ultimo incontro con mio padre. Fu un contatto vivificante, incoraggiante. Delle persone superficiali, che lo vedevano in costume da montanaro, e lo sentivano esprimersi senza ricercatezza né ostentazione, lo giudicavano talvolta «poco regale» o troppo semplice. Chi lo giudicava in tal modo non potrà mai capire che in Alberto I «la bontà era l'aspetto della forza, e la semplicità la misura della grandezza».

17 febbraio 1934!

La notizia dell'incidente fatale mi giunse la mattina del 18, ma senza alcun dettaglio. Incidente di montagna in Belgio, com'era possibile?

Con affettuosa delicatezza Umberto mi fece capire che ogni speranza era perduta. Colpita dalla subitaneità dello shock, non riuscivo a percepire l'ampiezza della mia sofferenza. L'immobilità mi era intollerabile, camminavo avanti e indietro. Umberto restava al mio fianco e cercava di confortarmi.

La morte aveva sorpreso mio padre nelle solitarie e selvagge falesie della Mosa. Come allenamento per le scalate estive, il pomeriggio del 17 febbraio egli scalava le rocce dirupate di Marche-les-Dames, più precisamente il roccione detto del Bon Dieu. Lo spuntone a cui aveva fissato la corda cedette bruscamente trascinandolo in una caduta vertiginosa. Precipitò, si fracassò la tempia contro uno spigolo, dodici metri più in basso, e rotolò ancora per una trentina di metri. Le spoglie furono ritrovate a notte avanzata, nascoste sotto un cumulo di foglie morte.

Mia madre, sovrastando il proprio dolore, mi scrisse: «Il mio immenso dolore non mi impedisce di pensare al tuo. So quanto sei infelice. Papà ti amava tanto. Spero che questo shock non abbia nuociuto alla tua salute, doppiamente preziosa in questo momento [aspettavo il primo figlio]. La mia infelicità è infinita, e il vuoto crescerà di giorno in giorno».

Fra le centinaia di lettere, telegrammi e testimonianze, i più commoventi vennero dal popolo italiano, così sensibile al dolore umano. Ecco un brano apparso sul «Corriere della Sera» del 23 febbraio 1934, per la penna del grande mutilato di guerra Carlo Delcroix:

«La improvvisa drammatica fine di questo magnanimo re ha commosso il mondo...

«Ora egli non è più: è un'altra delle figure ideali della nostra gioventù che scompare, portando con sé una parte di quello che fu più alto ed è più vivo nell'anima nostra.

«La sua fine è stata atroce, ma noi ci domandiamo se nella sua atrocità non sia stata bella.

«Tutti siamo uguali nella morte ma la morte non può essere uguale per tutti...

«Il destino ha voluto che questo Re morisse solo, a tu per tu con l'aspra natura, nello sforzo di dominarla.

«Tutta la sua vita era stata un tranquillo, silenzioso dominio delle responsabilità e delle avversità cui la sorte lo aveva messo davanti. Egli amava cimentarsi con l'inaccessibile e in questa predilezione era il segno della sua superiorità...

«...nulla ci sembra più simbolico di questa morte in un'età così povera di poesia...».

Debbo qui citare la lettera profondamente commovente del grande Einstein a mia madre:

«Venerata Regina, parrebbe che in questi anni carichi di male il destino si accanisca a polverizzare tutto quel che resta di grande valore umano e di servitori preoccupati della felicità dell'umanità. Non mi è capitato spesso nella vita di essere turbato come lo fui alla notizia del colpo tanto pesante che ha improvvisamente distrutto la vostra vita armoniosa, e ha aperto una breccia incolmabile in quel piccolo gruppo di combattenti devoti che tentano di fermare la lugubre caduta dell'Europa. Il re ha lasciato la vita in modo meraviglioso, in piena forza "non spezzata", e si è tuffato nell'incosciente natura che amava con tanta passione. Ma per la nazione belga, e più ampiamente per l'Europa, la sua mano, che sapeva appianare con dolcezza, il suo occhio privo di qualunque pregiudizio, sono insostituibili. So quel che provano coloro che vedono l'oggetto del loro amore appartenere irrevocabilmente al passato. Ma so anche che per gli esseri forti, come voi siete, mettersi al servizio delle realtà immateriali, e in particolare consacrarsi alle arti, empie la vita di una dolcezza che in certa misura sfugge alla brutalità dei colpi menati dal cieco destino. Dicendovi che prendo di tutto cuore parte alla vostra pena, vi stringo le mani. Vostro Albert Einstein, 20 febbraio 1934».

«Si persegue un ideale, si va verso uno scopo, si finisce, credo, per sapere quel che si vuole e immagino che a un certo punto si chiudano gli occhi avendo meritato la tranquillità e il riposo della coscienza» aveva scritto mio padre alla giovane sposa nel 1906.

Nel 1934 aveva compiuto la sua missione? E mia madre, che gli sarebbe sopravvissuta per altri trent'anni? Molto tempo dopo, in uno dei rari momenti di sfogo, mi confidò: «Dopo la crudele separazione da tuo padre non ho vissuto un solo giorno nel quale il suo ricordo non mi fosse presente, e tutto quel che sono riuscita a fare l'ho fatto per fedeltà alla sua memoria».

---

Nessun essere sparisce completamente, egli sa che la sua fine non lo trascina immediatamente verso l'oblio, quelli che lo seguono conservano la testimonianza della sua vita.

Qualunque vita umana lascia la propria impronta nella memoria dei parenti. Noi non dobbiamo addolcirne il ricordo, né renderlo oscuro, né sublimarlo troppo. Dobbiamo mantenerlo in tutta la sua realtà.

Pubblicando questi ricordi, che ho sempre conservato nel cuore prima di esprimerli, ho voluto ridare realtà, con una testimonianza fedele, alla vita dei miei genitori.

Spero in particolare di aver dimostrato quanto Alberto e Elisabetta, intuitivamente rivolti verso l'avvenire, abbiano saputo vivere intensamente il presente concesso loro dal Destino.

# ALBERI GENEALOGICI

## CASA REALE DEL BELGIO

La casa di SASSONIA-COBURGO-GOTHA risale alla discendenza di Ernestina di Sassonia, la quale a sua volta si lega ai Wettin, Margravi di Meissen, fra i quali Thiademar, conte di Dedo nella provincia di Lesse, morto nel 957.

- LEOPOLDO I del Belgio 1790-1865
  ∞ 1816 Carlotta, principessa d'Inghilterra
  ∞ 1832 Luisa d'Orléans, figlia di Luigi Filippo I, re dei francesi
  - Leopoldo 1833-1834
  - LEOPOLDO II del Belgio 1835-1909
    ∞ 1853 Maria Enrichetta, arciduchessa d'Austria
    - Luisa 1858-1924
      ∞ 1875 Filippo, principe di Sassonia-Coburgo-Gotha
    - Leopoldo 1859-1869
    - Stefania 1864-1945
      ∞ 1881 Rodolfo, arciduca d'Austria, † 1889
      ∞ 1900 Elemer, principe di Lonyay
    - Clementina 1872-1955
      ∞ 1910 Napoleone Bonaparte
  - Filippo, conte di Fiandra 1837-1905
    ∞ 1867 Maria, principessa di Hohenzollern-Sigmaringen
    - Baldovino 1869-1891
    - Enrichetta 1870-1948
      ∞ 1896 Emanuele, duca di Vendôme
    - Giuseppina 1872-1958
      ∞ 1894 Carlo Antonio, principe di Hohenzollern
    - ALBERTO del Belgio 1875-1934
      ∞ 1900 Elisabetta, duchessa in Baviera, † 1965
  - Maria Carlotta 1840-1927
    ∞ 1857 Massimiliano, arciduca d'Austria, imperatore del Messico

- LEOPOLDO III del Belgio 1901
  ∞ 1926 Astrid, principessa di Svezia, † 1935
  ∞ 1941 Mary-Lilian Baels
  - 1 Giuseppina Carlotta 1927-
    ∞ 1953 Giovanni, granduca di Lussemburgo
  - 1 BALDOVINO del Belgio 1930- 1993
    ∞ 1960 Donna Fabiola de Mora y Aragón
  - 1 Alberto, principe di Liegi 1934-
    ∞ 1959 Donna Paola Ruffo di Calabria
    - Filippo 1960-
    - Astrid 1962-
    - Laurent 1963-
  - 2 Alessandro 1942-
  - 2 Maria Cristina 1951-
  - 2 Maria Esmeralda 1956-
- Carlo, conte di Fiandra 1903-
- Maria José 1906-
  ∞ 1930 Umberto, principe di Piemonte, re d'Italia

## CASA DEI DUCHI IN BAVIERA

Ramo dei WITTELSBACH-BIRKENFELD-GELNHAUSEN. La casa di Wittelsbach risale a Luitpoldo, margravio della marca orientale, 907, cugino e capitano dell'imperatore Arnolfo, carolingio.
(Secondo altre opere, è chiamato non imperatore ma re di Germania.)

| | | |
|---|---|---|
| GUGLIELMO 1752-1837<br>Primo Duca in Baviera dal 1799<br>∞ 1780 Marianna, contessa palatina di Zweibrücken-Birkenfeld | Pio 1786-1837<br>duca in Baviera<br>∞ 1807 Amelia, duchessa d'Arenberg | Massimiliano 1808-1888<br>duca in Baviera<br>∞ 1828 Ludovica, principessa di Baviera, figlia del re Massimiliano di Baviera |

Luigi 1831-1920
⚭ 1859 Enrichetta Mendel
⚭ 1913 Antonia Barth

Elena 1834-1890
⚭ 1858 Massimiliano, principe ereditario di Thurn e Taxis

Elisabetta 1837-1898
⚭ 1854 Francesco Giuseppe, imperatore d'Austria

Carlo Teodoro 1839-1909
⚭ 1865 Sofia, principessa di Sassonia † 1867
⚭ 1874 Maria José di Braganza

1 Amelia 1865-1912
⚭ 1892 principe Guglielmo d'Urach

2 Sofia 1875-1957
⚭ 1898 conte Törring Jettenbach

2 ELISABETTA 1876-1965
⚭ 1900 Alberto, re dei Belgi

2 Maria Gabriella 1878-1912
⚭ 1900 Rupprecht, principe ereditario di Baviera

2 Luigi Guglielmo 1884-1968
⚭ 1917 Eleonora, principessa di Sayn-Wittgenstein-Berleburg

2 Francesco Giuseppe 1888-1912

Maria 1841-1925
⚭ 1859 Francesco II, re delle Due Sicilie

Matilda 1843-1925
⚭ 1861 Luigi, principe di Borbone-Sicilia, conte di Trani

Sofia 1847-1897
⚭ 1868 Ferdinando, duca d'Alençon

Massimiliano 1847-1893
⚭ 1875 Amelia, duchessa di Sassonia-Coburgo-Gotha

# CASA REALE DI BAVIERA

Ramo dei Wittelsbach, Conti palatini di Zweibrücken-Birkenfeld.

Zweig

**MASSIMILIANO I**
1765-1825
⚭ 1785 Guglielmina di Hesse-Darmstadt, † 1796
⚭ 1797 Carolina, principessa di Bade

Primo re di Baviera dal 1805

- 1 LUIGI I 1786-1869
  ⚭ 1810 Teresa, principessa di Sassonia-Altenburg
  - MASSIMILIANO II 1811-1864
    ⚭ 1842 Maria, principessa di Prussia
  - Luitpoldo 1821-1912 reggente del Regno
    ⚭ 1844 Augusta, arciduchessa di Toscana
- 1 Augusta 1788-1851
  ⚭ 1806 principe Eugenio di Beauharnais
- 2 Sofia 1805-1872
  ⚭ 1824 Francesco, arciduca d'Austria
- 2 Ludovica 1808-1892
  ⚭ 1828 Massimiliano, duca in Baviera
  - Carlo Teodoro 1839-1909
    ⚭ 1865 Sofia, principessa di Sassonia, † 1867
    ⚭ 1874 Maria José di Braganza

LUIGI II 1845-1886

OTTONE I 1848-1916

LUIGI III 1845-1921
8 1918 Maria Teresa, arciduchessa d'Austria

Rupprecht 1861-1955
8 1900 Maria Gabriella, duchessa in Baviera, † 1912
8 1921 Antonietta, principessa di Lussemburgo

1 Alberto 1905-
8 1930 Maria, contessa Draskovitch di Trakostjan

Francesco 1933-

2 ELISABETTA 1875-1965
8 1900 Alberto, re dei belgi

# NOTE BIBLIOGRAFICHE


1 Marie Biermé, *Albert et Elisabeth de Belgique*, prefazione d'Emile Verhaeren.
2 Carlo Bronne, *Le Roi sans terre*.
3 Marie Biermé, *op. cit.*
4 Louis de Lichtervelde, *Leopold Ier*.
5 -, *Leopold II*.
6 Maurice Barrès, *Amori et Dolori Sacrum*.
7 *Mémorial du roi Albert*.
8 Emile Galet, *Sa Majesté le roi Albert commandant en chef devant l'invasion allemande*.
9 -, *ibid.*
10 -, *ibid.*
11 Winston Churchill, *1911-1914* (trad. it. *Memorie di guerra*, Milano 1919).
12 -, *La Crise mondiale*.
13 Raymond Recouly, *Le Mémorial de Foch*.
14 Charles Brécard, *En Belgique auprès du roi Albert*.
15 Emile Galet, *op. cit.*
16 Emile Verhaeren, *La Guirlande des dunes, Les Tours de la mer*.
17 Ferdinand Foch, *Mémoires pour servir à l'histoire de la guerre 1914-1918*.
18 Berthe Delépinne, *Elisabeth, reine des Belges*.
19 Carlo Bronne, *Albert Ier*.
20 Albert I, *Carnets de guerre*.
21 -, *ibid.*
22 -, *ibid.*
23 Raymond Poincaré, *Mémoires 1917*.
24 -, *ibid.*
25 Sixte de Bourbon, *Mémoires*.
26 Raymond Poincaré, *Mémoires 1918*.
27 Pierre Nothomb, *Le Roi Albert* (trad. it. *Il Belgio martire*, 1915).
28 Raymond Poincaré, *Mémoires, Victoire et Armistice 1918*.
29 -, *ibid.*
30 Henri Bernard, *Guerre totale et guerre révolutionnaire*.
31 Georges Clemenceau, *Grandeur et misères d'une victoire* (trad. it. *Grandezza e miseria di una vittoria*, Milano 1930).
32 Albert Cahuet, *Illustration* del 26-10-1918.
33 *Mémorial du roi Albert*.
34 Carlo Bronne, *Albert Ier*.
35 Albert I, *Carnets de guerre*.
36 Jacques Pirenne, *La Belgique devant le nouvel équilibre du monde*.

[37] Henri Bernard, *op. cit.*
[38] Franz Ansel, *Le Grand Voyage du roi des Belges aux Etats-Unis d'Amérique.*
[39] Raoul van Overstraeten, *Albert I.*
[40] George Graham, *Mémorial du roi Albert.*
[41] Charles d'Ydewalle, *Elisabeth de Belgique.*
[42] *Mémorial du roi Albert.*

Gli alberi genealogici delle case del Belgio, dei duchi di Baviera e dei re di Baviera sono stati disegnati sull'orma dell'opera del principe Wilhelm Karl von Isenburg, *Stammtafeln zur Geschichte der Europäischen Staaten*.

L'albero della discendenza borgognona della casa del Belgio è stato disegnato da Monsieur Pierre Houart.

Il tutto è stato riveduto a Ginevra da Monsieur Eugène Louis Dumont.

Le fotografie dell'inserto illustrato sono state gentilmente messe a disposizione dalla Fondazione Umberto II e Maria José di Savoia.

RINGRAZIAMENTI

Tengo a ringraziare in modo particolare il professor Henri Bernard, della Scuola militare del Belgio; la sua competenza e conoscenza degli avvenimenti che segnarono la guerra del 1914-18 mi hanno dato un prezioso aiuto.

Ringrazio anche il canonico Joseph Moerman, segretario generale del BICE, per il suo aiuto chiarificatore a proposito della questione fiamminga, e il principe Stefan Czetwertynski, traduttore accorto delle lettere di Einstein.

*OSCAR BESTSELLERS SAGGI*

*Gorbaciov*, Perestrojka
*Zucconi*, Si fa presto a dire America
*Grossman*, Il vento giallo
*Mafai*, Pane Nero
*Sciascia*, La Sicilia come metafora
*Musatti*, Il pronipote di Giulio Cesare
*Scalfari*, La sera andavamo in via Veneto
*Biagi*, Il Boss è solo
*Venè*, Mille lire al mese
*Toaff*, Perfidi giudei, fratelli maggiori
*Dalla Chiesa N.*, Delitto imperfetto
*Gianini Belotti*, Amore e pregiudizio
*Buscaglia*, La coppia amorosa
*Balbi*, All'erta siam razzisti
*Vacca*, Il medioevo prossimo venturo
*Forattini*, Pagine gialle
*Guiloineau*, Nelson Mandela
*Solženicyn*, Arcipelago Gulag
*Spinosa*, Cesare, il grande giocatore
*Veronesi*, Un male curabile
*Biagi*, Dinastie
*Franceschini*, Mara, Renato e io
*Spinosa*, D'Annunzio il poeta armato
*Augias*, Telefono giallo
*Gorbaciov*, La casa comune europea
*Scalfari*, Interviste ai potenti
*Bocca*, Palmiro Togliatti
*Rocca*, Stalin
*Musatti*, Curar nevrotici con la propria autoanalisi
*Moody*, La luce oltre la vita
*Venè*, Coprifuoco
*Scerbo*, Il nome della cosa
*Forattini*, Vignette sataniche
*Serra*, Ridateci la Potëmkin
*Goldman*, John Lennon
*Venè*, Pirandello fascista
*Montanelli*, Controcorrente

*Spinosa*, Tiberio
*Mességué*, Uomini erbe salute
*Recami*, Il caso Majorana
*Groppali*, Hermann Hesse nei ricordi del suo medico
*AA. VV.*, Cara mamma, cara figlia
*Gies*, Si chiamava Anna Frank
*Lubrano*, Pronto, Diogene?
*Forattini*, Insciaqquà
*Moody*, Nuove ipotesi sulla vita oltre la vita
*Schelotto*, Strano, stranissimo, anzi normale
*Piattelli Palmarini*, Scienza come cultura
*Parsi*, I quaderni delle bambine
*Nirenstein*, Il razzista democratico
*Del Bo Boffino*, Voi uomini
*Ambrogi*, Dizionario dello zio
*Buscaglia*, Amore
*Muhs*, Gli aforismi del cinico
*Moody*, La vita oltre la vita
*Lorenz*, Io sono qui, tu dove sei?
*Cillario*, Parola di Benito
*Borgna*, Storia delle canzone italiana
*Venè*, Vola colomba
*Orlando*, Palermo
*Forattini*, Il Kualunquista
*Pansa*, L'utopia armata
*De Felice*, Intervista sul fascismo
*Mosse*, Intervista sul nazismo
*Moody*, Ricordi di altre vite
*Notti*, Una professoressa tra i selvaggi
*Ziegler*, La Svizzera lava più bianco

*Wilde*, Aforismi
*Morris*, Il comportamento intimo
*Musil*, Sulla stupidità e altri scritti
*Schopenhauer*, Aforismi sulla saggezza del vivere
*Balbi Rosellina*, Madre paura
*Fromm*, L'amore per la vita
*Asimov*, In principio
*Lorenz*, Il declino dell'uomo
*Hesse*, Non uccidere. Considerazioni politiche.
*Jastrow*, Il meglio di Darwin (a cura di)
*Fromm*, La disobbedienza e altri saggi
*Camporesi*, Il sugo della vita. Simbolismo e magia del sangue
*Kafka*, Lettera al padre – Quaderni in ottavo
*Freud*, La sessualità
*Hesse*, Sull'amore
*Kafka*, Diari
*Brod*, Kafka
*Lévi-Strauss*, Tristi tropici
*Masini*, Il meglio di Nietzsche (a cura di)
*Hesse*, Le stagioni della vita
*Freud*, Il sogno
*Tolstoj*, Perché la gente si droga? E altri saggi su società, politica e religione
*Kafka*, Frammenti e scritti vari
*Kafka*, Lettere a Milena
*Bechmann*, Le radici delle cattedrali
*Bufalino*, Dizionario dei personaggi di romanzo
*Freud*, Psicoanalisi della cultura
*Abbagnano*, Introduzione all'esistenzialismo
*Hesse*, Religione e mito
*Davies*, L'universo che fugge
*Hoover*, La cultura Zen
*Mead*, Sesso e temperamento in tre società primitive
*Fitzgerald*, L'età del jazz
*Sartre*, Baudelaire
*Hesse*, Trilogia dell'amore e della vita (3 voll. in cofanetto)
*Buber*, L'eclissi di Dio
*Freud*, Psicoanalisi e vita quotidiana
*Della Croce*, I concerti di Mozart
*Horowitz*, Conversazioni con Arrau
*Sartre*, L'antisemitismo
*Cozannet*, Gli zingari
*Hesse*, La Natura ci parla
*Storr*, Jung (Maestri del pensiero moderno)
*Williams*, Orwell (Maestri del pensiero moderno)
*Steiner*, Heidegger (Maestri del pensiero moderno)
*Dowling*, Il complesso di Cenerentola
*Lorenz*, L'aggressività

*Colinvaux*, Perché i grandi animali feroci sono rari
*Howe*, Trotskij (Maestri del pensiero moderno)
*Hesse*, Dall'India
*Mascioni*, Lo specchio greco
*Laborit*, Elogio della fuga
*Kenyatta*, La montagna dello splendore
*Lorenz*, Natura e destino
*Sartre*, Che cos'è la letteratura?
*Bernstein*, Einstein
*Massa*, L'Arca di smeraldo
*Gatto Trocchi*, Magia ed esoterismo in Italia
*Hesse*, Il coraggio di ogni giorno
*Funk*, Il meglio di Erich Fromm (a cura di)
*Schnitzler*, Sulla psicoanalisi
*Woodcock*, Gandhi (Maestri del pensiero moderno)
*Gide*, Et nunc manet in te
*Campbell*, Mitologia primitiva
*Freud*, Psicoanalisi dell'isteria
*Hesse*, Dall'Italia
*Weil*, La condizione operaia
*Trotskij*, La rivoluzione tradita
*Morris*, La mia vita con gli animali
*Watson*, Strumenti di pietra
*Kierkegaard*, La malattia mortale
*Arena*, Antologia della filosofia cinese
*Hesse*, La nevrosi si può vincere
*Thoreau*, Camminare
*Ferrucci*, L'assedio e il ritorno: Omero e gli archetipi della narrazione
*Herrigel*, Lo Zen e l'arte di disporre i fiori
*Baffioni*, Storia della filosofia islamica
*Tolstoj*, Della vita
*Fromm*, Da avere a essere
*Euchner*, Karl Marx
*George*, Darwin
*Shattuck*, Proust
*Cleary*, Il libro dell'equilibrio e dell'armonia (a cura di)
*Wilde*, L'arredamento della casa e altre conferenze
*Bataille*, La letteratura e il male
*Lord Chesterfield*, L'educazione del gentiluomo. Lettere al figlio
*Alvarez*, Beckett (Maestri del pensiero moderno)
*Conquest*, Lenin (Maestri del pensiero moderno)
*Canali*, Noi nello specchio dei latini
*Bozza*, Miti della Cina arcaica
*Jung*, Freud e la psicoanalisi
*Vatsyayana*, Kamasutra
*Fromm*, Scritti su Sigmund Freud
*Kierkegaard*, Timore e tremore

*Von Hagen*, Antichi imperi del sole

*Jung*, L'inconscio

*Le Goff*, La borsa e la vita

*Le Goff*, L'immaginario medievale

*Joll*, Gramsci (Maestri del pensiero moderno)

*Benelli*, Il mito e l'uomo

*Detienne*, I maestri di verità nella Grecia arcaica

*Puech*, Le religioni dei popoli senza scrittura

*Duby*, Il cavaliere, la donna e il prete

*Lévi-Strauss*, Il crudo e il cotto

*Singer Kaplan*, I disturbi del desiderio sessuale

*Centini*, L'uomo selvatico

*Fromm*, L'inconscio sociale

*Arena*, Storia del Buddhismo Ch'an. Alle origini dello Zen

*Campbell*, Mitologia occidentale

*Puech*, Le religioni nel mondo classico

*Garin*, Rinascite e rivoluzioni

*Barker*, I nuovi movimenti religiosi

*Ayer*, Russel

*Majorino*, Gli effetti psicologici della guerra

*Jung*, Psicologia e patologia dei fenomeni occulti

*Hesse*, L'arte dell'ozio

*Guyot*, L'arte nazista

*Enzenaberger*, Dialoghi tra immortali. Morti e viventi

*Alberigo*, Il cristianesimo in Italia

*Bergson*, Riso

*Hesse*, Il gioco della vita. Epistolario scelto

*Shakespeare*, Aforismi sul gran teatro del mondo

*Winckelmann*, Storia dell'arte nell'antichità

*Freud*, Ossessioni, fobie e tecniche della psicoanalisi

*Finley*, La democrazia degli antichi e dei moderni

*Le Goff*, Intervista sulla storia

*Widlocher*, La depressione

*Davies*, Sull'orlo dell'infinito

*Raineesh*, Il lungo, il corto, il tutto

*OSCAR GRANDI SAGGI*

*Johanson - Edey*, Lucy. Le origini dell'umanità

*Polillo*, Jazz

*Polillo*, Jazz (Confezione contenente il volume e 3 videocassette)

*Kerényi*, Gli Dei e gli Eroi della Grecia

*Braudel*, Scritti sulla storia

*Fromm*, La crisi della psicoanalisi

*Duby - Mandrou*, Storia della civiltà francese

*Denis*, Storia del pensiero economico (2 voll.)

*Aron*, Le tappe del pensiero sociologico

*Jesi*, Mito

*Fung Yu-Lan*, Storia della filosofia cinese

*Formaggio*, L'arte come idea e come esperienza

*Asimov*, Il libro di fisica

*Visalberghi*, Pedagogia e scienze dell'educazione

*Johnson*, Storia del mondo moderno (1917-1980)

*Maffei*, Al di là della luna

*Boyer*, Storia della matematica

*Le Goff*, La nuova storia

*Paoli*, Vita romana

*Vegetti Finzi*, Storia della psicoanalisi

*Clemente*, Guida alla storia romana

*Marchese*, Officina del racconto

*Baumgart*, Piccola storia dell'arte dalle più remote origini ai giorni nostri

*Bloch*, Gli Etruschi

*Zernov*, Il cristianesimo orientale

*Falzone - Palermo - Cosentino*, La Costituzione della Repubblica Italiana (a cura di)

*Castronovo*, L'industria italiana dall'Ottocento a oggi

*James E.O.*, Antichi dèi mediterranei

*Malaurie*, Gli ultimi re di Thule. Gli Eschimesi del Polo

*Mead*, Maschio e femmina

*Branston*, Gli dei del Nord

*Kamenka*, Il meglio di Marx

*Maffei*, I mostri del cielo

*Campbell*, Mitologia orientale

*Heer*, Il Medioevo (1100-1350)

*Rewald*, La storia dell'impressionismo

*Talbot Rice*, I bizantini

*Lo Gatto*, Profilo della letteratura russa: dalle origini a Solženicyn

*Levi*, L'Italia antica

*Montet*, Egitto eterno

*Asimov*, Libro di biologia

*Ehrenberg*, La donna nella preistoria

*Thesiger*, Sabbie arabe. Viaggio nell'Arabia deserta

*Parry*, Le grandi scoperte geografiche

*Clark – Piggott*, Le società preistoriche

*Barucci*, Adam Smith e la nascita dell'economia politica

*Dwyer*, Le guerre del corpo umano

*Abbiati – Agnoletto – Lazzati*, La stregoneria (a cura di)

*Kranzberg – Gies*, Breve storia del lavoro

*Heurgon*, Vita quotidiana degli Etruschi

*Duby*, Le origini dell'economia europea

*Müller-Karpe*, Storia dell'età della pietra

*Venè*, Letteratura e capitalismo in Italia

*Bell*, La santa anoressia. Digiuno e misticismo dal Medioevo a oggi

*Acquaviva*, L'eclissi del sacro nella civiltà industriale

*Mireaux*, I Greci al tempo di Omero

*Puech*, Storia del Cristianesimo (a cura di)

*Campbell*, Mitologia creativa (vol. I)

*Campbell*, Mitologia creativa (vol. II)

*Barucci*, Cento anni di dottrina sociale della chiesa

*Masini – Rotasso*, Dall'archibugio al Kalashnikov

*D'Amico*, Dieci secoli di teatro inglese (970-1980)

*Etienne*, La vita quotidiana a Pompei

*Burkert*, Mito e rituale in Grecia

*Luciani*, Catechismo sociale cristiano

*Puech*, Storia del buddismo

*Lévi-Strauss*, Dal miele alle ceneri

*Thibaudet*, Storia della letteratura francese dal 1789 ai giorni nostri (1936)

*Mosse*, Il razzismo in Europa

*Aries*, L'uomo e la morte dal Medioevo a oggi

*Lévi-Strauss*, Antropologia strutturale

*Bachofen*, Il potere femminile

*Soustelle*, Vita quotidiana degli Aztechi

*Detienne*, Le astuzie dell'intelligenza nell'antica Grecia

*Aries*, La vita privata. Dall'Impero Romano all'anno mille (vol. I)

*Puech*, Storia dell'ebraismo (a cura di)

37393
1993